广东云茂高速公路项目创新成果系列丛书

云茂高速公路
绿色建造技术与实践

鲁昌河　韩富庆　娄　健　郭国和　编著
张劲泉　主审

人民交通出版社
北京

内 容 提 要

广东云茂高速公路项目认真贯彻落实《交通运输部办公厅关于实施绿色公路建设的指导意见》等相关文件要求，取得突出成效，具有示范引领作用，被认定为广东省第一批绿色公路建设示范项目，被中国公路学会授予全国"最美绿色高速"荣誉称号。

本书为广东云茂高速公路项目创新成果系列丛书之三，聚焦公路绿色建造技术与实践。本书共7章，分别介绍了云茂高速公路项目概况、"一化三型"绿色公路建设方案策划、装配化设计、生态环保理念与施工技术、平安工地建设、智慧化管理与科技创新等项目亮点。

本书可供公路设计、施工和运营管理等单位的技术与管理人员参考，也可以作为高等院校相关专业的参考用书。

图书在版编目(CIP)数据

云茂高速公路绿色建造技术与实践/鲁昌河等编著. —北京:人民交通出版社股份有限公司,2021.12

ISBN 978-7-114-14481-3

Ⅰ.①云… Ⅱ.①鲁… Ⅲ.①高速公路—道路施工—研究—广东 Ⅳ.①U415.1

中国版本图书馆CIP数据核字(2021)第277161号

书　　名：云茂高速公路绿色建造技术与实践
著 作 者：鲁昌河　韩富庆　娄　健　郭国和
责任编辑：郭红蕊　姚　旭
责任校对：赵媛媛　卢　弦
责任印制：刘高彤
出版发行：人民交通出版社
地　　址：(100011)北京市朝阳区安定门外外馆斜街3号
网　　址：http://www.ccpcl.com.cn
销售电话：(010)85285857
总 经 销：人民交通出版社发行部
经　　销：各地新华书店
印　　刷：北京建宏印刷有限公司
开　　本：787×1092　1/16
印　　张：13
字　　数：260千
版　　次：2021年12月　第1版
印　　次：2021年12月　第1次印刷
书　　号：ISBN 978-7-114-14481-3
定　　价：68.00元

“广东云茂高速公路项目创新成果系列丛书”
简　　介

广东云茂高速公路有限公司是广东省公路建设有限公司的下属子公司。广东省公路建设有限公司是广东省交通集团有限公司控股的有限责任公司，是以公路、桥梁、隧道、交通基础设施的建设、投资及经营管理为主业，重点投资建设和经营管理珠江三角洲地区高速公路和过江通道的特大型国有企业。广东省云浮罗定至茂名信宜（粤桂界）高速公路是广东省“十三五”规划的重要项目，公路沿线山高谷深，水网密布，地形地质条件复杂，环保要求高，建设难度大。在上级主管部门和各级领导关怀指导下，项目管理团队和各参建单位通过技术创新和管理创新攻坚克难，在品质工程、绿色公路和平安工地建设方面取得显著成绩，在项目策划、工程技术和管理模式等方面取得一系列创新性成果。及时对这些成果进行梳理总结，有助于推动交通运输行业绿色高质量发展。

广东云茂高速公路有限公司特组织编写这套丛书，主要包括《山区高速公路建设项目策划指南》《云茂高速公路品质工程建设管理与实践》《云茂高速公路施工安全管控与实践》《云茂高速公路绿色建造技术与实践》《云茂高速公路边坡建设技术与实践》《云茂高速公路钢板组合梁桥建造技术与实践》《隧道围岩高压旋喷地表加固技术与实践》《公路那些事儿》共 8 分册，希望对从事高速公路设计、施工、检测和建设管理的同行提供参考借鉴。其中，《公路那些事儿》作为科普读物，对非交通专业人员，特别是中学生了解公路交通行业具有较高的科普价值。

“广东云茂高速公路项目创新成果系列丛书”
编审委员会

《云茂高速公路绿色建造技术与实践》编审委员会

FOREWORD | 序

党的十八大以来，以习近平同志为核心的党中央高度重视交通运输工作，习近平总书记对交通运输作出系列重要论述，为交通运输事业发展指明了方向。2019年9月，中共中央、国务院印发《交通强国建设纲要》，要求推动交通发展由追求速度规模向更加注重质量效益转变，由依靠传统要素驱动向更加注重创新驱动转变，构建安全、便捷、高效、绿色、经济的现代化综合交通体系。《交通强国建设纲要》强调发展绿色交通，提出到2035年绿色交通发展水平明显提高，到本世纪中叶交通绿色化水平位居世界前列，人民享有美好交通服务的发展目标。

公路网基础设施规模总量大，是交通运输行业落实绿色发展观的重要“先行官”。绿色公路建设是时代的呼唤，是国家生态文明和绿色发展理念在公路建设领域的集中体现。建设绿色公路，其思想精髓在于坚持“两个统筹”：一方面要坚持统筹公路资源利用、能源消耗、污染排放、生态影响、运行效率、功能服务之间的关系，寻求公路、环境、社会等方面的系统平衡与协调；另一方面要坚持统筹公路规划、设计、建设、运营、管理、服务全过程，以最少的资源占用、能源耗用、污染排放、环境影响，实现外部刚性约束与公路内在供给之间的均衡和协调，全面提升公路建、管、养的绿色水平。

云茂高速公路是广东省第一批绿色公路建设示范项目，其在建设中坚持创新驱动、绿色发展，围绕资源节约、环境友好、内优外美和服务提升的绿色公路建设总体目标，在分析项目工程难点和环境特点的基础上，提出“一化三型”特色定位，以“装配化、绿色技术集成应用”为重点，突出装配化设计与施工、“四新”技术研发与推广、科普式服务区建造与沿线扶贫、管理制度创新等重点和亮点，推广应用了多项典型绿色施工工艺、绿色技术、绿色材料、绿色设备和绿色施工机具，取得了绿色公路建设良好成效，赢得了业内及社会的广泛认可。2021 年 5 月，云茂高速公路被授予全国第二条、广东第一条"最美绿色高速"的荣誉称号。

本书聚焦云茂绿色高速公路创建的先进经验、技术应用及管理理念，在编写时秉持深入浅出、说理透彻、理论与实践并重的原则，系统介绍了绿色高速公路创建的新理论、新技术，可为广东省山区高速公路乃至国内其他地方山区绿色公路建造提供技术参考和管理借鉴，让绿色发展在公路建设领域持续焕发勃勃生机，为新时代国家生态文明和加快建设交通强国添砖加瓦，引领交通基础设施高质量可持续发展迈上新台阶。

交通运输部专家委员会主任 周伟

2021 年 6 月

PREFACE | 前言

绿色公路建设是践行习近平生态文明思想、深化绿色发展理念、助力美丽中国建设的必然要求，也是支撑加快建设交通强国、实现行业转型升级的关键举措，具有十分重要的意义。云茂高速公路在建设过程中，以“创新、协调、绿色、开放、共享”的新发展理念为指引，积极贯彻落实交通运输部《关于实施绿色公路建设的指导意见》和广东省交通运输厅《广东省推进绿色公路建设实施方案》等文件要求，从项目前期策划到实施过程，从工程建设到运营筹备，取得一系列创新成果。

本书以“一化三型”特色定位为总领，理论与实践相结合，从全过程、多领域系统介绍了全国第二条“最美绿色高速”——广东省云茂高速绿色公路示范工程建设经验，涵盖绿色公路建、管、养和运维全过程的先进技术应用及创新管理实践，为行业绿色发展提供经验借鉴。

本书以云茂高速绿色公路特色创建体系“一化三型”，即以装配化设计与施工、生态型、平安型、创新型为总体框架，分为7章，具体如下：

第1章　绪论。主要介绍了绿色公路的由来、内涵、本质与特征、走向与发展以及云茂高速绿色公路示范工程的概况，由鲁昌河、杨雷、王丹等人编写。

第2章　绿色赶超　坚持高标准方案谋划。主要介绍云茂高速绿色公路创建总体思路、工作方法及技术体系构建，由韩富庆、郭国和、曾思清等人编写。

第3章　品质至臻　首推装配化设计施工。主要介绍云茂高速绿色公路装配式涵洞、钢板组合梁桥的推广应用与标准图编制,由韩富庆、娄健、郭创川等人编写。

第 4 章　生态引领　落实绿色公路新理念。主要介绍云茂高速绿色公路创建过程中的设计优化实践、资源节约与循环利用技术、绿色施工技术以及永临结合等内容,由娄健、郭国和、杨雷等人编写。

第 5 章　安全为纲　助力平安型建造运营。主要介绍安全管理、安全培训、安全技术相关内容,由韩富庆、郭创川、周建山等人编写。

第 6 章　"智"造赋能　创新智慧管理新模式。主要介绍云茂高速公路管理创新、科技研发及"四新"技术等内容,由娄健、郭国和、蔡敏等人编写。

第 7 章　云茂大成　实现绿色可持续发展。主要介绍云茂高速绿色公路创建中的项目亮点及相关经验,由郭国和、王丹编写。

全书由王丹、梁天闻统稿,郭国和校对,张劲泉主审。

本书主要用于指导绿色公路设计、施工、运营、养护和管理,也可供公路交通科研人员开展生态环保、绿色低碳和资源循环利用等相关技术研究时使用。鉴于绿色公路创建为交叉领域,涉及面广,且相关支持技术处于不断更新和发展阶段,加之编者的水平所限,不足之处在所难免,敬请读者批评指正。如有修改意见和建议,请反馈至电子邮箱(553006079@qq.com),以便再版时修订完善。

本书编委会

2021 年 6 月

目录

第4章

生态引领　落实绿色公路新理念

第5章

安全为纲　助力平安型建造运营

第6章

“智”造赋能　创新智慧管理新模式

第7章

云茂大成　实现绿色可持续发展

绪论

建设生态文明是中华民族永续发展的千年大计。为深入贯彻落实新发展理念,实现行业转型绿色低碳改造升级,2016 年 7 月,交通运输部印发《关于实施绿色公路建设的指导意见》,明确了绿色公路的发展思路和建设目标,提出了五大建设任务,决定开展五个专项行动。2017 年 12 月,交通运输部颁布《关于全面深入推进绿色交通发展的意见》,提出重点推进绿色基础设施创建、实施交通廊道绿化行动、开展交通基础设施生态修复等任务。2018 年,交通运输部再次印发了《关于加快推进绿色公路典型示范工程建设的通知》,明确共同打造贯穿公路建、管、养、运全过程的绿色公路发展之路;2019 年 9 月,中共中央、国务院印发《交通强国建设纲要》,将绿色发展作为交通强国建设的重要任务。2021 年 2 月,中共中央、国务院发布《国家综合立体交通网规划纲要》,安全智慧绿色将是我国交通运输的重要发展目标,而绿色公路正是承载这一目标的具体形式。随着我国加快建设交通强国的不断推进,绿色公路将在交通运输碳达峰、碳中和目标实现过程中发挥更加重要的作用。

1.1 绿色公路的由来

绿色发展理念始终贯穿于我国高速公路建设之中。自 20 世纪 90 年代我国高速公路建设伊始,交通运输部就十分关注公路建设过程中生态环境的保护与改善,并积极出台了一系列制度规定,进行治理保护。随着生态文明建设的不断推进以及经济社会的快速发展,公路建设的新发展理念也在实践过程中不断总结、成熟。通过试点先行、示范引领以及加强新技术、新材料、新工艺、新产品的研发与应用等方式,公路建设理念不断发展,技术水平不断提高,建造能力不断进步,绿色公路发展方兴未艾。

1)起航阶段

20 世纪 80 年代,国家干线公路网和国道主干线系统规划先后制定并实施,我国进行了世界上规模最大的公路交通基础设施建设,实现了公路交通的跨越式发展。20 世纪 90 年代,我国公路建设高速发展中引发的生态问题引起了交通、环保等相关部门及社会的普遍关注与重视,建设与环境协调、可持续发展的生态公路应运而生。交通部先后颁布了《交通建设项目环境保护管理办法》《公路建设项目环境影响评价规范》《公路环境保护设计规范》《公路绿化规范》《公路绿化设计制图》《GBM[1] 公路绿化指南》等系列管理规定、规范、方法和技术标准,对公路建设景观与绿化设计、生态环境保护等从基本原则上作出了规定,并规范了相应的技术措施。例如,“应充分调查沿线的工程地质、地形地貌、气候条件、植被种类

[1] GBM 工程是实施具有中国特色的公路(G)、标准化(B)、美化(M)建设工程的简称,在 1987 年 3 月第一次正式提出。

及覆盖率、水土保持现状等，综合采用生物防护和工程防护措施，做好水土保持工作”“应重视高速公路绿化设计，选用适合当地生长的花草、灌木、乔木等植物，对路堤边坡、弃土等进行绿化，防止水土流失”。

2）发展阶段

2001 年 7 月，交通部颁布《公路水路交通“十五”发展计划》，首次提出公路可持续发展的理念，旨在合理使用、节约和保护资源，积极推进绿色通道工程建设。在可持续发展理念的指引下，建设了我国第一条与自然环境相协调的示范公路——川九公路（四川省川主寺至九寨沟公路，图 1-1）。在川九公路改造的过程中，提出了“设计上最大限度的保护，施工中最小程度的破坏和最大限度的恢复”的实施要求，遵循“突出个性、自然协调”和“露、透、封、诱”的原则，使川九公路成为一条景观优美的绿色长廊。

图 1-1　与自然环境相协调的川九公路

2004 年，交通部提出了“六个坚持、六个树立”的公路勘察设计新理念，即坚持以人为本、树立安全至上的理念，坚持人与自然相和谐、树立尊重自然、保护环境的理念，坚持可持续发展、树立节约资源的理念，坚持质量第一、树立让公众满意的理念，坚持合理选用技术指标、树立设计创作的理念，坚持系统论的思想、树立全生命周期成本的理念，为在公路建设领域深入贯彻落实科学发展观形成了有力抓手。“六个坚持、六个树立”公路设计建设新理念，得到了公路行业勘察设计建设管理各单位的广泛认同和贯彻落实，自 2005 年起，交通部在全国陆续选定了 30 个示范项目，组织开展了公路勘察设计典型示范工程活动，起草了《公路勘察设计典型示范工程咨询示范要点》，编写出版了《新理念公路设计指南》和《降低造价公路设计指南》，组织修订了《公路工程设计文件编制办法》及图表示例，发布了《加强重点公路建设项目设计管理工作若干意见》《关于进一步加强公路勘察设计工作的若干意见》等规范性文件，将勘察设计新理念拓展、固化为设计管理制度，公路建设理念全面提升。云南省思（茅）小（勐养）高速公路就是代表性项目之一，2008 年，西双版纳傣族自治州旅游景区质量评定委员会通过考察评定，确认思小高速公路（西双版纳段）达到了国家 AA 级旅游景区标准,这也是我国首条成为国家 AA 景区的高速公路(图 1-2)。

图 1-2　云南思(茅)小(勐养)高速公路

与此同时,针对建设绿色交通体系的技术要求,我国交通行业开展了大量公路生态环境保护和资源节约方面的研究,在公路生态恢复、节能减排、材料循环利用技术等方面取得了显著成果。交通环境保护新理念与新技术的飞速发展,极大地促进了公路行业环境保护技术进步,为公路工程环保实践提供了有力的支撑。

3)深入阶段

自 2007 年开始,交通部依托国家高速公路等重大工程建设,相继在山区高速公路建设、生态环境保护和交通安全等领域组织实施了 14 项以生态建设和生态环境保护为重点的科技示范工程,有力推动了新技术、新材料、新工艺的推广和应用,并有效促进了工程建设理念、质量和技术水平的提升。

2011 年 6 月,交通运输部印发《交通运输“十二五”发展规划》《公路水路交通运输节能减排“十二五”规划》《公路水路交通运输环境保护“十二五”发展规划》等绿色专项规划,制定发布了《资源节约型环境友好型公路水路交通发展政策》,提出树立绿色、低碳的发展理念,继续推进资源节约型、环境友好型交通行业建设,加快建立以低碳为特征的交通运输体系,强化节能减排,集约节约利用资源,促进资源循环利用,加强生态和环境保护,实现交通运输绿色发展。

“十二五”期间,交通运输部全面推进节能减排与环境保护试点示范项目建设,实施了 63 个交通运输环保试点建设项目,涵盖交通运输环境监测网络、重大交通基础设施生态建设和保护、高速公路服务区清洁能源与水循环利用等方面;确定了 26 个低碳交通运输体系建设试点城市,先后组织开展了江苏、浙江、山东、辽宁 4 个绿色交通省,北京、厦门等 27 个绿色交通城市,大连港、青岛港等 11 个绿色港口,江西庐山西海高速公路(图 1-3)、湖北神宜公路(图 1-4)、河南三淅高速公路、京港澳高速公路河北段等 20 条绿色公路,共计 62 个绿色交通试点项目,逐步形成了一套绿色低碳交通运输区域性和主题性试点管理模式。先后推出6批130个部级节能减排示范项目。这些试点示范项目的实施,对行业绿色发展起到了很好的引领带动和宣传作用,显著提高了行业节能环保意识,有力推进形成了行业绿色发展的新格局。

图1-3 江西庐山西海高速公路

图1-4 湖北神宜公路

4)强化阶段

党的十八大报告把生态文明建设纳入中国特色社会主义事业“五位一体”总体布局,明确提出大力推进生态文明建设,努力建设美丽中国,实现中华民族永续发展。交通运输部也推出了行业生态文明建设、绿色发展、高质量发展、交通运输与旅游融合发展以及新一代信息技术和交通运输融合发展等一系列“组合拳”。“十三五”以来,交通运输部发布了一系列指导性文件,努力把绿色发展理念融入交通运输发展的各方面和全过程,全力构建节能环保、生态集约的绿色交通运输体系。

2016 年 7 月,交通运输部颁布《关于实施绿色公路建设的指导意见》,明确提出建设以质量优良为前提,以资源节约、生态环保、节能高效、服务提升为主要特征的绿色公路,重点开展“零弃方、少借方”“实施改扩建工程绿色升级”“积极应用建筑信息模型新技术”“推进绿色服务区建设”“拓展公路旅游功能”五大专项行动,继而推进绿色公路建设的全面实施。

2017 年 12 月,交通运输部颁布《关于全面深入推进绿色交通发展的意见》,重点推进绿色基础设施创建、实施交通廊道绿化行动、开展交通基础设施生态修复等任务。交通运输部组织开展了三批共 33 个绿色公路典型示范工程建设,累计约 3900km,如浙江千黄高速公路(图 1-5)、广东惠清高速公路(图 1-6)等典型示范工程得到行业内外高度评价。

图 1-5　浙江千黄高速公路

图 1-6　广东惠清高速公路

各省级交通运输主管部门也结合已有工作启动了一批省级绿色公路示范工程,统筹考虑规划设计、建设施工和养护管理全过程的资源占用、能源消耗、污染排放控制、生态保护、公路功能拓展及服务水平提升等要求,实施绿色设计、绿色施工及绿色运维,注重建、管、养、运并重。“四新”技术得到广泛应用。开展新能源、新材料、新装备和新工艺的研发和落地,推广应用废旧橡胶为代表的大宗工业固体废物和隧道洞渣等废旧材料再生循环利用技术、建筑信息模型(BIM)新技术、隧道节能照明和太阳能光伏发电等节能技术与清洁能源、装配化施工、穿越敏感水体路段的径流收集与处置技术及绿色服务区建设等,有力支撑了绿色公路的建设。这些典型示范工程均具有一定社会影响、路网功能明确、沿线区域自然环境特点突出、工程具有代表性,在绿色公路建设方面特色与亮点突出,通过以点带面,为全行业推行绿色公路建设积累了经验。

同时,绿色公路相关法规标准逐步健全,交通运输部公路局组织编著并出版了《绿色公路建设技术指南》、《绿色交通设施评估技术要求　第 1 部分:绿色公路》(JT/T 1199.1—2018)、《绿色交通设施评估技术要求　第 2 部分:绿色服务区》(JT/T 1199.2—2018)于 2018 年颁布实施,各省级交通运输厅层面绿色公路相关法规标准陆续出台,形成了行业与地方标准协同的绿色公路建设与评价技术体系。

5)升华阶段

2019 年 9 月,中共中央、国务院印发《交通强国建设纲要》,将绿色发展作为交通强国建设的重要任务,明确要求,建设交通强国要注重绿色发展节约集约、低碳环保,提出了“促进资源节约集约利用”“强化节能减排和污染防治”“强化交通生态环境保护修复”等主要任务,为交通绿色发展指明了目标和方向。

“十四五”期,是加快建设交通强国的起步期,是进入新时代化解交通运输主要矛盾、推动交通运输高质量发展的换挡期,是优化结构、融合发展的提质期。根据有关规划和行业预测,这一时期交通基础设施建设仍将保持一定的速度与规模,客货运输需求总量还将保持稳步增长,人民群众对运输多样化、高品质、高效率的需求更甚。繁重的交通运输发展任务与日益刚性的资源环境约束之间的矛盾日益凸显,交通运输行业将转变发展方式,实现高质量发展的要求,为绿色交通发展带来内生动力和更大空间。

1.2 绿色公路的内涵

绿色公路是以绿色发展为目标,注重国土空间开发和生态环境保护,力推交通运输实现更高质量、更高效率、更可持续、更加安全的发展。绿色公路将是我国交通运输落实以人民满意为宗旨、优化结构调整、推进绿色发展,促进人与自然和谐共生的重要途径。

绿色公路建设按照系统论和周期成本思想,以工程质量、安全、耐久、服务为根本,坚持

“两个统筹”，把握“四大要素”，以理念提升、创新引领、示范带动、制度完善为途径，推动公路建设发展的转型升级。

坚持“两个统筹”是绿色公路建设的思想精髓。一方面要坚持统筹公路资源利用、能源消耗、污染排放、生态影响、运行效率、功能服务之间的关系，寻求公路、环境、社会等方面的系统平衡与协调；另一方面要坚持统筹公路规划、设计、建设、运营、管理、服务全过程，以最少的资源占用、能源耗用、污染排放、环境影响，实现外部刚性约束与公路内在供给之间的均衡和协调。

把握“四大要素”是推动绿色公路建设的关键。在绿色公路建设过程中，坚持以质量优良、安全耐久为前提，重点在“资源节约、生态环保、节能高效、服务提升”四方面实现突破，以控制资源占用、减少能源消耗、降低污染排放、保护生态环境、拓展公路功能、提升服务水平为具体抓手，全面提升公路工程建设水平。

1.3 绿色公路的特征与建设原则

1.3.1 绿色公路的特征

结合当前国家和社会对公路发展的要求，根据各时期公路建设理念演化升级发展，新时期绿色公路应具有以下八个方面的特征。

1）集约节约资源

在公路建设和使用过程中，需要使用和占用大量资源，包括公路本身占用的路网和廊道资源，新建和扩建公路占用的土地资源，公路施工和管养过程中消耗的建材、水、矿产资源等。绿色公路必须统筹利用资源，实现集约节约。

2）优化能源使用

可从两个角度优化对能源的使用，一个是节约使用能源，另一个是推行绿色能源。节约使用能源可以通过优化设计、改进技术和完善管理等不同方式提高能源利用效率或减少总体耗能需求。推行绿色能源是要促进清洁能源和可再生能源在公路建设和运营阶段的使用，这样既能够减少传统能源的使用，也可以为将来绿色能源的全面使用奠定基础和积累经验。

3）重视生态环保

对生态环境的保护本身是公路发展与环境破坏的矛盾点，是绿色公路契合生态文明建设和绿色发展理念的基本出发点，也是公路建设理念发展历程中一直强调的重点。新时期绿色公路对生态环保非常重视，既要考虑行业和社会经济的发展，也要追求对生态环境的破坏最小化和修复最大化，实现人与自然的和谐平衡。绿色公路要从建设的全过程控制和环境要素的全方位保护进行综合统筹考虑，实现公路对生态环境的破坏最小化和修复最大化，追求公路与自然的和谐统一。

4）控制污染排放

我国路网覆盖面广，通行里程长，影响区域范围非常广。公路发展过程中产生的污染排放不仅破坏自然环境，也危害周边居民健康，阻碍沿线区域经济发展，甚至可能引发和加剧社会冲突与矛盾。因此，绿色公路必须对污染排放进行严格控制，满足国家和地方的相关排放要求，在部分敏感区域和路段要争取达到"零排放"，尽可能地减小公路发展对沿线环境和社会带来的负面影响，实现经济、社会与环境三方面的和谐。

5）着眼周期成本

绿色公路要从全生命周期的角度来考虑其建设和维护成本。要将公路运营和维护纳入工程设计与建设一并考虑，突出全生命周期，强调系统性，强化结构设计与养护设施的统一。要通过新技术、新工艺、新材料和新机制的应用来延长公路使用寿命，同时降低公路运营养护成本，提高公路养护便利化水平，提高工程耐久性。要在满足其社会服务功能和价值的前提下，最大限度地节约成本。

6）实施创新驱动

绿色公路的理念往往需要通过先进的技术和方法来实现。在科技创新发展的新时期，公路建设要紧跟时代的步伐，通过创新来驱动行业的转型升级。实施创新驱动不仅要靠关键技术的突破提升，也要依靠先进技术和成功经验在更大范围内积极推广。即，绿色公路不仅要技术创新，也需要理念创新和机制创新，既要寻求新的方法、手段解决现存的问题，也要采取既有的技术、措施应用到更广泛的领域。在开展绿色公路关键技术研究的同时也要总结推广新的公路建设、管理经验。

7）提升工程品质

工程品质是体现公路自身状况优良程度的综合表征，在绿色公路理念指导下的工程项目必然要有优良的工程品质。与之对应的，具备优良工程品质的公路也更能够契合绿色公路的各项特征要求。因此，追求工程品质提升是建设绿色公路的必要条件，而打造绿色公路是实现工程品质提升的充分理由。

8）拓展服务功能

随着社会发展和消费升级，人们的出行需求也逐渐丰富和多元化。绿色公路要适应这种变化并把握变化带来的机遇，通过对沿线服务设施的改造升级和引进新型的技术手段，丰富服务内容，扩大服务范围，提升服务水平，最终为人们带来更便捷、舒适的出行体验。

1.3.2 绿色公路的建设原则

绿色公路应当遵循四大基本原则，即可持续发展原则、统筹协调原则、创新驱动原则、因地制宜原则。

(1)可持续发展原则。高度重视公路、环境、社会各方面、各要素的关系，提高资源和能源利用率，发挥公路先导性和基础性作用，实现在发展中保护、在保护中发展。

(2)统筹协调原则。统筹公路规划、设计、建设、运营、管理、服务全过程，强调均衡协调，突出建、管、养、运并重，降低全生命周期成本。

(3)创新驱动原则。大力推动理念创新、技术创新、管理创新和制度创新，强化创新的驱动与支撑作用，为公路建设注入强大动力。

(4)因地制宜原则。准确把握区域环境和工程特点，明确项目定位，确定突破方向，开展有特色、有亮点、有品位的工程设计，因地制宜建设绿色公路。

1.4 绿色公路的走向与发展

1.4.1 绿色公路的时代背景

1)国家战略决策要求

(1)践行“新发展理念”的要求。

党的十八大报告提出“全面落实经济建设、政治建设、文化建设、社会建设、生态文明建设五位一体总体布局，促进现代化建设各方面相协调”，并要求大力推进生态文明建设，以独立篇章系统提出了大力推进生态文明建设的总体要求，并把生态文明建设放在事关全面建成小康社会更加突出的战略地位，纳入社会主义现代化建设总体布局。党的十八大报告指出，走向社会主义生态文明新时代，必须树立尊重自然、顺应自然、保护自然的生态文明理念；必须坚持节约优先、保护优先、自然恢复为主的方针。

(2)践行“绿水青山就是金山银山”理念的要求。

党的十九大报告指出“建设生态文明是中华民族永续发展的千年大计”。必须树立和践行“绿水青山就是金山银山”的理念，坚持节约资源和保护环境的基本国策，像对待生命一样对待生态环境，统筹山水林田湖草系统治理，实行最严格的生态环境保护制度，形成绿色发展方式和生活方式，坚定走生产发展、生活富裕、生态良好的文明发展道路，建设美丽中国，为人民创造良好生产生活环境,为全球生态安全作出贡献。资源节约、保护自然生态系统和环境是绿色交通和生态文明建设的两个重要方面,在绿色公路建设中必须予以高度重视。

(3)实施乡村振兴战略的要求。

党的十九大报告指出,中国特色社会主义进入了新时代,提出了新时代决胜全面建成小康社会需要坚定实施的七大战略,其中把实施乡村振兴战略作为七大战略之一,必将对我国未来农业农村发展产生极其深远的影响。实施乡村振兴战略,要坚持农业农村优先发展,按照产业兴旺、生态宜居、乡风文明、治理有效、生活富裕的总要求,建立健全城乡融合发展体制机制和政策体系,加快推进农业农村现代化。交通运输作为国民经济中先导性、基础性产业,将奋力从交通大国向交通强国迈进。

(4)发展装配式建筑的要求。

2016 年 9 月 27 日,国务院办公厅印发的《关于大力发展装配式建筑的指导意见》(国办发〔2016〕71 号)(简称《指导意见》)指出,力争用 10 年左右时间,使装配式建筑占新建建筑的比例达到 30%。《指导意见》规定了八项任务,其中提出,“逐步建立完善覆盖设计、生产、施工和使用维护全过程的装配式建筑标准规范体系”“积极应用建筑信息模型技术,提高建筑领域各专业协同设计能力”“实行装配式建筑装饰装修与主体结构、机电设备协同施工。积极推广标准化、集成化、模块化的装修模式,提高装配化装修水平”。公路建设应用装配式建筑,能够节约资源和能源,减少噪声和扬尘污染,提高劳动生产效率,提高工程质量,促进信息化、工业化深度融合。

2)加快建设交通强国的战略要求

2019 年 9 月,中共中央、国务院印发的《交通强国建设纲要》指出:全面贯彻党的十九大精神,以习近平新时代中国特色社会主义思想为指导,加强党对交通工作的统一领导,坚持稳中求进工作总基调,牢固树立新发展理念,落实高质量发展要求,紧紧围绕统筹推进“五位一体”总体布局与协调推进“四个全面”战略布局,以建设人民满意交通为根本宗旨,以深化交通供给侧结构性改革为主线,按照构建安全、便捷、高效、绿色、经济的现代化交通体系的总要求,着力推动交通发展质量变革、效率变革、动力变革,着力服务人民、服务大局、服务基层,建成保障有力、人民满意、世界领先的交通强国。因此,开展绿色公路、品质工程的示范工程创建,是构建安全、便捷、高效、绿色、经济的现代化交通体系的迫切需求,是践行交通强国战略的要求。

3)绿色公路建设要求

2016 年,交通运输部发布《关于实施绿色公路建设的指导意见》(交办公路〔2016〕93 号),为绿色交通发展指明了方向。绿色公路作为绿色交通的重要组成部分,在生态文明建设得到高度重视,资源节约、环境友好要求进一步提高的新形势下,以全面实施绿色公路建设作为推进绿色交通发展的切入点，可进一步转变公路发展方式，推动公路建设持续健康发展，打造交通行业生态文明建设的靓丽名片。

随后，2017 年 7 月，交通运输部、国家旅游局、国家铁路局、中国民用航空局、中国铁路总公司、国家开发银行联合发布了《关于促进交通运输与旅游融合发展的若干意见》(交规划发〔2017〕24 号)，明确提出交通运输是旅游业发展的基础支撑和先决条件，着力完善旅游交通网络设施，创新旅游交通产品，提升旅游交通服务品质。《关于促进交通运输与旅游融合发展的若干意见》在“三、健全交通服务设施旅游服务功能”部分，提出要求大力提升高速公路服务设施的旅游功能：

(1)推动高速公路服务区向交通、生态、旅游、消费等复合功能型服务区转型升级，建成一批特色主题服务区。

(2)加强连接重要景区的高速公路服务区的景观营造，邻近景区的服务区可考虑联合景区创新建设模式。

2017 年 11 月，交通运输部发布《关于全面深入推进绿色交通发展的意见》(交政研发〔2017〕186 号)，以交通强国战略为统领，提出到 2020 年，初步建成布局科学、生态友好、清洁低碳、集约高效的绿色交通运输体系这一重要目标。

2021 年 10 月 29 日，交通运输部印发《绿色交通“十四五”发展规划》，提出到 2025 年，交通运输领域绿色低碳生产方式初步形成，基本实现基础设施环境友好、运输装备清洁低碳、运输组织集约高效，重点领域取得突破性进展，绿色发展水平总体适应交通强国建设阶段性要求。推动公路服务区、客运枢纽等区域充(换)电设施建设，为绿色运输和绿色出行提供便利。因地制宜推进公路沿线、服务区等适宜区域合理布局光伏发电设施。

4)智慧交通建设要求

2017 年 1 月，交通运输部发布《推进智慧交通发展行动计划(2017—2020 年)》(交办规划〔2017〕11 号)，提出到 2020 年逐步实现以下目标：

在基础设施智能化方面，推进 BIM 技术在重大交通基础设施项目规划、设计、建设、施工、运营、检测维护管理全生命周期的应用，基础设施建设和管理水平大幅提升。

在生产组织智能化方面，实现重点客运枢纽、物流园区智能运输装备和自动装卸机具大量应用，交通运输企业的信息化管理和安全生产水平大幅提升。

在运输服务智能化方面，丰富交通出行、旅客票务、交通支付等在线服务。“互联网＋”物流取得明显进展，物流组织效率进一步提高，物流成本进一步降低。在决策监管智能化方面，跨行业、跨区域协同的交通运输运行监测、行政执法和应急指挥体系基本建成，基于大数据的决策和监管水平明显提升。

2018 年 2 月，《交通运输部办公厅关于加快推进新一代国家交通控制网和智慧公路试点的通知》(交办规划函〔2018〕265号)发布,决定在北京、河北、吉林、江苏、浙江、福建、江西、河南、广东九省(市)加快推进新一代国家交通控制网和智慧公路试点。该通知将基础设施数字化、路运一体化车路协同、北斗卫星导航系统高精度定位综合应用、基于大数据的路网综合管理、“互联网+”路网综合服务、新一代国家交通控制网6个方向作为重点。

2020年8月6日,《交通运输部关于推动交通运输领域新型基础设施建设的指导意见》印发,在智慧公路方面,要求推动先进信息技术应用,逐步提升公路基础设施规划、设计、建造、养护、运行管理等全要素、全周期数字化水平。深化高速公路电子不停车收费系统(ETC)门架应用,推进车路协同等设施建设,丰富车路协同应用场景。推动公路感知网络与基础设施同步规划、同步建设,在重点路段实现全天候、多要素的状态感知。应用智能视频分析等技术,建设监测、调度、管控、应急、服务一体的智慧路网云控平台。依托重要运输通道,推进智慧公路示范区建设。鼓励应用公路智能养护设施设备,提升在役交通基础设施检查、检测、监测、评估、风险预警以及养护决策、作业的快速化、自动化、智能化水平,提升重点基础设施自然灾害风险防控能力。建设智慧服务区,促进融智能停车、能源补给、救援维护于一体的现代综合服务设施建设。推动农村公路建设、管理、养护、运行一体的综合性管理服务平台建设。

为贯彻习近平总书记关于大力发展智慧交通等重要指示精神,落实《交通强国建设纲要》《国家综合立体交通网规划纲要》《数字中国建设整体布局规划》,按照《加快建设交通强国五年行动计划(2023—2027年)》《交通运输部关于推动交通运输领域新型基础设施建设的指导意见》等有关部署,促进公路数字化转型,加快智慧公路建设发展,提升公路建设与运行管理服务水平。2023年9月9日,交通运输部印发了《关于推进公路数字化转型加快智慧公路建设发展的意见》(交公路发〔2023〕131号),提出到2027年,公路数字化转型取得明显进展。构建公路设计、施工、养护、运营等“一套模型、一套数据”,基本实现全生命期数字化。基本建成“部省站三级监测调度”体系,公路运行效能、服务水平和保通保畅能力全面提升,打造公路出行服务新模式,提升公众满意度。公路市场数据资源充分整合,提升公路领域市场服务和治理能力。建立健全适应数字化的公路标准体系,在国家综合交通运输信息平台架构下,完善公路基础数据库,形成公路数字化支撑保障和安全防护体系。

到2035年,全面实现公路数字化转型,建成安全、便捷、高效、绿色、经济的实体公路和数字孪生公路两个体系。公路建设、管理、养护、运行、服务数字化技术深度应用,提升质量和效率、降低运行成本。助力公路交通与经济运行及产业链供应链深度融合,公路数字经济及产业生态充分发展,为构建现代化公路基础设施体系、加快建设交通强国提供支撑。

5)交通运输部绿色公路建设示范工程

根据《交通运输节能减排专项资金管理暂行办法》(财建〔2011〕374号)和《交通运输节

能减排专项资金申请指南(2014 年度)》(厅政法字〔2013〕330 号)等相关规定,中国交通建设股份有限公司(简称"中交股份")联合体港珠澳大桥岛隧工程项目总经理部申报的港珠澳大桥主题性项目等 72 个项目获得 2014 年度交通运输节能减排专项资金支持。

2015 年,广佛肇高速公路项目被交通运输部列为绿色公路主题性项目试点,按照实施方案,项目的节能量及获得专项补贴额为南方地区第一、全国第二。

为贯彻"创新、协调、绿色、开放、共享"新发展理念,落实《交通运输部办公厅关于实施绿色公路建设的指导意见》(交办公路〔2016〕93 号)相关要求,促进公路建设可持续发展,交通运输部于 2016—2017 年先后发布三批绿色公路建设典型示范工程,共计 33 个项目,涉及 30 个省(自治区、直辖市),详见表 1-1 ~ 表 1-3。

交通运输部第一批绿色公路建设典型示范工程项目清单　　表 1-1

序号	省(自治区、直辖市)	项目名称
1	北京市、河北省	延庆至崇礼高速公路
2	浙江省	温州瓯江北口大桥
3	安徽省	上海至武汉高速公路无为至岳西段
4	江西省	沈阳至海口高速公路莆田至炎陵联络线广昌至吉安段
5	湖北省	麻城至竹溪高速公路大悟段
6	广西壮族自治区	银川至百色高速公路乐业至百色段
7	海南省	万宁至杨浦高速公路
8	云南省	银川至昆明高速公路昆明至磨憨联络线小勐养至磨憨段

交通运输部第二批绿色公路建设典型示范工程项目清单　　表 1-2

序号	省(自治区、直辖市)	项目名称
1	内蒙古自治区	丹锡高速公路克什克腾至承德联络线克什克腾至乌兰布统段
2	吉林省	延吉至长春高速公路龙井至大蒲柴河段
3	浙江省	沪陕高速公路溧阳至宁德联络线淳安段
4	山东省	京沪高速公路莱芜至临沂段改扩建工程
5	福建省	沈海高速公路莆田至炎陵联络线永泰梧桐至尤溪中仙段
6	湖南省	长沙至益阳高速公路扩容工程
7	广东省	汕头至湛江高速公路惠州至清远段
8	四川省	银昆高速公路平凉至绵阳联络线九寨沟至绵阳段
9	贵州省	中国茶海公路源潭至凤岗段
10	云南省	武定至易门高速公路
11	陕西省	银百高速公路安康至来凤联络线平利至镇坪段
12	甘肃省	银昆高速公路平凉至绵阳联络线武都至九寨沟段

交通运输部第三批绿色公路建设典型示范工程项目清单　　表1-3

序号	省(自治区、直辖市)	项目名称
1	天津市	津石高速公路天津段
2	上海市	G320线沪浙界至北松公路段
3	重庆市	潼南至荣昌高速公路
4	山西省	阳城至济源高速公路阳城至蟒河段
5	辽宁省	大广高速公路奈曼旗至营口联络线福兴地至阜新段
6	黑龙江省	G331线东宁至老黑山省界段
7	江苏省	G524线通常汽渡至常熟三环段
8	河南省	郑州至西峡高速公路尧山至栾川段
9	贵州省	厦蓉高速公路都匀至香格里拉联络线都匀至安顺段
10	青海省	G310线尖扎至共和段
11	西藏自治区	G561线当雄县宁中乡至林周县松盘乡段改造工程
12	宁夏回族自治区	银百高速公路宁东至甜水堡段
13	新疆维吾尔自治区	京新高速公路巴里坤至木垒段

2018年,广东省交通运输业遴选出广东省第一批绿色公路建设示范工程创建项目(表1-4),并要求各建设单位结合地域特点、建设条件及项目具体情况,制定专项实施方案,实施方案中应进一步明确项目定位、特色、措施和重点任务;响应广东省交通运输厅建议示范重点研究方向,进一步明确各项目典型示范的重点方向,做到每个典型示范项目都有自身的特色和亮点,有针对性地开展重点示范;应进一步做好典型示范任务分解工作,合理制订工作计划,明确工作时间节点,细化工作任务,把绿色公路建设理念落实到前期工作和施工、运营养护全过程。工程参建单位和管养单位要在勘察设计、施工、监理、管养的具体工作中,创造性开展绿色公路建设,坚持实事求是、因地制宜,注重总结,提炼经验。

广东省第一批绿色公路建设典型示范工程创建项目清单　　表1-4

序号	项目名称	建议示范重点研究方向(包括但不限于)
1	武深高速公路仁化(湘粤界)至博罗段	安全与节能"两型"隧道建造;绿色低碳服务区建造等
2	河(源)惠(州)(东)莞高速公路龙川至紫金段	绿色公路建设运营管理信息化、高速公路建设生物多样性保护等
3	珠海市鹤港高速公路工程(含洪鹤大桥)	工厂化智能制造;BIM技术应用等
4	花都至东莞高速公路	城区高速公路绿色建造等
5	云浮罗定至茂名信宜(粤桂界)高速公路	装配化设计与施工;绿色技术集成应用等
6	河惠莞高速公路河源紫金至惠州惠阳段	地域特色的线性动态公路景观走廊打造等
7	韶关市翁源至新丰高速公路	安全智慧、低碳环保型隧道建造;水源保护区环境安全保障等

1.4.2 绿色公路发展趋势

实施绿色公路建设是公路行业落实“创新、协调、绿色、开放、共享”新发展理念，推进“四个交通”发展的生动实践和有力抓手；是公路建设新理念的升级版，是实现公路建设可持续科学发展的新跨越。

(1)加强低碳选线和土地资源集约节约利用。

推动公路路线走廊线位，合理确定平纵线性指标和超高值，注重低碳选线和线位优化，实现公路设计施工阶段的本质生态环保以及运营阶段的本质安全与高效。推动公路线位走廊和重大桥隧结构物等交通基础设施走廊带节约土地资源。形成布局科学、土地资源集约节约利用的绿色建设指导意见，切实增强可持续发展能力。

(2)强化生态环保与资源循环利用。

将生态保护理念贯穿于基础设施设计、建设、运营和养护全过程。重点推进环保选线选址，强化生态环保设计，降低交通基础设施建设和运营对生态环境的影响，打造融于自然、美丽和谐的绿色公路。严格落实水土保持措施，积极推进大宗固体废物和水资源的资源化和循环利用。

(3)实现基础设施高质量和高效能。

推广和发展重大桥隧结构物高质量耐久性建设技术和施工工艺，开展公路基础设施节约化和集约化使用技术，提升公路基础设施内在质量和效能。

(4)创新公路基础设施绿色养护技术。

坚持改革创新，加大公路基础设施绿色养护新技术、新工艺、新材料、新设备的研发与应用力度，提升公路基础设施的绿色养护科技水平。

(5)打造新型公路能源网供给体系。

充分利用公路沿线路面空间、立体空间等资源，积极开发太阳能光伏路面、光伏服务区、隧道进出口光伏廊道、光伏边坡、光伏声屏障等清洁能源，创建“点、线和区域”相结合的立体化的太阳能公路清洁能源网络和能源微网管控系统，为公路沿线用电设施设备以及沿线城市和村镇提供绿色能源，将公路从依赖外部能源供给的单一消耗方发展到清洁能源自给自足和能源并网供给方的重大角色变革。

(6)创建新型绿色公路标准化支撑体系。

统筹顶层设计，加快建立公路绿色设计施工、绿色建设运营和绿色养护系列化支撑标准体系，将绿色公路建管养理念常态化和标准化。借助“一带一路”平台，全面输出中国绿色公路技术标准和技术模式，引领世界公路绿色发展。

未来绿色公路关注重点主要在以下方面：

(1)实现本质绿色。

从选线设计、施工建设和运营管理全生命周期统筹考虑公路的本质——绿色。

(2)强化生态环保。

将生态保护理念贯穿于基础设施设计、建设、运营和养护全过程。

(3)保障工程质量。

将重大桥隧结构物等公路工程质量提升落实于设计施工建设全过程,提升公路工程质量水平和耐久性,是最大的资源节约和绿色建造。

(4)创新绿色养护。

创新提升公路基础设施的绿色养护水平,体现全生命周期绿色公路建设体系。

(5)构建标准体系。

总结提升绿色公路建设经验和技术,开展绿色公路设计、施工、养护等标准体系研究制定,形成长效机制,确保绿色公路建设理念的常态化。

1.5 云茂高速绿色公路示范工程概况

云茂高速公路是由广东省公路建设有限公司(简称"建设公司")投资并受"一带一路"专项投资基金支持的云浮罗定至茂名信宜(粤桂界)高速公路的简称。

云茂高速公路是广东省"十三五"规划的重要项目,是广东省高速公路网规划的"48联",是罗阳高速公路与包茂高速公路的联络线,是贯通广东省西北部地区并连接广西壮族自治区规划的浦北至北流(清湾)高速公路,是粤西山区和北部湾北部地区通往珠江三角地区的一条经济干线。云茂高速公路的建设对实现广东省"三个定位、两个率先"总体目标,进一步改善粤西北山区交通条件,实现区域协调发展有着重要意义。

2018 年 12 月,云茂高速公路项目被广东省交通运输厅列为广东省第一批绿色公路典型示范工程创建项目。云茂高速公路坚持"创新驱动、绿色发展,围绕资源节约、环境友好、内优外美和服务提升"的绿色公路建设总体目标,瞄准装配化设计与施工、绿色技术集成应用,先后制定了云茂高速公路创建绿色公路典型示范工程专项实施方案、云茂高速公路绿色建造技术咨询工作大纲,编制了绿色公路建设技术清单 100 余项,将云茂高速公路着力打造成为"绿色、优质、安全、智慧"的样板工程。

2021 年 4 月,云茂高速公路项目被广东省交通运输厅明确为第一批绿色公路建设示范项目。

2021 年 5 月,云茂高速公路项目被中国公路学会授予全国"最美绿色高速"荣誉称号。

绿色赶超
坚持高标准方案谋划

2.1 项目概况

云茂高速公路是广东省高速公路网规划的“九纵线”罗阳高速公路与“十纵线”包茂国家高速公路的联络线，贯通广东省西北部区域并连接广西壮族自治区东部。项目东接罗阳高速公路，穿过包茂高速公路后向高州市荷花镇延伸至粤桂省界，向西对接广西壮族自治区规划的浦北至北流(清湾)高速公路。

云茂高速公路项目批复概算155.6703亿元，项目起点为罗定市围底镇，途经罗定市素龙镇、罗平镇、太平镇、罗镜镇，信宜市平塘镇、钱排镇、白石镇、丁堡镇、水口镇、镇隆镇，终于高州市荷花镇。云茂高速公路项目主线全长129.816km，其中经罗定市里程约40.506km、信宜市里程约74.08km，高州市里程约15.23km。主线采用设计速度为100km/h的双向四车道高速公路标准，路基标准横断面宽度26m。

2.2 特点分析

云茂高速公路地处粤西北，项目沿线地质条件复杂、生态敏感区多，具有桥隧工程占比高、节能环保要求高、施工协调难度大、路段安全风险高等特点，适合从生态、环境、节能、安全、智慧等方面，开展绿色公路示范工程建设。

(1)地形地貌及工程地质条件复杂，局部路段安全风险突出。

云茂高速公路区域处于云开大山脉之中，穿越全省第二高峰，沿线地貌以山岭及重丘为主，地形复杂多样，山高谷深、线位经过处海拔介于89~800m之间，施工安全风险高、造价控制难度大。路线纵坡情况如图2-1所示。

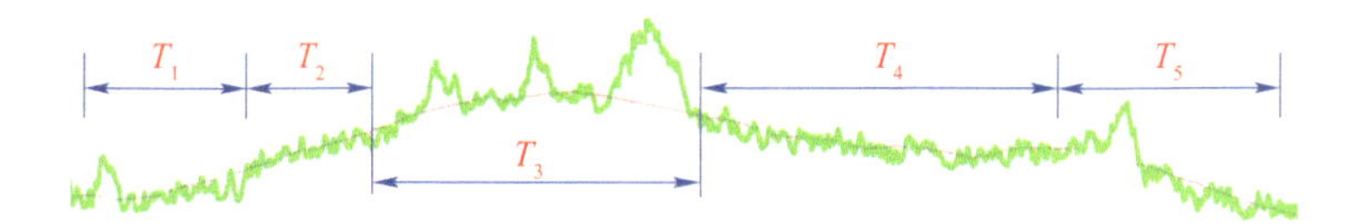

图2-1　路线纵坡情况示意图

注：T_1~T_5表示台阶段。

(2)项目沿线生态敏感区众多，公路建设生态环保要求极高。

云茂高速公路全线位于粤西地区，生态环境良好，走廊带狭窄，地形地貌复杂多样，区域内的自然保护区、风景名胜区、森林公园等环境敏感区较多，共涉及12处饮用水源及自然保护区，沿线途经多处生态严控区、娃娃鱼保护区、森林保护区，环境敏感点多，包括云开山国家级自然保护区、信宜市鹞婆石县级自然保护区、信宜市黄华江大鲵和水产资源县级自然保护区、黄华江大鲵水产保护区等，云茂高速公路 A7K17 +450 ~ A7K17 +700 路段穿越罗定引太灌渠饮用水源二级保护区；响水大桥（K57 +250）、杉树坪大桥（K58 +283）、石更河大桥（K74 +805）、锦雅大桥（K77 +113）、古党坪大桥（K79 +723）等5座桥梁跨越信宜黄华江大鲵和水产资源县级自然保护区的河流，安全环保管控难度高。

在上述生态敏感区内进行公路建设，不可避免地会对敏感区的生态系统形成扰动和破坏，影响生态系统的水源涵养、水土保持、景观游憩及生物多样性保护等生态服务功能，必须强化施工期的生态环保管控措施，最大限度地保护绿水青山。

（3）桥隧工程规模较大，建设与运营安全保障难度大、节能环保要求高。

云茂高速公路全线桥隧总长度51681.5m，桥隧占路线长度的比例为39.8%，全线共设桥梁108座，总长40086.5m，其中特大桥9645.5m/6座，大桥77座，共29177.4m，中小桥25座，共1263.6m；全线共设隧道8座，总长11595m，其中特长隧道1座，共3457m，长隧道3座，共5774.5m，中长隧道2座，共1666m，短隧道2座，共697.5m。桥隧总长度51681.5m，桥隧占路线长度的比例为39.8%。全线共设互通式立交13处、服务区4处、停车区1处、养护工区3处、管理中心1处、集中住宿区1处、收费站11处、隧道管理用房11处、主线治超站1处，总建筑面积60459m^2。

隧道施工洞渣的处治困难，运营期隧道照明能耗高等问题突出。因此，桥隧施工质量与安全是决定整个项目质量与安全的重要环节，需要集成应用桥隧工程品质提升技术，为打造品质工程示范奠定基础；同时，需要强化施工期间隧道弃渣循环利用、隧道路面施工环保与节能管控以及运营期间特长隧道、服务区供电综合节能技术的研究与应用，更好地体现绿色高速公路创建理念。

（4）沿线区域内断裂发育、褶皱常见，高液限土、软土、放射性花岗岩等特殊岩土密布，浅层滑坡、崩塌、隐伏岩溶等不良地质常见，施工风险大。

边坡地质情况如图2-2所示。

图2-2　边坡地质状况

(5)工点分散,便道复杂。

线位远离既有道路,施工便道受山谷及桥隧隔断,弯曲狭窄(图2-3),工点分散,材料运输困难,施工组织难度较大,进度控制难度大。

图2-3 施工便道现状

(6)走廊带交叉,协调难度大。

沿线与多条既有道路交叉(仅县级以上地方道路交叉达19处),如图2-4所示;管线密布(仅110kV以上高压电力线11处);跨越包茂高速公路、罗阳高速公路及洛湛铁路,与铁路和电力部门协调难度很大。

图2-4 沿线与多条既有道路交叉现状

2.3 总体策划

针对云茂高速公路的工程特点和环境现状,结合我国绿色公路的发展目标及工程本身建设的引领作用和示范意义,云茂高速公路从目标定位,到确定工作思路、制定工作方法、构建技术体系等公路建设全过程周期内,充分提取工程特点,以绿色发展的视角,面向未来公路绿色建造需要,提出技术清单,形成装配化、生态型、平安型、创新型"一化三型"的云茂高速公路绿色技术架构。

2.3.1 目标定位

在分析项目工程特点和环境特点的基础上,围绕工程建设需求,本项目确立了以下指导思想、主题定位和建设目标定位。

指导思想:守护绿水青山,建设美丽高速公路。

主题定位:装配化设计与施工、生态型、平安型、创新型"一化三型"。

建设目标:资源节约、生态环保、节能减排、服务提升。

2.3.2 工作思路与方法

1)工作流程

项目特点、优势、需求→广泛调研→总体策划→技术清单→示范主题→专项实施方案→方案评审→实施过程与成效→中期评审→成果总结→示范工程验收→推广应用。

本项目绿色公路创建的主要工作环节如下:

(1)根据工程特点和环境条件,结合以往项目的经验,预判云茂高速公路可能面临的困难,对问题进行分析提炼,如针对质量通病,桥头跳车、边坡冲刷、填挖交界处排水、盲沟凹陷、排水沟顶高出地面、路面横向排水口和路面边坡急流槽不对应等问题,做到有的放矢。

(2)根据项目特点,从规划设计、施工、运营和养护管理等各阶段需求拟定绿色公路建设目标,如资源节约、生态友好、节能高效、服务提升等。

(3)针对必须解决的问题,以及可以提升的现有技术,进行广泛调研,提出解决方案,融入设计过程。如对因设计原因造成的问题,可以通过优化设计或标准化设计解决;对结构物野外施工受天气影响大的问题,可以通过装配化施工解决;对施工过程经常造成的资源浪费,可以通过清表土回收利用、大树移植、隧道洞渣分类利用、高液限土改良利用、采用片石混凝土、机制砂、泡沫混凝土等,减少砂石料开采,减少拆迁。同时,引进"四新"技术,开展科研课题,积极利用新能源,打造平安工地,用信息化手段实现智慧建造、智慧运营。

(4)在施工招标阶段,将一些重点推广技术写入招标文件,考虑相应的费用,并在施工过程中进行跟踪核查。对微创新进行评比鼓励,对扬尘、噪声、固体废物、弃土场、水土流失等问题进行专项排查治理。

(5)通过定性和定量相结合的方法,从全生命周期的角度对绿色公路建设成果进行考核评估,如每个技术的适用条件、使用规模、成本投入(人工、材料、机械设备等)、实施成效,最终确定其推广应用价值。

"三步走"工作流程如图 2-5 所示。

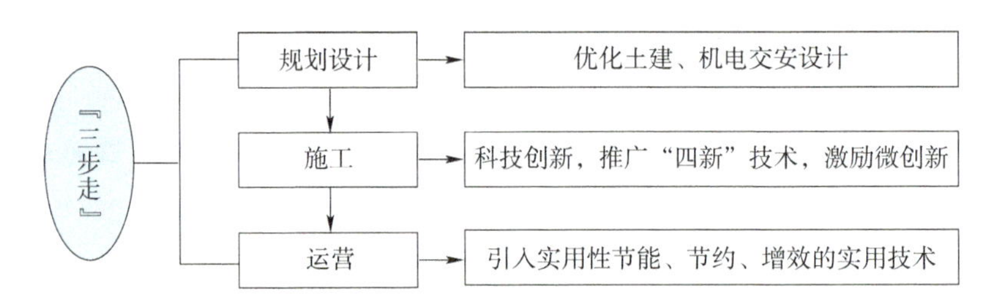

图 2-5 "三步走"工作流程图

2）工作方法（图 2-6）

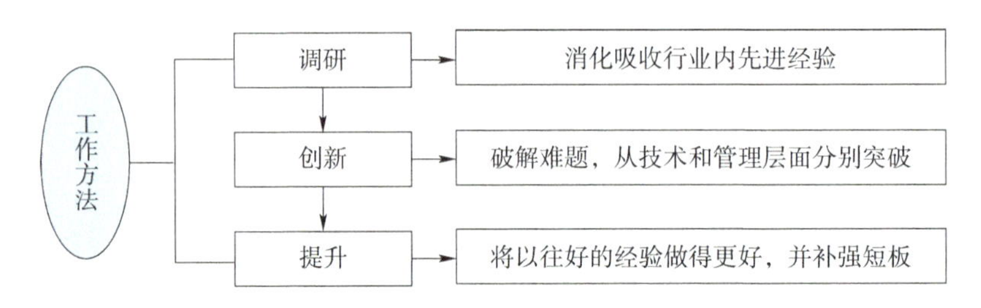

图 2-6 工作方法流程图

2.3.3 示范技术体系构建

云茂高速公路项目在实施过程中，积极贯彻落实国务院、交通运输部、广东省交通运输厅和广东省交通集团有限公司关于品质工程、绿色公路和交通强国的指导意见，提出了装配化、生态型、平安型、创新型"一化三型"绿色公路架构，坚持问题导向，坚持创新驱动，追求绿色发展，苦练内功，重点从装配化设计与施工、生态环保选线与动态设计优化、资源集约节约利用技术、节能降耗、绿色能源开发利用技术、低污染施工技术、安全建造与安全运营、施工智慧管控、科技研发与标准编制、"四新"技术及微创新工程等新技术 5 大类 13 个方面进行主题示范，集成应用了多项绿色公路示范技术，着力解决影响绿色公路创建的通病、突出问题和薄弱环节，为打造绿色品质工程提供有力支撑。

云茂高速绿色公路建设技术清单见表 2-1。

云茂高速绿色公路建设技术清单 表 2-1

类别	示范类别	序号	示范技术
一、装配化云茂	装配化设计与施工	1	装配式涵洞推广与标准图编制
		2	钢板组合梁桥试用与标准图编制
		3	定向研发小型构件自动化生产线

续上表

类别	示范类别	序号	示范技术
二、生态型云茂	设计优化	4	生态选线
		5	生态边沟系统
		6	平原区路改桥
		7	山岭区桥改路
		8	高性能混凝土(HPC)应用
		9	沿河桩基、陡坡墩柱防护
		10	绿化设计与景观提升
		11	隧道洞门采用浆砌片石装饰
		12	隧道洞口段采用多功能储能发光涂料装饰
		13	发光二极管(LED)综合照明及智能控制技术
		14	电动汽车充电站建设
		15	净味环保沥青或温拌沥青技术
		16	路面径流收集处理系统
		17	污水分类处理
	资源集约节约利用	18	清表土收集和利用
		19	原生大树移植保护
		20	利用路基做预制场
		21	预制场养护水循环利用
		22	高液限土分类利用
		23	隧道洞渣分类利用
		24	机制砂加工利用
		25	混凝土搅拌站波纹板料仓隔墙
		26	沥青拌和楼“油改气”技术
		27	基于生态补偿的弃土造田还林技术
	绿色施工	28	隧道绿色无碱湿喷混凝土技术
		29	旋挖钻干挖法成孔桩基成桩技术
		30	放射性施工环境监测与防护
		31	扬尘、噪声、视频一体化监测监控技术
	永临结合	32	“三集中”永临结合
		33	施工便道永临结合
		34	供电线路永临结合
		35	红线内民房保留利用

续上表

类别	示范类别	序号	示范技术
三、平安型云茂	安全管理	36	安全生产费用清单编制
		37	安全防护标准化指引图册
		38	高边坡滑塌应急抢险救援预案
		39	疫情传播期三色工作证管理
		40	路面施工期车辆管控系统
	安全培训	41	基于三维(3D)虚拟现实技术的“VR 安全体验馆”
		42	多媒体安全培训工具箱
	安全技术	43	人工挖孔桩施工
		44	重要风险点实时视频监控
		45	基于北斗卫星导航定位系统的高边坡变形自动化监测
		46	隧道三维可视化施工监控技术
		47	滚筒式防撞护栏技术
		48	雾区恶劣天气预警及诱导系统
		49	雾区护栏 LED 低位节能照明系统
		50	高空作业防坠器
		51	桥梁防撞护栏施工安全母索
四、创新型云茂	管理创新	52	业主代表管理制度
		53	设计代表驻场与考评制度
		54	优质优价与平安工地考核制度
		55	淘汰落后工艺、设备、材料清单
		56	绿色公路随手拍
		57	档案管理系统
		58	拌和站及试验室信息双控系统
		59	旅游体验式服务区与科普展馆
	科技研发	60	长大隧道软弱浅埋段高压旋喷桩法地表加固关键技术及效果评价研究
		61	基于三维激光扫描建模技术的桥梁高精度虚拟预拼技术
		62	基于雷达技术的隧道全时自动化监控系统开发及应用
		63	公路工程项目质量风险源辨识及评估技术研究
		64	广东省公路工程“三级清单”模式下基于 BIM 技术的新型建设管理系统研究
		65	公路混凝土用机制砂技术标准研究
		66	高速公路绿色服务区建设技术研究与示范应用
		67	云茂高速公路建设成果系列丛书

续上表

类别	示范类别	序号	示范技术
四、创新型云茂	“四新”技术	68	涵台背质量抽芯检测方法(国内首创)
		69	聚能水压爆破技术(省内高速公路首次应用)
		70	隧道初期支护混凝土落实湿喷工艺和无碱速凝剂
		71	隧道二次衬砌施工成套工艺(国内高速公路首次全面应用)
		72	预制梁模板采用液压滑模
		73	预应力智能张拉、压浆及信息化管理
		74	无人机在智慧化管理中的应用
		75	振动搅拌耐久型路面基层技术
		76	边坡刻槽机
		77	爬山虎传送机
		78	边沟滑模施工
		79	连体式立柱施工操作平台
		80	钢筋笼自动滚焊机
		81	数控弯曲中心
		82	二氧化碳保护焊
		83	隧道钢拱架法兰盘等离子切割机
		84	隧道钢筋网片自动焊机
		85	轻型锚杆钻机
		86	“雾炮”机除尘养护
	微创新与专利	87	圆管涵模具散料盘及对拉环
		88	圆管涵钢筋弯圆机
		89	桥梁湿接缝施工底模提升架
		90	桥梁防撞护栏施工台车
		91	桥梁中央分隔护栏带装修平台
		92	桥下排水施工作业平台
		93	新泽西护栏钢筋绑扎胎座
		94	直螺纹有效长度检测器
		95	桩基冲击钻锤头直径测量仪
		96	角钢式二次衬砌预埋筋定位工装
		97	钢拱架连接板定位工装
		98	便捷式二次衬砌台车斜向支撑装置

续上表

类别	示范类别	序号	示范技术
四、创新型云茂	微创新与专利	99	预制T梁防倾覆支撑装置
		100	T梁混凝土浇筑平台
		101	空心薄壁墩钢筋绑扎操作平台
		102	止水带定型卡模
		103	新型挂篮预压装配式反力架
		104	新型箱梁0号块托架
		105	新型预制梁楔形块调坡装置
		106	桩基沉渣厚度检测锤
		107	装配式涵洞自动化喷淋养护台车
		108	装配式涵洞钢筋绑扎胎具
		109	新泽西护栏调平层注浆机
		110	土路肩夯实定型机
		111	预制梁预应力钢绞线梳编台

云茂高速绿色公路示范工程框架如图2-7所示。

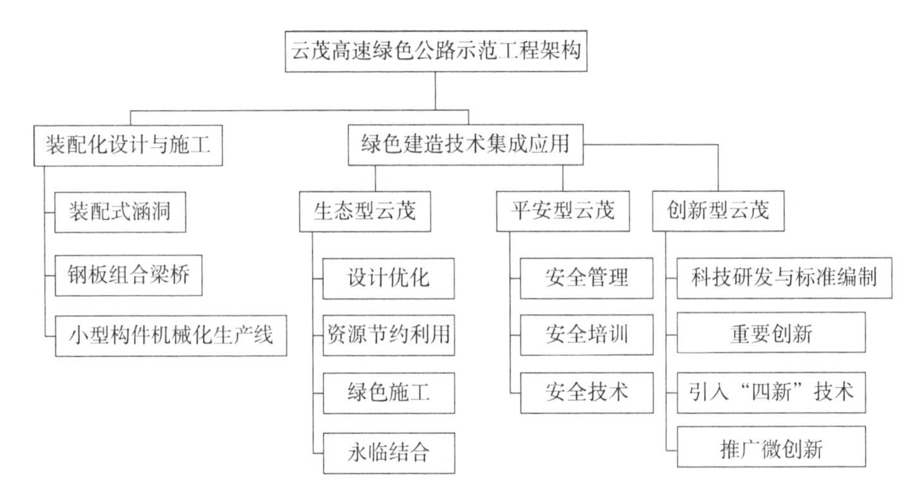

图2-7　云茂高速绿色公路示范工程框架图

品质至臻
首推装配化设计施工

目前交通基建工程正在向跨越海湾海峡、山区高海拔、大跨径方向发展,建设规模和实施难度越来越大,远超以往常规工程,必须突破传统,更新建设理念,采用更为先进的管理模式及生产方式。经国内外相关工程实践证明,工厂化、装配化的生产方式有利于保障大型工程建设的质量安全,符合该类工程的实际需求和发展趋势,对提升我国重大交通基础设施建设水平具有积极意义。

云茂高速公路为实现集约、先进、优质、高效、环保、经济的建设目标,深入贯彻落实绿色公路、品质工程的建设要求,积极推行实施装配化设计与施工,同时开展标准图研究,有效提高了装配化施工水平。

3.1 装配式涵洞推广应用与标准图编制

通道是公路的重要组成结构。随着我国高速公路里程的逐年增加,在多沟壑的山区和多湖泊河流的平原区修建公路,通道的建设规模在整个高速公路中占有较大比重。通道一般具有以下工程特点:单个体量小,但工序繁杂;设置密度高,但场地分散。如云茂高速公路的主线 K98 +520 ~ K111 +620 段内共设有通道 42 座,平均间距约 311m,且公路等级越高,路基越宽,通道的建设成本也就越高。

云茂高速公路通道施工因存在路线长、纵坡起伏大、涵洞数量多、管理难度大、雨季长且降雨量大等问题,导致现场施工严重受限,传统的现浇钢筋混凝土工艺不仅无法保证施工工期,而且效率和材料利用率低,施工速度缓慢,难以保证施工质量。因此,设计更为安全、经济的小型构造物非常有必要。

3.1.1 预制装配式涵洞标准化建造

云茂高速公路全线共设置涵洞 345 道,总涵长约 16591m,其中圆管涵共 91 道,总长约 3223m。涵洞在施工前是路基的断点,在完工后则是路基的接点,需要能集中加工、质量易管控、人员材料投入少的新工艺,消除传统施工工艺的弊端。广东地处东南沿海,从清明节前后就开始进入雨季,降雨量大,雨季往往持续到 9 月甚至更晚,有效施工时间非常短,云茂高速公路涵洞施工亟须破解路基贯通受制于桥涵结构物,土方施工、桥涵施工又受制于降雨天气这一难题。通过广泛调研和不断学习,最终决定云茂高速公路项目把装配式涵洞施工工艺作为问题的突破口。通过先试点再推广、集中预制、树立标杆的总体思路,大力推进适合广东特殊气候条件的涵洞标准化设计、工厂化预制、装配化施工技术。在广东省首次试点的基础上,经广东省交通运输厅和广东省交通集团有限公司批准,在具备实施条件的路段推广应用 29 座装配式涵洞(其中 5 座箱涵、24 座管涵),总长 1159m。本章将详细介绍装配式涵洞的施工方法及工艺流程、质量检测指标与标准以及预制装配化施工效益分析。

3.1.1.1　施工方法与工艺流程

1)装配式涵洞建造基本流程

装配式涵洞的建造主要包含工厂预制、现场安装和回填土施筑三个过程。

(1)工厂预制。

装配式钢筋混凝土涵洞作为一种新型结构形式,采用工厂化集中预制,有利于构件内在质量和外观质量的保证,且减少了对路基土石方施工的干扰,使施工进度加快、成本更趋于经济。装配式涵洞预制工艺流程见图 3-1。

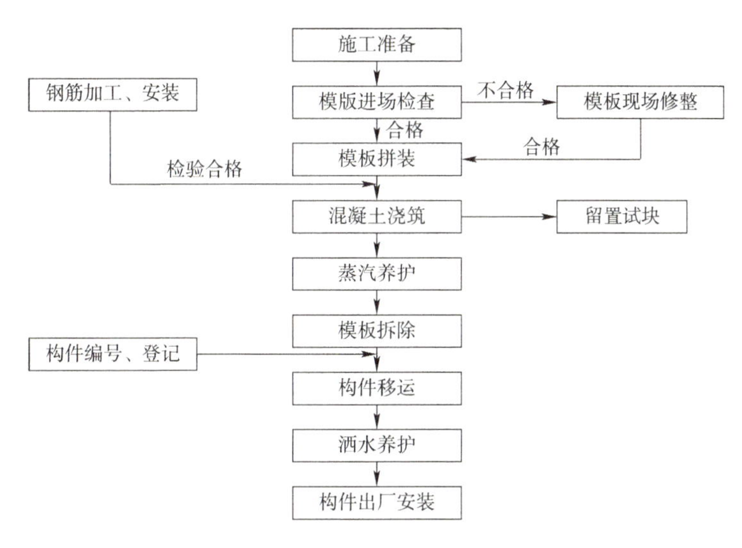

图 3-1　装配式涵洞预制工艺流程

(2)现场安装。

装配式涵洞需要将工厂预制构件在现场进行组拼连接,并结合部分现浇工序将整体涵洞结构施工成整体。

(3)回填土施筑。

涵洞结构施筑完成后,需要在涵洞背侧和顶侧回填土体压实,达到路基工程的设计高程。涵洞结构的回填土施工工艺与路基施工基本一致,所需要注意的问题是涵洞两侧和顶部的填土应严格保证质量,包括土层材料质量和压实质量等。为了保证涵洞与土体的作用机理,达到土层对结构的理想约束效应,背侧回填和顶部回填的填土施工需要明确如下基本工序:

①背侧回填。首先根据涵洞底部土质情况,进行必要的垫层压实或换填,然后摊铺回填土层,控制摊铺厚度,并进行分层压实,控制压实质量。压实过程一般采用静载压实和动载压实两种方法,同时保证涵洞与土体连接处的压实质量。

②顶部回填。在涵洞顶部1m厚度范围内,应该选用静载压实施工方法,避免动载压实对结构的损伤或破坏。涵洞顶部1m厚度以外的可以采用振动压实,保证压实度。

③质量管控。基于工业化建造的涵洞结构,制定质量检验标准和方法,保障涵洞结构的预制和安装质量,确保涵洞的安全性能和长期使用性能。具体包括工厂预制的质量管控、构件安装的质量管理、竣工后涵洞质量检验、运营阶段的管理维护。

装配式涵洞安装工艺流程如图3-2所示。

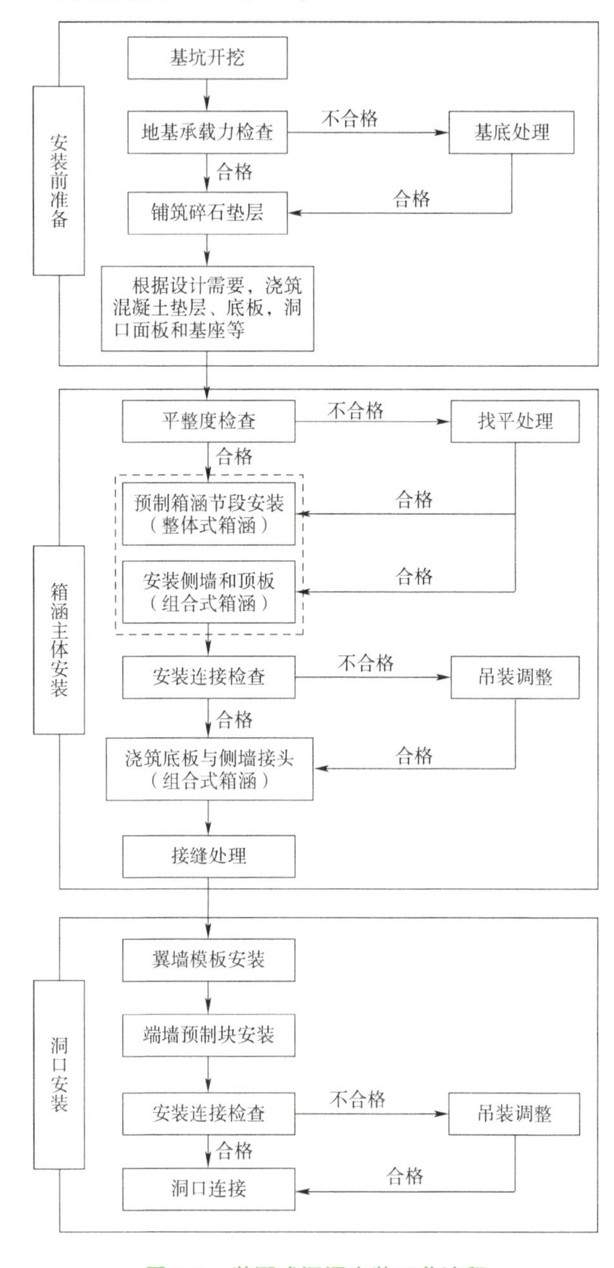

图3-2 装配式涵洞安装工艺流程

2）装配式涵洞预制生产施工

云茂高速公路装配式涵洞包括管涵和箱涵，结构形式见图 3-3。

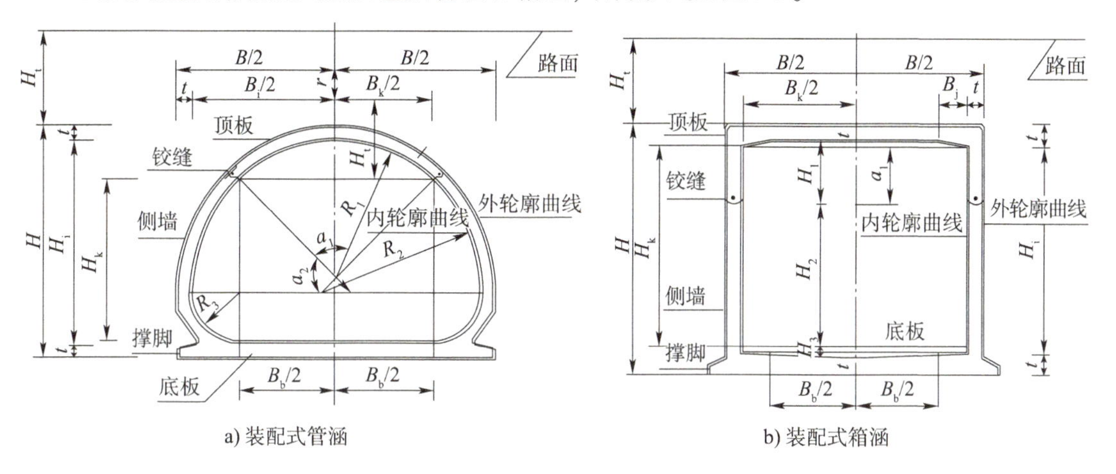

图 3-3　装配式涵洞结构形式

首先由施工单位按车间化流水线生产安排，总体生产场地占地约 3800m^2，分幅分区规划出钢筋配送中心、半成品存放区、钢筋绑扎区、预制区、养护存放区、试拼区共 6 个区域。区间厂房采用钢桁架结构，根据规模和工期，厂内配置 50t、10t 门式起重机各一台，主要用于钢筋、模板、混凝土浇筑及预制构件吊运安装。生产场地和模板等主要设备的投入，根据具体生产规模和工期要求灵活调整。

装配式涵洞预制场模拟平面图如图 3-4 所示，装配式涵洞预制场现场如图 3-5 所示。

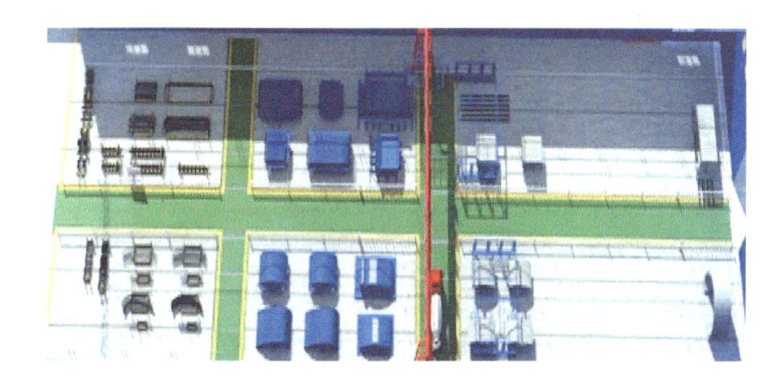

图 3-4　装配式涵洞预制场模拟平面图

装配式涵洞钢筋配筋种类多，设置“钢筋配送中心”集中分类加工后打包运送至半成品存放区。“钢筋配送中心”配置数控弯曲机，使用半成品运输小车和自行设计的存放架进行运输、存取（图 3-6、图 3-7）。

装配式涵洞为构件预制，施工单位采用专用的型钢绑扎胎架（图 3-8）和整体吊装架，进行整体绑扎（图 3-9）、吊装，提高工艺效率和加工精度。

装配式涵洞模板采用铰接式整体钢模（面板厚度 6mm），可多面开合安装，标准节、非标准节、洞口不同节段采用同一套(块)模板灵活改装,满足施工需求(图3-10~图3-13)。

图3-5　装配式涵洞预制场现场

图3-6　钢筋存放图(一)

图3-7　钢筋存放图(二)

图3-8　型钢绑扎胎架

图3-9　钢筋绑扎

图3-10　钢筋骨架吊装入模

图 3-11　定型模板

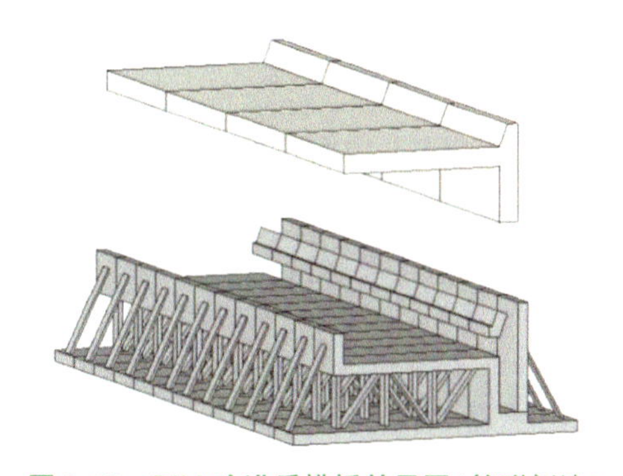

图 3-12　BIM 改进后模板效果图(箱形侧墙)

生产车间和混凝土拌和站相邻,运输距离短,施工质量易控制。

构件浇筑完成后先带模养护 3d 再进入养护区继续养护(图 3-14、图 3-15),采用地埋式管道自动喷淋系统,顶部安装喷淋养护台车(图 3-16、图 3-17),实现全方位养护,保证混凝土强度;养护完成后放置在专用存放架,接触部位用橡胶垫隔离保护,降低构件存放损坏率。

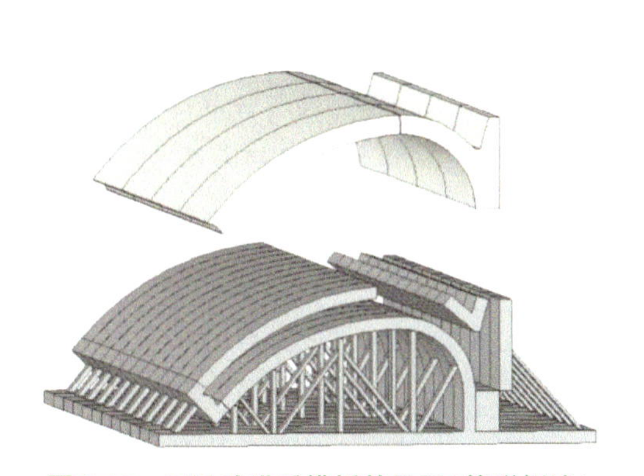

图 3-13　BIM 改进后模板效果图(管形侧墙)

图 3-14　混凝土浇筑

图 3-15　构件养护

图 3-16　地埋式喷淋养护

构件出厂前在试拼区安装检查，试拼时构件放置在工字钢专用架上，采用门式起重机和25t汽车起重机配合试拼（图3-18）。试拼时同步对构件结构尺寸、连接缝隙、平整度、垂直度（图3-19）、保护层等项目全面检查（检测）。

图3-17　喷淋养护台车

图3-18　试拼

3）装配式涵洞运输安装施工

装配式涵洞具体安装运输过程如下：

（1）基础处理。

装配式涵洞地基承载力容许值为200kPa，传统现浇工艺地基承载力容许值受填土高度及涵洞尺寸影响介于100～220kPa之间；装配式涵洞垫层平整度允许偏差为不大于±3mm，精度要求高于一般混凝土表面平整度要求（允许偏差不大于±8mm）。复测垫层平整度如图3-20所示。

图3-19　检测平整度、垂直度

图3-20　复测垫层平整度

（2）构件运输吊装。

构件运输实际都是采用常规的施工便道，满足混凝土搅拌运输车、钢筋材料运输的平板车常规施工运输的便道一般都可满足装配式构件运输车辆通行。采用最多的4m×4m管型装配式涵洞的顶板质量为11.3t、侧墙质量为15.2t，采用常规12m平板车运输，可正常通过村道、国省道，但在便道上实际爬坡坡度超30°，转弯半径小且急。

施工便道运输现场如图3-21所示。

图3-21　施工便道运输现场

构件安装作业空间无特殊要求，采用50～80t起重机安装，保证7.5m宽的起重机支立范围。安装前对内侧和端头边缘线精确放线，安装过程中先粗略安放，然后二次轻微起吊，人工辅助精调（图3-22），要求轴线允许偏差不大于±5cm。

图3-22　构件安装精调

涵洞整体安装效果如图3-23、图3-24所示。

（3）涵背回填（图3-25）。

涵背回填工艺与传统工艺基本相同，对称分层压实（图3-26），压实层厚按15cm控制，压实度不小于96%。构件底部1m范围区回填采用砂或石屑等一般透水性材料，1m以上墙身涵背回填与现浇涵洞一样可采用路基填料回填。

图 3-23　涵洞整体安装效果(一)

图 3-24　涵洞整体安装效果(二)

图 3-25　涵背回填

图 3-26　分层回填

3.1.1.2　工程实体质量检测指标与标准

1)质量检测工作

对于装配式涵洞检测交工指标,目前无成套国家和行业标准可以遵照执行,为确保结构物质量合格、安全耐久,云茂高速公路结合相关国家标准、行业标准、地方标准、施工图纸和实际施工水平,经参建各方多次讨论,确定了云茂高速公路装配式涵洞内部验收标准。

2)检测指标

与现浇涵洞相比,云茂高速公路装配式涵洞验收增加了 7 项检测指标,其中模板尺寸参照《公路桥涵施工技术规范》(JTG/T F50—2011)[1]要求,单块构件尺寸参照设计图纸要求,标准宽(BK)、标准高(HK)、垫层平整度、垫层高程、底板顶面高程参照安徽省地方标准要求;提高了 5 项检测指标,其中模板表面平整度比《公路桥涵施工技术规范》(JTG/T F50—

[1] 施工时参照《公路桥涵施工技术规范》(JTG/T F50—2011),现已修订为 JTG/T 3650—2020,后同。

2011)要求有所提高,轴线偏位、洞口平面位置、洞口顶面高程、洞口地面高程比《公路工程质量检验评定标准　第一册　土建工程》(JTG F80/1—2017)有所提高。

新增检测指标、检测标准提高的实测项目分别见表3-1、表3-2。

新增检测指标　表3-1

项次	检查项目	规定值或允许偏差(mm)	检查方法和频率	引用控制标准
1	模板尺寸(模板安装)	0,+5	尺量:每块检查2处	参照《公路桥涵施工技术规范》(JTG/T F50—2011)表5.3.6-2模板、支架安装质量标准中上部结构构件(0,+5)的要求
2	垫层平整度	≤3	3m直尺:抽查3~5处	安徽省地方标准《装配式钢筋混凝土通道施工规程》(DB34/T 2834—2017)表10
3	垫层高程	±5	水准仪:检查4个断面	安徽省地方标准《装配式钢筋混凝土通道施工规程》(DB34/T 2834—2017)表4
4	单块构件尺寸(成品构件)	0,+5	尺量:抽检30%,每个块件检查2次	设计图纸要求
5	标准宽(BK)(成品构件)	±20	尺量:抽检30%顶板,每个顶板检查2次	安徽省地方标准《装配式钢筋混凝土通道施工规程》(DB34/T 2834—2017)表6
6	标准高(HK)(成品构件)	±20	尺量:抽检30%侧墙,每个侧墙检查2次	安徽省地方标准《装配式钢筋混凝土通道施工规程》(DB34/T 2834—2017)表6
7	底板顶面高程	±5	水准仪:抽查墙两端	安徽省地方标准《装配式钢筋混凝土通道施工规程》(DB34/T 2834—2017)表4

检测标准提高的实测项目　表3-2

项次	检查项目	规定值或允许偏差(mm)	检查方法和频率	引用控制标准
1	轴线偏位(mm)	10	经纬仪:检查2处	安徽省地方标准《装配式钢筋混凝土通道施工规程》(DB34/T 2834—2017)表4中为10mm,《公路工程质量检验评定标准　第一册　土建工程》(JTG F80/1—2017)为20mm,本项提高10mm
2	模板表面平整度(mm)(模板安装)	≤3	2m直尺:检查2处	参照《公路桥涵施工技术规范》(JTG/T F50—2011)表5.3.6-2模板,支架安装质量标准中模板表面平整5mm,本项为关键控制指标,提高按小于或等于3mm要求
3	洞口平面位置(mm)	20	全站仪:检查墙两端	《公路工程质量检验评定标准　第一册　土建工程》(JTG F80/1—2017)表9.11.2中为50mm,本项提高30mm

续上表

项次	检查项目	规定值或允许偏差(mm)	检查方法和频率	引用控制标准
4	洞口顶面高程	±10	水准仪:检查墙两端	《公路工程质量检验评定标准 第一册 土建工程》(JTG F80/1—2017)表9.11.2中为±20mm,本项提高10mm
5	洞口底面高程	±10		《公路工程质量检验评定标准 第一册 土建工程》(JTG F80/1—2017)表9.11.2中为±50mm,本项提高40mm

装配式涵洞构件拆模后统一编号,在指定的地点全方位检测构件强度、保护层、尺寸、外观、裂缝、吊环位置,提高了工作效率,有效降低了试验检测工作的安全风险和错检、漏检风险。

装配式与传统现浇涵洞检测工作开展利弊对比见表3-3。

装配式与传统现浇涵洞检测工作开展利弊对比　表3-3

序号	比对项目	装配式箱管涵	传统现浇涵洞
1	混凝土质量(强度)	稳定性好、离散性小,整体质量稳定	稳定性一般,离散性偏差大,且容易出现表面碳化
2	构件遗漏错检的可能性	统一编号、成批预制,遗漏错检的可能性低	分节段间隔施工,遗漏错检的可能性相对较高
3	检测工作效率、安全性风险	在指定的地点进行构件质量的检测,可显著提高工作效率,有效降低试验检测工作的安全风险	在狭长的涵洞内进行构件质量的检测,需数次往返施工现场,增加试验检测工作的安全风险

3.1.1.3 预制装配化施工效益分析

1)施工效率对比分析

通过对两座通行条件均为4m×4m涵洞施工过程的统计数据对比,分析了装配式涵洞与现浇涵洞在投入资源、施工周期等方面的差异性,详见表3-4、表3-5。

装配式涵洞施工统计表　表3-4

编号	工序	K103+273,4m×4m装配式涵洞(涵洞长度39m、13节)					
		开始时间—结束时间	施工天数(d)	人工(工日)	模板数量(t)	机械设备	
						型号	台班
1	涵基开挖	2018.11.20—2018.11.20	1	2	—	200型挖掘机	2
						$12m^3$ 运输车	4

续上表

编号	工序	K103 +273,4m×4m 装配式涵洞(涵洞长度 39m、13 节)					
		开始时间—结束时间	施工天数(d)	人工(工日)	模板数量(t)	机械设备	
						型号	台班
2	基础换填	2018.11.21—2018.11.21	1	2	—	200 型挖掘机	1
						26t 压路机	1
3	现浇混凝土垫层浇筑	2018.11.22—2018.11.22	1	5	1	200 型挖掘机	1
						混凝土运输车	1
4	垫层混凝土等强	2018.11.23—2018.11.24	2	—	—	—	—
5	侧墙及顶板运输、安装	2018.11.25—2018.11.26	2	12	—	12m 平板车	8
						50~80t 轮胎起重机	2
6	洞口运输、安装	2018.11.27—2018.11.27	1	4		12m 平板车	2
						50t 轮胎起重机	1
7	现浇底板施工	2018.11.28—2018.11.30	3	14	—	9.6m 平板车	0.5
						25t 轮胎起重机	0.5
						车载泵	1
						混凝土运输车	3
8	防水施工	2018.12.01—2018.12.02	2	25	—	6m 运输车	0.5
合计		2018.11.20—2018.12.02	13	64	1	—	28.5

现浇涵洞施工统计表　　表 3-5

编号	工序	K105 +550,4m×4m 现浇盖板涵(涵洞长度 43.13m、7 节)					
		开始时间—结束时间	施工天数(d)	人工(工日)	模板数量(t)	机械设备	
						型号	台班
1	涵基开挖	2018.10.23—2018.10.23	1	2	—	200 型挖掘机	2
						$12m^3$ 运输车	4
2	基础换填	2018.10.24—2018.10.24	1	2	—	200 型挖掘机	1
						26t 压路机	1
3	基础混凝土浇筑	2018.10.25—2018.10.28	4	32	5	混凝土运输车	12
						25t 轮胎起重机	4
						9.6m 平板车	3
4	墙身施工	2018.10.29—2018.11.07	10	64	8.5	25t 轮胎起重机	8
						混凝土运输车	8

续上表

编号	工序	K105+550,4m×4m 现浇盖板涵(涵洞长度43.13m、7节)					
		开始时间—结束时间	施工天数(d)	人工(工日)	模板数量(t)	机械设备	
						型号	台班
5	盖板施工	2018.11.08—2018.11.21	14	112	10	25t轮胎起重机	14
						9.6m平板车	4
						混凝土运输车	14
6	涵洞防水施工	2018.11.22—2018.11.23	2	30	—	6m运输车	1
7	八字墙及洞口铺砌等	2018.11.24—2018.12.03	10	60	10	25t轮胎起重机	6
						混凝土运输车	8
						200型挖掘机	1
合计		2018.10.23—2018.12.03	42	302	33.5	—	91

装配式涵洞、现浇涵洞施工对比，见图3-27～图3-32。

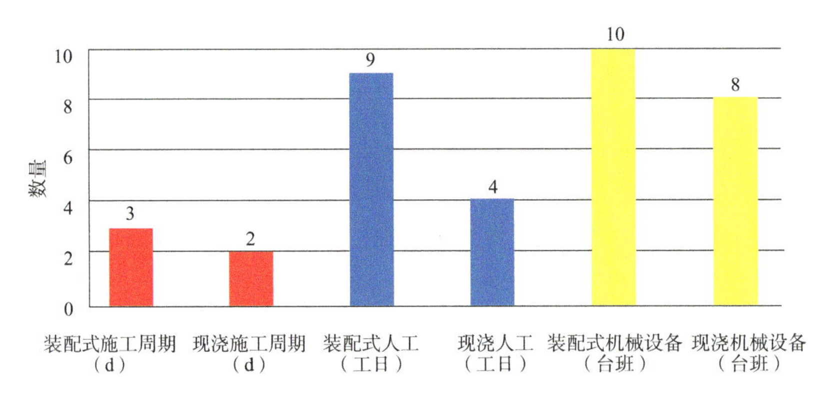

图3-27 基础处理对比

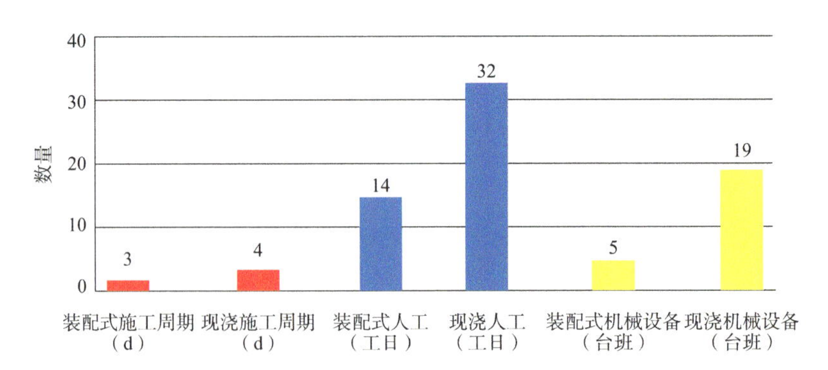

图3-28 混凝土基础(底板)施工对比

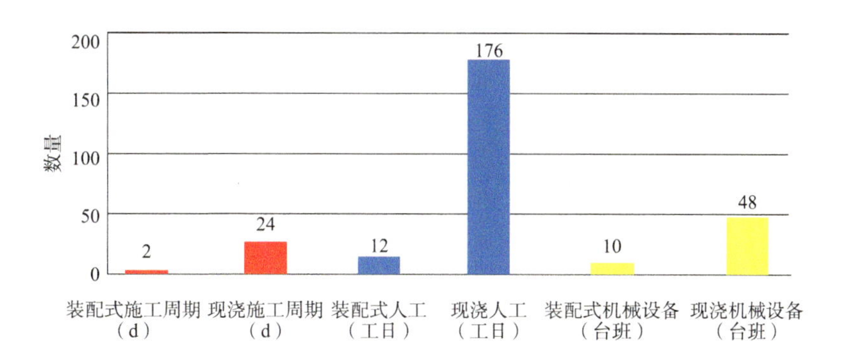

图 3-29　墙身（侧墙）、盖板（顶板）施工对比

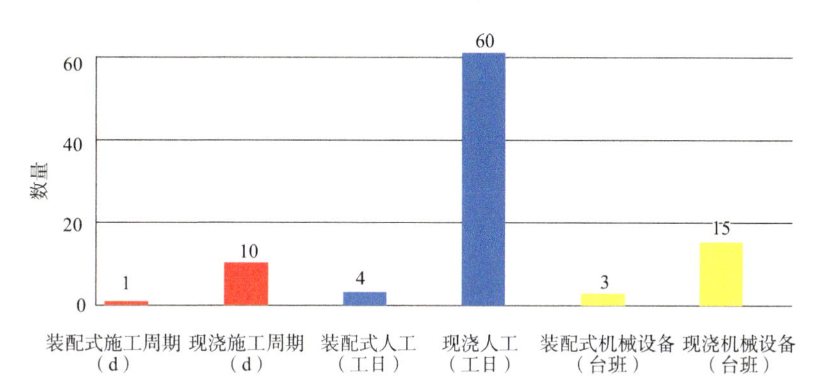

图 3-30　八字墙（洞口）施工对比

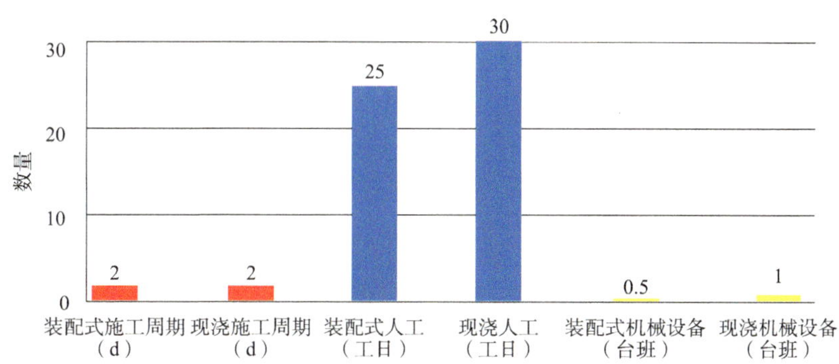

图 3-31　防水施工对比

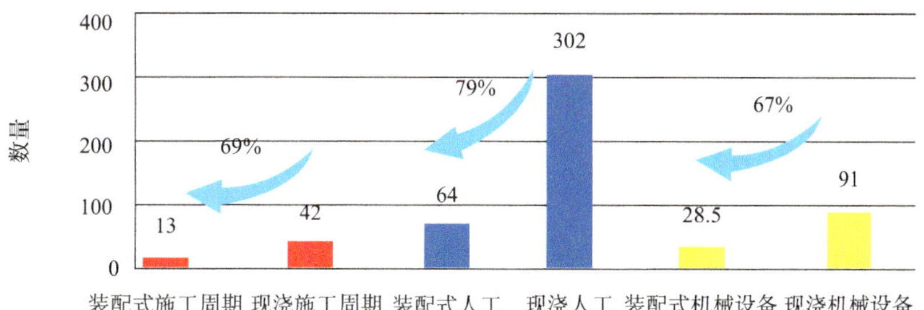

图 3-32　整体工效对比

由对比分析可知，装配式涵洞结构混凝土在预制场提前浇筑完成，极大地缩短了现场施工周期，减少了施工人员、设备投入，为后续路基施工提供了更充足的施工时间。例如，本项目 K101 +900 ~ K104 +400 段 8 道涵洞采用了装配式施工工艺，如按现浇涵洞方式的施工组织是在 2019 年 4 月雨季来临前完成并回填，由于采用装配式涵洞实现了快速施工工期提前，在 2019 年春节前已基本完成安装和回填，恰巧遇上 2019 年 3 月广东地区就提前进入雨季的意外情况，成功避免了不利影响，保证了工期和质量。

2）主要工序对比

（1）基础施工（图 3-33、图 3-34）。

图 3-33　装配式底板现浇施工（安装前已完成垫层）

图 3-34　现浇涵洞基础施工

（2）墙身施工（图 3-35、图 3-36）。

图 3-35　装配式整体吊装施工

图 3-36　现浇涵洞墙身和顶板施工

（3）施工养护（图 3-37、图 3-38）。

（4）防水附属（图 3-39、图 3-40）。

3）成本对比分析

根据每种涵洞的实际长度和每延米单价，加权平均得出现浇涵洞综合单价为 2.08 万元/m，装配式涵洞综合单价(不含模板、场建费用)为 1.71 万元/m,装配式涵洞每延米节约成本约 0.37 万元,需要 2475m 装配式涵洞才能冲抵模板和场建费用 915.75 万元。单个预制场生产数量超过 2475m 后,装配式涵洞的经济性将得以体现,数量越多,效益越高。

图 3-37　装配式涵洞厂区养护

图 3-38　现浇涵洞现场养护

图 3-39　装配式涵洞背贴式止水带施工

图 3-40　现浇涵洞防水施工

装配式涵洞与现浇涵洞造价对比见表 3-6。

装配式涵洞与现浇涵洞造价对比　　表 3-6

现浇涵洞类型 (合同价)	涵洞尺寸	盖板涵	盖板涵	盖板涵	农机通道
		1-4×3	1-4×4	1-6×4.5	1-6×4.5
	每延米混凝土(m^3)	14.31	25.73	28.84	28.73
	每延米钢筋(kg)	722.31	984.62	1248.79	1033.9
	每延米单价(万元)	1.26	2.09	2.43	2.31
装配式涵洞类型 (实际成本)	涵洞尺寸	装配式管涵	装配式管涵	装配式管涵	装配式箱涵
		1-3×2.5	1-4×4	1-6×4.5	1-6×4
	每延米混凝土(m^3)	4.33	7.92	13.65	16.55
	每延米钢筋(kg)	590.38	1059.01	1486.61	1524.78

续上表

装配式涵洞类型（实际成本）	每延米单价(万元)（制作+运输+安装）	0.99	1.63	2.42	2.07
装配式涵洞生产线建设成本	模板(万元)	374.49			
	场建(万元)	541.28			

注:涵洞尺寸中,以1-4×3为例,1代表跨数,4代表跨径(m),3代表净高(m)。下同。

4)工期对比(表3-7)

工期对比(两座长度约为40m、通行条件均为4m×4m涵洞)　　表3-7

装配式涵洞		现浇盖板涵洞		备注
项目	工期(d)	项目	工期(d)	
基础施工(开挖、基底处理、垫层混凝土施工及等强)	5	基础施工(开挖及基底处理)	2	节约1d
		基础混凝土施工	4	
侧墙、顶板安装	2	墙身浇筑	10	节约22d
		盖板浇筑	14	
底板施工	3	—	—	多用3d
防水施工	2	防水施工	2	持平
洞口附属	1	洞口附属	10	节约9d
合计	13	合计	42	不考虑节段预制所需时间(提前预制),40m装配式涵洞施工比常规现浇涵洞节省工期29d

5)质量指标对比(表3-8)

质量指标对比　　表3-8

指标类型	涵洞类型		备注
	装配式涵洞(C40)	现浇涵洞(C30)	
钢筋间距	100%	90%	
混凝土强度	100%合格	100%合格	现浇涵洞施工点分散,现场监管困难。截至2019年3月底,云茂高速公路现浇涵洞因强度、保护层、钢筋制安、外观等质量问题,基础、墙身、盖板、八字墙共返工34处
强度标准差	2.717	4.351	
返工情况	0处	34处	
外观	色泽均匀,基本无裂纹,少量气泡	色泽难保证,有气泡	
保护层	合格率97.8%以上	合格率97.0%	
结构尺寸	100%合格	合格率72.8%	引用广东省交通集团有限公司2018年第一次广东全省在建项目150道涵洞抽检数据

6）质量安全管理对比（表3-9）

质量安全管理对比 表3-9

对比内容		装配式	现浇
质量对比	优势	1. 工厂化生产，机械化程度高，钢筋半成品采取车间流水线生产，采用胎架制安，精度高。 2. 混凝土采用定型钢模工厂化浇筑，模板不需要来回转运，减少了模板的损伤，混凝土浇筑养生更规范方便，构件生产精度高，品质好	1. 施工接缝相对较少，防水质量容易控制。 2. 对涵洞基底平整度较容易控制
	劣势	1. 预制构件需要较大面积的场地布置，满足流水线生产以及一定数量的存储。 2. 垫层平整度要求较高，精度直接影响安装精度；施工拼接节段多，防水处理工作量大，运输吊装容易磕碰	1. 钢筋现场加工数量大，质量控制不易，室外施工，钢筋容易锈蚀。 2. 模板需四处吊运，易出现损伤，影响结构物外观。每循环吊装模板，结构尺寸控制较困难，墙身无钢筋，裂缝控制较困难。 3. 混凝土浇筑养生干扰因素多，质量控制相对困难
安全对比	优势	1. 工厂化车间集中生产，不受环境、天气等外界因素影响，可降低高空作业、高温、雷雨、物体坠落与打击的风险。 2. 临时用电、照明灯集中设置，通过线槽避免线路外露，大大减少了施工用电安全隐患	无须构件运输安装，运输吊装风险相对较小
	劣势	构件吊运安装数量较多1371片（标准节最重28t、最轻6t），过程存在安全隐患	1. 室外作业临时用电较难规范设置，触电风险较高。 2. 高处作业爬梯和临边防护设置和维护难度大，高空坠落、物体打击风险较高
管理对比	优势	1. 工厂化集中管理，有利于固化标准工艺，质量安全管理人员投入集中，人力资源可得到充分使用。 2. 钢筋集中配送、构件集中预制，可有效减少过程浪费	对进场班组要求不高
	劣势	施工精度要求高，对施工班组素质要求高	1. 工点分散，难以统一固化工艺标准，质量安全管理难度大。 2. 钢筋现场加工安装，不能发挥集中配送优势，易出现浪费

7)环保与文明施工对比(表3-10)

环保与文明施工对比 表3-10

指标类型	装配式涵洞	现浇涵洞
扬尘	无	旱季施工便道运输物料时容易产生较多扬尘
养护用水	节约	用水量大,现场风干快,不便于循环利用,往往存在养护不及时的情况,影响养护效果
资源循环利用	集中预制,便于循环利用	模板不便于循环利用,临边防护及标识牌容易损坏,更换率高
文明形象	好	野外施工期长,广东雨季长且降雨量大,雨季文明施工形象差

3.1.1.4 应用情况小结

装配式涵洞在云茂高速公路的成功应用,验证了装配式涵洞在广东高速公路项目应用的可行性,体现出装配式涵洞在进度、质量、安全和环保等方面的优势,为项目打造品质工程、绿色公路提供了有力保障,在新建、改扩建项目和养护改造方面也有着广阔应用前景。主要结论如下:

(1)除了需要具备运输条件、预制厂、专业设备和技术工人外,装配式箱形涵洞的填土高度适用于0.1~2m,装配式管形涵洞的填土高度适用于0.1~16.0m,涵底纵坡均应控制在6%以内。

(2)由于预制装配式涵洞其采用C40混凝土、全断面配筋的结构形式(传统现浇盖板涵采用C30混凝土,配筋主要在盖板和基础),修建预制场和购置专用模板费用较大,经测算,单个预制场生产涵长超过2475m后,装配式涵洞与现浇盖板涵的成本相当,且数量越大,经济性越高。

(3)以云茂高速公路项目两座通行条件相当的1-4×4涵洞为例,装配式涵洞(涵长39m)的施工天数、人工、机械台班分别是13d、64人、28.5台班,现浇涵洞(43m)则对应为42d、302人、91台班,后者分别约为前者的3倍、5倍、3倍。

(4)根据广东省交通集团有限公司2018年第一次质量检测数据统计,现浇涵洞的钢筋间距、混凝土强度、保护层、结构尺寸合格率分别为90%、100%、97%、72.8%,而云茂高速公路项目装配式涵洞对应的检测指标为100%、100%、97.8%、100%,可见装配化施工真正做到了工程实体质量内实外美。

(5)装配式涵洞的施工造主要包含工厂预制、现场安装和回填土施工三个环节,采用最多的4m×4m管形装配式涵洞的顶板质量11.3t、侧墙15.2t,采用常规12m长的平板车运输,对施工便道要求与常规混凝土搅拌运输车相当。

(6)目前装配式涵洞尚无通用设计方法,需针对广东特点研究编制装配式涵洞、洞口标准图和质量检验评定标准,为下一步推广应用提供技术支撑。

(7)室内预制大大降低了野外不利天气的影响,工厂化预制,机械化施工,施工效率、资源循环利用率高,综合效益显著,在广东多雨气候区规模化生产时具有较大推广价值,在规划设计阶段可因地制宜选用。

3.1.1.5　建议与进一步改进方向

存在问题1:预制构件需要较大面积的场地布置,以满足流水线生产以及一定数量的存储,云茂高速公路项目集中预制厂为原小型构件预制厂升级改造而成,设置了6个作业区域,无存放区,造成起重机、运输车、人员配合等倒运费用成本。

改进措施:提前规划,设置预制标段集中生产,参考预制梁厂生产线,统筹规划作业区及构件存放区,延伸门式起重机轨道,效率更高、成本更少,同时可有效节约占地面积。

存在问题2:云茂高速公路项目模板采用单块3m独立支撑设计,尺寸、型号较多,造成模板配置数量及支撑体系设置的浪费,空间利用率仍有提升空间。

改进措施:通过标准化设计统一型号尺寸,可采用全长模板,通过移动横隔板灵活调整预制块节段尺寸,既节省模板又增加空间利用率。

存在问题3:垫层平整度要求较高,精度直接影响安装精度;现设计为整体式素混凝土垫层(用于调平),因面积较大,一次浇筑,表面平整度控制难度极大。

改进措施:除测量施工加强控制外,考虑整体宽幅施工高程控制难度大,可考虑分幅高程带控制,重点控制两侧涵洞侧墙支撑脚范围的水平高程。

存在问题4:构件在运输吊装过程的磕碰,预埋钢筋在存放和吊装过程弯曲后的调直造成钢筋损伤。

改进措施:预制构件尺寸相对较大较重,多采用卧放运输,存放也存在叠放,除需要有专人指挥安排存放外,所有构件直接接触面需用橡胶垫缓冲垫,避免硬物接触磕碰。另外,采用专用存放架进行存放运输,减少预埋钢筋弯曲后反复调整钢筋带来的损伤。

存在问题5:施工拼接节段多防水处理多,拼缝采用背贴式防水卷材,因卷材厚达1cm,在安装过程中极难保障单靠防水涂料密贴,特别是箱形涵洞直角处,现场施工过程中采用了钢钉固定,防水效果不佳。

改进措施:防水处理目前采用背贴式止水带外侧接缝防水,考虑采用传统的三油两毡防水或者苯乙烯-丁二烯-苯乙烯嵌段共聚物(SBS)改性沥青防水卷材代替。

存在问题6:现所有涵洞均采用单节3m标准节+1m调整节,单节最大质量达到28t(4×6m箱形涵洞顶板),运输及安装过程对道路、现场场地及配套机械设备要求相对提高,构件吊运安装过程安全风险大。

改进措施:调整节段长短,从而减少单件重量,采用专用存放架更好存放固定构件后才进行运输,根据交通运输条件等实际情况采取相应措施降低安全风险。

存在问题7:其他。

改进措施:①施工单位提出在削竹式洞口外侧面建议做成倒角,这样避免了锐角处发生崩角问题。②施工单位认为机械化设备多,对施工班组素质要求高的问题可通过早期培训和过程培养专业人员队伍、建立相对稳定的劳务关系解决。

3.1.2 装配式涵洞标准图编制

3.1.2.1 主要研究内容

云茂高速公路在装配式涵洞建设实践的同时,积极开展装配式涵洞设计标准图编制研究工作,结合广东省的具体情况,对装配式钢筋混凝土通道的关键技术问题围绕以下三个方面进行技术攻关。

(1)广东省公路装配式混凝土通道适用性研究。

(2)公路装配式混凝土通道通用图集技术与标准研究。

①结合结构的工作形态,对装配式管形/箱形通道提出结构设计的基本方法,完成装配式结构细部和附属结构设计。②研究结构与土体共同作用模式下新型通道结构与地基、填土的作用机理分析,以及各种荷载的分布特性;通道结构地层结构模型和荷载结构模型法计算、分析。③提出施工方案与主要流程,制定构件预制、构件运输、构件组装、地基与回填、质量检验等系列标准。

(3)装配式钢筋混凝土管形通道、装配式钢筋混凝土箱形通道系列通用图集设计。

3.1.2.2 技术路线和关键技术

1)技术路线

本项目结合实际项目的应用,对公路装配式混凝土通道进行研究,主要采用理论分析、数值模拟等科研手段完成本项目的研究内容,总体技术路线如图3-41所示。

2)关键技术

本项目对装配式钢筋混凝土通道系列新型结构进行全面的分析、设计,并进行应用推广。其中关键技术包括:

(1)针对广东地区装配式钢筋混凝土通道系列结构形式的适用跨径和范围。

(2)小型构造物与填土的作用计算,以及各种荷载的分布特性。

(3)计算模型和荷载模式的合理选取。

(4)系列装配式结构的细部及附属构造物研究。

(5)相应施工工法。

(6)通过工程应用,追踪检验设计体系。

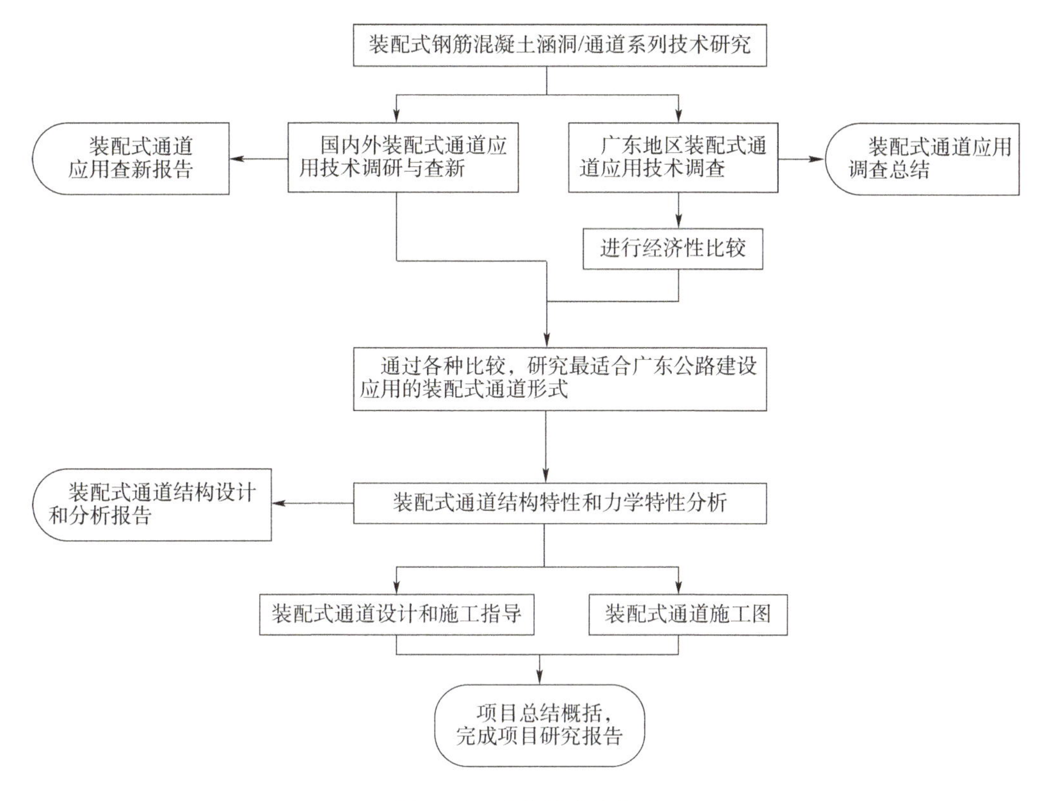

图 3-41　总体技术路线图

通过对装配式通道结构设计体系、计算方法、标准图等内容研究和制定，系统总结了装配式通道结构的设计和科研成果，丰富了装配式通道结构研究体系，对装配式通道结构在广东地区的推广应用具有指导意义。

3.1.2.3　经济及社会效益分析

1）经济效益分析

（1）工期缩短。与传统现浇涵洞相比，预制拼装通道大幅缩短了施工工期，建造单座涵洞时可缩短 20d 工期，建造 10 座涵洞可缩短 102d 工期，工期至少可缩短 47%；由于预制标段是独立的，在整个项目进度中可以统筹超前完成各标段的结构预制，为后期的装配施工节约了大量时间；主要为场内施工，抗雨季干扰性强，进而为路基施工创造了条件，推动了整体路基施工进度。

（2）经济效益较好。装配式涵洞总投资总成本低，与传统现浇涵洞相比建造单个涵洞成本降低 34%，建造 10 座涵洞成本降低 44%，资源投入小，安全风险低；并且涵洞数量越多，更能体现出装配式涵洞经济效益的优越性。

（3）降低运营期养护管理费用。以竣工 5 年开始维护考虑，由于采用全程预制和机械化拼装工艺，系统控制和保证了预制、装配各个环节的施工质量，大大提高了结构耐久性，降低了后期维修养护费用，在维护频率和工作量上减少了很大费用。

(4)提高管理效率和质量控制成本。装配式预制构件施工采用标准化，在施工现场采用汽车起重机等机械作业，提高了机械化施工程度，节约了现场大量模板和人工，使得施工单位和建设单位对项目管理更高效、更合理，质量控制和管理效率也比现浇要好，减少了不必要的中间返工，提高了管理效率。

(5)预制模板利用率高。预制钢模板易于维护和保养，比普通木(竹)模板的重复利用效率更高，减少了模板费用。

2)社会效益

社会效益主要体现在以下三个方面：

(1)集中体现高速公路标准化建设技术。装配式结构采用机械化和标准化流程，克服传统工艺受天气影响大、机械化程度低、工效低等不足，是一种实用、先进的工程技术，符合当前国内经济社会发展实际，是标准化工艺在公路建设领域的一次大胆创新和推广应用，具有很高的示范价值。

(2)减少对环境的干扰和破坏。通常的现浇施工环境比较恶劣，生产生活场地往往采用粗放型施工，对环境破坏较大；而通过专门的预制场预制施工，不仅混凝土利用率高，而且装配施工现场更文明，对周围自然环境影响和社会设施的损坏降到最低，而且预制结构外形美观，与周围环境协调性好，有利于环境保护，实现与自然的协调和可持续发展。

(3)提高了工作效率和管理水平。新型装配式管通和装配式箱通结构引入广东后，首次在云浮罗定至茂名信宜(粤桂界)高速公路工程应用，降低了施工成本和难度，大大加快了施工进度，保证了工程建设质量，提高了现场的施工和管理效率，具有重大的社会效益和推广价值，除了应用于本项目中外，还可以推广应用到其他高速公路、铁路、水利、市政道路的构筑物建设中。

3.2 钢板组合梁桥推广应用与标准图编制

钢板组合梁结构充分利用了钢与混凝土材料的性能优势，主要受力构件为钢主梁结构，混凝土材料用量少，对环境污染小，养护简便。随着加工工艺显著提高，钢板组合梁更环保、可持续发展性好、全生命周期经济竞争性强、人力资源更节省等优势逐渐凸显。为深入贯彻《国务院关于钢铁行业化解过剩产能实现脱困发展的意见》(国发〔2016〕6号)的有关要求，2016年7月1日，交通运输部发布了《关于推进公路钢结构桥梁建设的指导意见》(交公路发〔2016〕115号)。指导意见对钢结构应用提出了“鼓励择优选用钢结构桥梁”“应大力推进钢结构桥梁建设标准化设计、工业化生产、装配化施工，提升桥梁工程的质量品质”“公路建设单位应结合具体项目，组织开展提升钢结构桥梁品质、保证结构安全耐久、推进标准化建造等方面的专题研究，推广科技成果，夯实技术基础，推动钢结构桥梁整体技术水平的提高”。

为响应国家供给侧结构性改革、提高桥梁技术实力、增强综合竞争力，云茂高速公路组织科研单位结合广东交通建设实际情况，积极开展钢板组合梁推广应用及钢板组合梁标准图的设计研究工作，并将研究成果成功应用于项目建设。

3.2.1　连续钢板组合梁桥标准化建造

推进公路钢结构桥梁建设，是落实绿色发展理念，实行现代工程管理人本化、专业化、标准化、信息化、精细化的重要抓手，可以有效提升公路桥梁的建设品质，提高结构安全耐久性，降低全生命周期成本，促进公路建设的转型升级、提质增效。

云茂高速公路高台大桥和老屋村大桥采用40m跨径钢板组合梁（图3-42），总长度达1088m，用钢量达5400余吨。

图3-42　钢板组合梁桥示意图

3.2.1.1 设计与结构

高台大桥采用了40m跨结构连续钢板组合梁,单幅桥宽12.5m,跨径组合为17×40m(左幅)/15×40m(右幅),主梁采用3×40m或4×40m一联,施工方法为顶推钢主梁与移动模架现浇桥面板。主梁采用双工字钢板组合梁,双工字钢纵梁之间用工字钢横梁连接,混凝土桥面板设置横向预应力。现浇桥面板墩顶负弯矩区两边各6.25m范围的顶层10cm使用超高韧性混凝土(STC)材料,同时加强配筋控制裂缝宽度。钢主梁采用Q345qC,其中联钢主梁采用Q345qNHD耐大气腐蚀钢。桥型布置详见图3-43。

1)桥型方案分析

(1)建设标准。

公路等级:高速公路。

设计速度:100km/h。

设计汽车荷载等级:公路-Ⅰ级。

桥面宽度:整体式2×12.5m,分离式1×12.5m。

地形地貌:山区地形起伏较大,平均墩高38m,最大墩高68m。

平纵:平面由正反两段圆曲线及缓和曲线组合而成,全桥纵坡为2.5%(小里程侧高,大里程侧低),桥面横坡变化范围-4%~3%。

地震作用:0.05g。

环境类别:Ⅰ类。

(2)结构类型选择。

高台大桥地处山区,地形起伏较大,桥下高度较高,经多方案比选后,选用40m跨双工字钢板组合梁,施工方法为顶推钢主梁与移动模架现浇桥面板。

2)桥梁结构设计

(1)总体布置。

主梁采用双工字钢板组合梁,单幅组合梁桥面宽12.5m,双幅全宽25.5m,主梁高度2.6m,其中钢纵梁高2.2m,混凝土板钢梁支撑处板厚0.4m。钢主梁间距6.7m,悬臂长2.9m。桥面横坡通过调整桥墩柱高形成,两片主梁中心高度相同,钢主梁上翼缘横坡同桥面横坡,下翼缘水平,桥面板通过整体旋转形成桥面横坡。

钢主梁采用Q345qC(左幅第5联采用Q345qNHD钢)工字形直腹板钢梁,混凝土桥面板和钢主梁通过剪力钉连接,双主梁之间采用横梁加强横向联系,跨内中横梁为小横梁,中、端支点横梁为加强小横梁。横梁标准间距为8.0m。钢主梁与横梁之间采用焊接连接。钢梁用钢量约为210kg/m^2。

桥面板采用C50补偿收缩混凝土现浇施工。桥面桥中间厚度为260mm,钢梁支撑处板厚加厚至400mm,悬臂端部厚220mm。

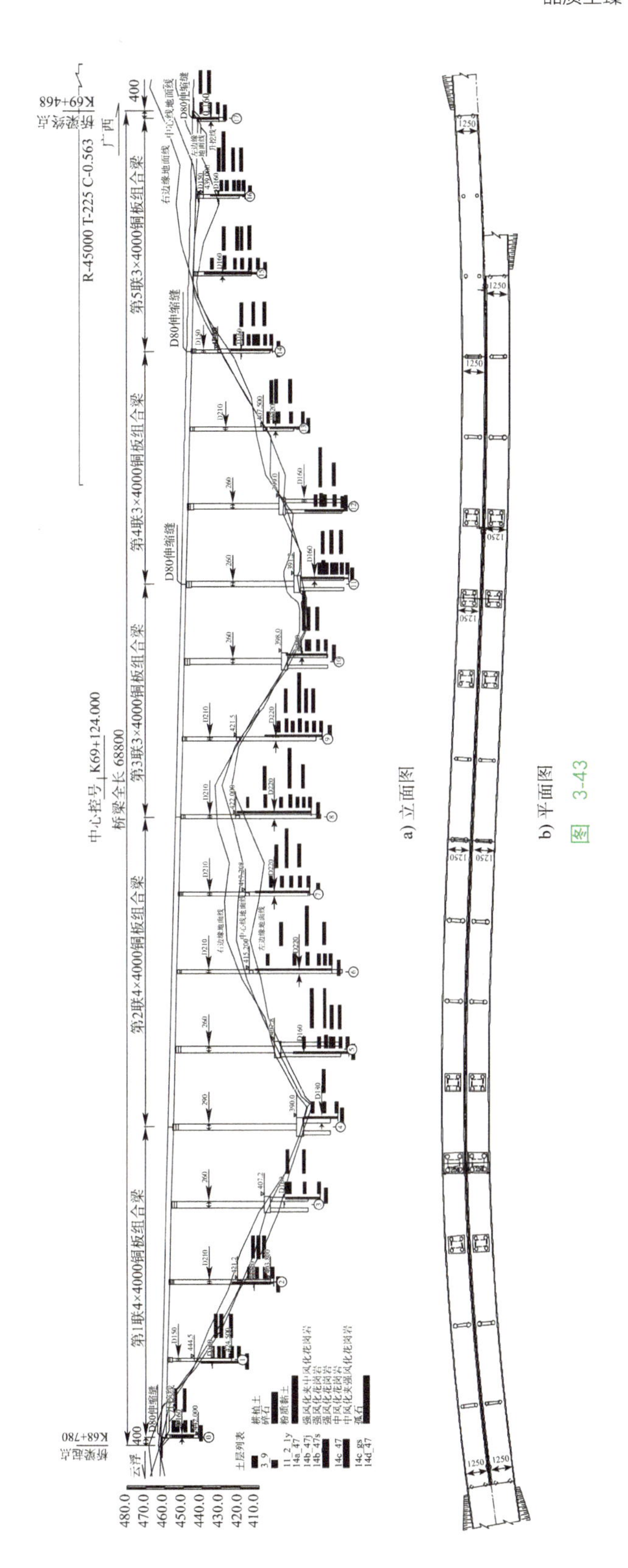
R-45000 T-225 C-0.563
中心桩号 K69+124.000
桥梁全长 68800
桥梁起点 K68+780
桥梁终点 K69+468
第1联4×4000钢板组合梁
第2联4×4000钢板组合梁
第3联3×4000钢板组合梁
第4联3×4000钢板组合梁
第5联3×4000钢板组合梁
D80伸缩缝
云浮
广西
土层列表
耕植土
碎石
粉质黏土
强风化夹中风化花岗岩
强风化花岗岩
中风化花岗岩
孤石
480.0
470.0
460.0
450.0
440.0
430.0
420.0
410.0
a) 立面图
b) 平面图

图 3-43

1250
25|25
1250
50
1150
50
50
1150
50
100
100
沥青混凝土桥面铺装10cm
沥青混凝土桥面铺装10cm
防水黏结层
设计高程
设计高程
防水黏结层
290
95
85
95
85
205
670
205
205
670
205
D210
415.20
D210
415.20
D210
419.50
D210
419.50
180
180
桥梁中心线
D220
D220
D220
D220

c) 桥梁横断面

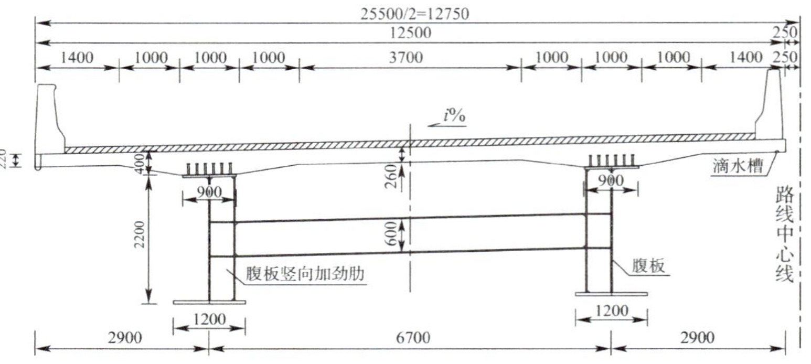

d) 主梁标准横断面

图3-43 桥型布置图（尺寸单位：mm）

（2）钢主梁。

钢主梁为工字形钢梁，上翼缘宽度900mm，下翼缘宽度1200mm，钢主梁腹板结构中心线处梁高均为2200mm，钢梁的梁高与跨度之比为1/18。

钢主梁纵向分若干梁段，一个梁段长约10m，在工厂分节段预制，在工地焊接拼接。边跨跨中梁段上翼缘厚28mm、腹板厚20mm、下翼缘厚50mm，边跨墩顶梁段上翼缘厚50mm、腹板厚40mm、下翼缘厚60mm。中跨跨中梁段上翼缘厚28mm、腹板厚20mm、下翼缘厚32mm，中墩墩顶梁段上翼缘厚40mm、腹板厚36mm、下翼缘厚50mm。钢主梁纵向布置见图3-44。

上下翼缘朝腹板方向变厚，外侧对齐。腹板朝双主梁间变厚，外侧对齐。纵向板变厚的坡率为1：8。纵向每隔2m设置一道竖向加劲肋。

（3）钢横梁。

双主梁之间采用横梁加强横向联系，跨内中横梁为小横梁，中、端支点横梁为加强小横梁。横梁标准简间距为8.0m，在支点处横梁的间距为4m，减小横梁间距，以防止负弯矩区主梁下翼缘受压而发生侧扭失稳。钢主梁与横梁之间采用焊接连接。

①小横梁。

小横梁为工字形钢梁，上、下翼缘宽300mm，梁高600mm，上、下翼缘厚度20mm，腹板厚度16mm。小横梁与桥面板不连接，对桥面板不起支撑作用。小横梁与桥面横坡平行，设置在钢主梁形心，顶缘距离钢主梁顶缘800mm，以便提供足够空间，供桥面现浇移动模架与钢梁维护所用。小横梁与主梁通过T形加劲肋连接，T形加劲肋焊接于主梁腹板上。T形加劲肋顶上与主梁上翼缘焊接，增强横向抗弯。T形加劲肋腹板与主梁下翼缘焊接，但翼板与主梁下翼缘不焊接，逐渐变窄，以减小疲劳风险。小横梁立面结构见图3-45。

②中、端支点横梁。

中、端支点横梁的构造一致。中、端支点横梁为工字形钢梁，上、下翼缘宽700mm，梁高1000mm，上、下翼缘厚度20mm，腹板厚度20mm。横梁与桥面板不连接、对桥面板不起支撑作用。横梁与桥面横坡平行，设置在钢主梁形心偏下，顶缘距离钢主梁顶缘700mm，以便提供足够空间供桥面现浇移动模架与钢梁维护所用。在支座处，主梁内侧采用T形加劲肋与中、端支点横梁连接，同时外侧再设置一道T形加劲肋，T形加劲肋与主梁上下翼缘均焊接，增强支座处竖向加劲。中、端支点横梁处设置顶升装置，以备更换支座之用。中、端支点横梁结构见图3-46。

（4）钢混连接件。

采用圆柱头剪力钉作为钢混连接件。剪力钉直径为22mm，高度为200mm。剪力钉横桥向布置见图3-47，布置6排，间距140cm，内侧两排间距稍大，留出空间让移动模架行走。剪力钉

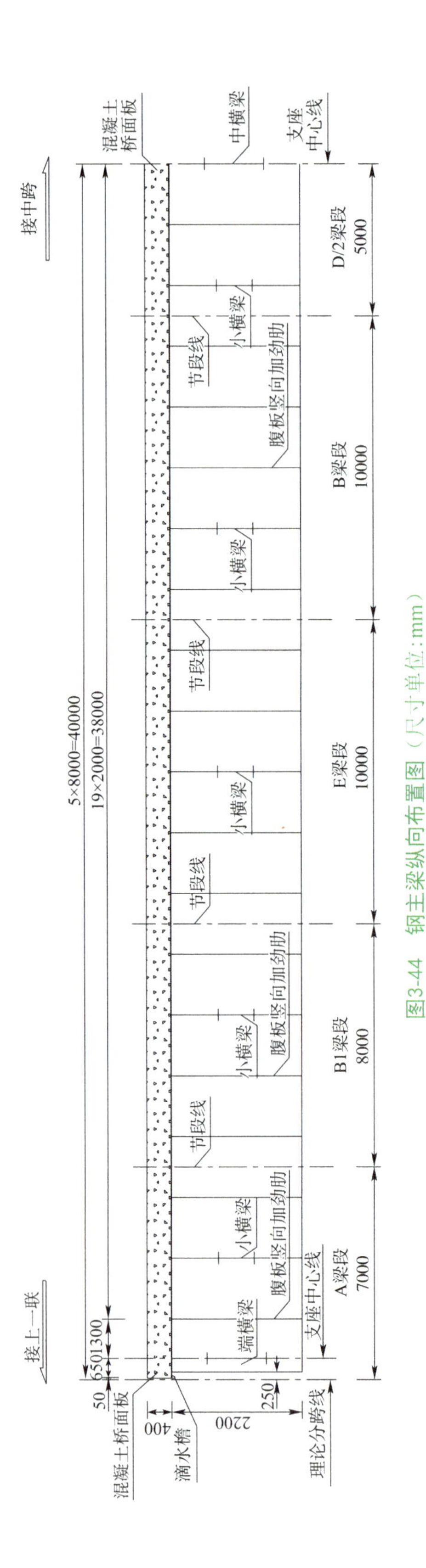

图3-44 钢主梁纵向布置图（尺寸单位：mm）

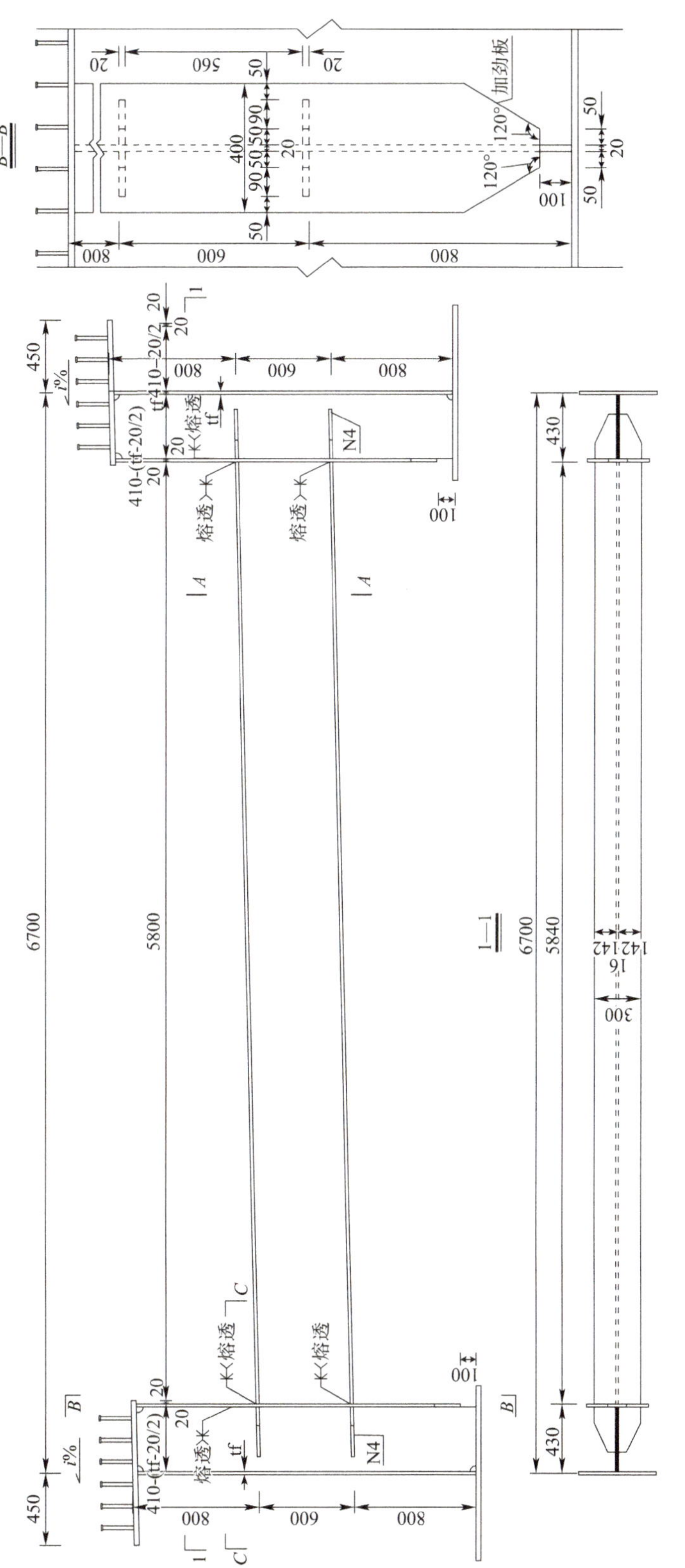

图3-45　小横梁立面结构图（尺寸单位：mm）

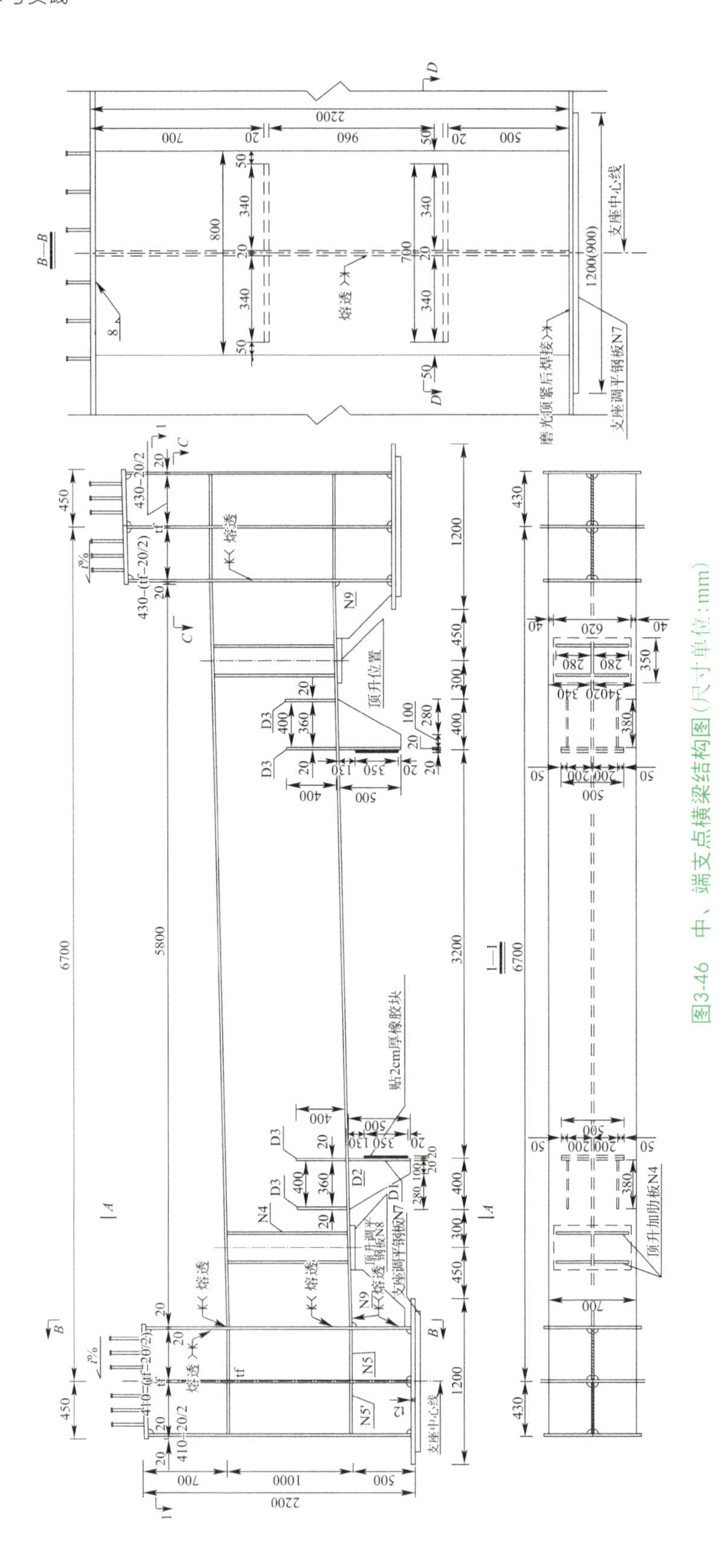

图3-46 中、端支点横梁结构图(尺寸单位:mm)

纵桥向按一定间距均匀布置，根据剪力分布，跨中间距较大（200mm），梁端的间距最小为125mm，墩顶间距为150mm。剪力钉的布置避开腹板和加劲肋的位置，避免应力和疲劳集中。

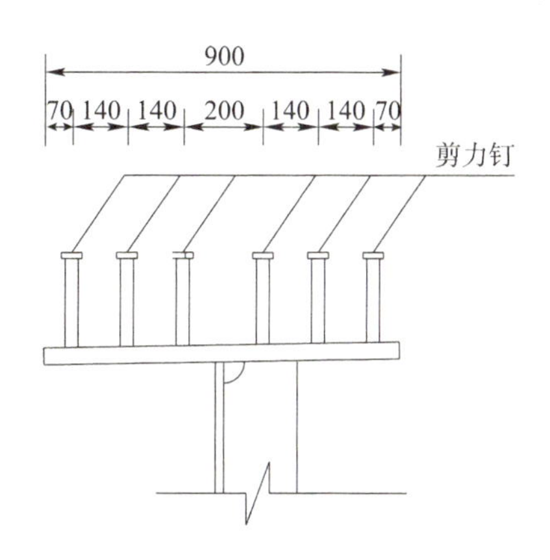

图 3-47　剪力钉横桥向布置图（尺寸单位：mm）

（5）防腐蚀涂装。

桥梁所处环境类别为 Ⅰ 类。为保证结构使用寿命，钢结构须进行涂装，涂层体系采用长效型，保护年限为 15 ~ 25 年。Q345qC 钢结构表面采用冷喷锌防腐蚀涂装。

（6）耐候钢的应用。

该桥左幅第 5 联钢主梁采用免涂装 Q345qNHD 耐大气腐蚀钢。桥梁所处大气环境为乡村大气（田园大气）。耐候钢无须进行涂装防腐，但须进行表面稳定化处理。钢板单个表面增加厚度 1.0mm 作为腐蚀厚度。耐候钢表面稳定化处理可采用表面处理剂或定期浇水等方式。耐候钢经过锈蚀稳定化处理后的色调应为靠近锈蚀的色调，并确保稳定的钝化锈层在运营年限内颜色基本不发生变化。

（7）混凝土桥面板。

现浇桥面板采用 C50 补偿收缩混凝土现浇施工。中间厚度为 260mm，钢梁支撑处板厚加厚至 400mm，悬臂端部厚 220mm。钢梁支撑处与两侧通过加腋过渡，加腋长度 1000mm，钢梁支撑间距为 6700mm，为桥面宽度的 0.536 倍。在梁端 1200mm 长度范围内，桥面板变成等厚 400mm，以满足伸缩缝安装要求并抵抗汽车冲击。桥面板每隔 500mm 设置一道 $\phi^{s}15.2\text{mm}\times 4$ 的横向预应力。为了减小墩顶负弯矩区桥面板受力，施工过程分节段浇筑桥面板，先浇筑跨中 11.5m，再浇筑墩顶 12.5m。跨中桥面板配筋率为 307kg/m^3，墩顶桥面板加强配筋控制裂缝宽度，配筋率为 476kg/m^3，桥面板的一般构造见图 3-48。

（8）超高韧性混凝土（STC）。

根据本项目有限元计算结果，钢板组合梁墩顶负弯矩区拉应力达 10MPa，墩顶负弯矩区桥面板采用超高韧性混凝土和加强配筋控制裂缝宽度。现浇桥面板墩顶负弯矩区两边各 6.25m范围的顶层 10cm 使用超高韧性混凝土（STC）材料。

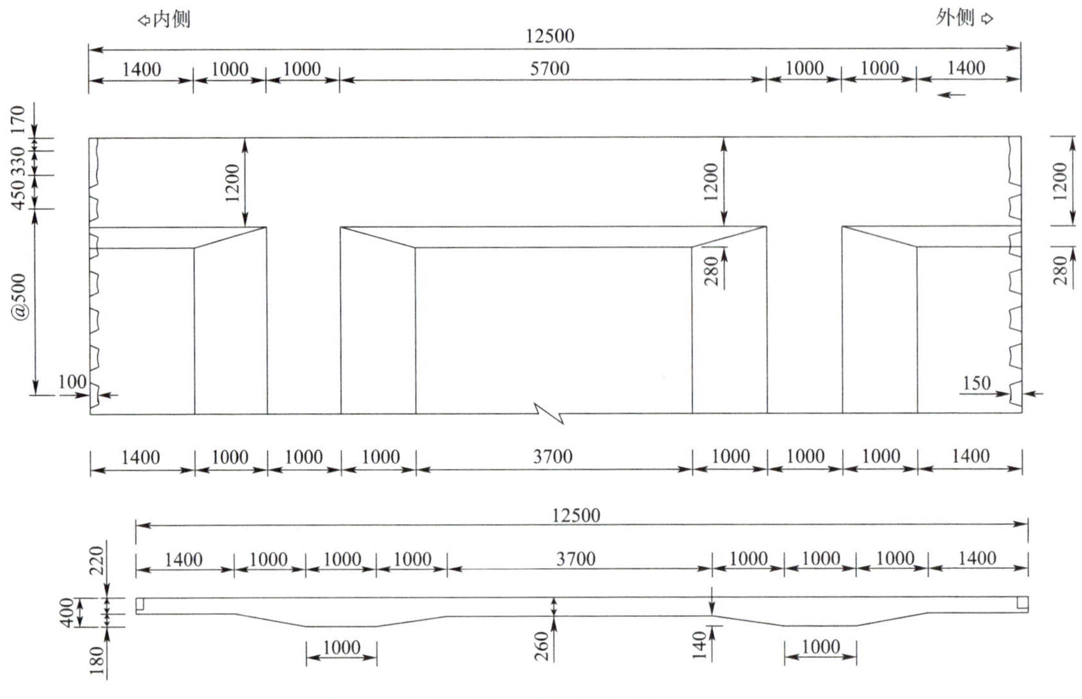

图3-48　桥面板的一般构造图(尺寸单位:mm)

3)桥梁结构

(1)承载能力分析。

根据规范,计算组合梁负弯矩区抗弯承载力时,如考虑混凝土开裂的影响,应不计负弯矩区混凝土的抗拉贡献,但应计入混凝土板翼缘有效宽度内纵向钢筋的作用。在基本组合作用下,墩顶混凝土失效,保留钢筋作用状态下,钢主梁应力包络图见图3-49。最大应力为225MPa,结构承载力满足规范要求。

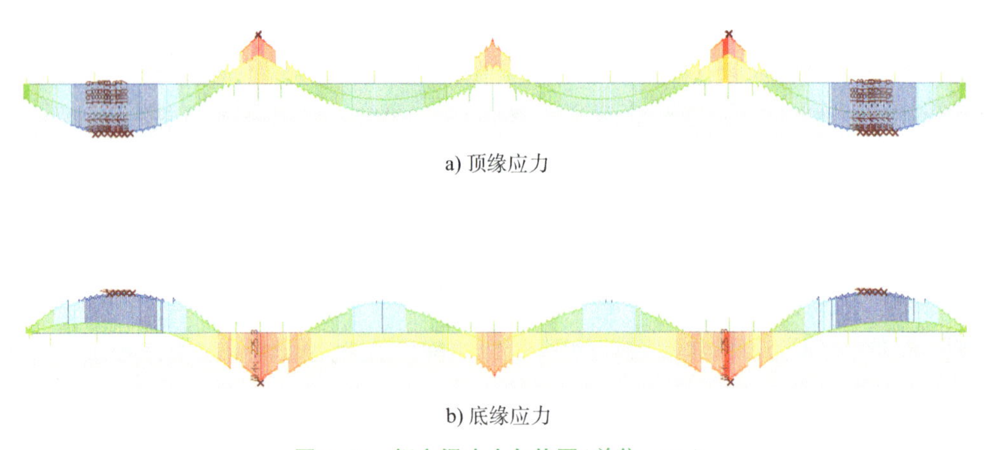

图3-49　钢主梁应力包络图(单位:MPa)

(2)稳定性分析。

①整体稳定性分析:

组合结构整体稳定性问题只存在下缘,下缘只在支点附近受压,因此只进行支点下缘的整体稳定性验算:验算满足 $L_1/b_1<13$,其中 L_1 为受压翼缘侧向支点间的距离,b_1 为受压翼缘的宽度。

②局部稳定性分析:

a. 横梁局部稳定验算。

根据《公路钢结构桥梁设计规范》(JTG D64—2015)第5.3.3条验算局部稳定性:横梁满足要求,均无须设竖向加劲肋及纵向加劲肋。

b. 纵梁局部稳定验算。

纵梁上翼缘与混凝土桥面板结合,不存在局部失稳;支点负弯矩受压下翼缘宽厚比满足稳定性要求。

c. 纵梁腹板加劲肋宽厚比验算。

根据《公路钢结构桥梁设计规范》(JTG D64—2015)第5.3.3条规定,腹板横向加劲肋应满足稳定性要求。

(3)疲劳分析。

疲劳计算模型Ⅰ,墩顶正应力幅25MPa,跨中正应力幅38.3MPa,疲劳应力细节类别对应的正应力疲劳限值为54.7MPa;剪应力幅10MPa,疲劳应力细节类别对应的剪应力幅限值77MPa。疲劳验算满足规范。

3.2.1.2　施工工艺

钢板组合梁的施工主要分为钢主梁施工及桥面板施工,钢主梁通常采用起重机吊装、架桥机架设及顶推三种方法。桥面板施工通常采用预制桥面板安装及现浇施工。预制混凝土桥面板工艺在钢梁架设完成后,可以直接安装预制混凝土桥面板,然后在预制板的预留槽口处浇筑混凝土,使钢梁与预制混凝土桥面板连成整体。可以减小现场的湿作业量,施工速度快。预制混凝土桥面板可降低混凝土收缩、徐变引起的附加应力,并可减少对面板的临时支撑。预制板之间的湿接缝混凝土应选择收缩性较小或具有收缩补偿性能的微膨胀混凝土,并且需要采取良好的养护措施。

现浇混凝土桥面板施工时需要设置模板,然后在模板上现场浇筑混凝土。全现浇混凝土桥面板整体性好,易满足各种桥面的截面要求,但模板工程量和现场湿作业量大,施工速度慢,对周边环境影响大。

根据对法国双主梁钢板组合梁施工方案的统计,主梁架设大多采用顶推法,顶推最大跨径达124m,单个方向最大顶推长度1000m;桥面板大多采用滑动模架现浇。因此,结合建设条件,高台大桥采用了顶推钢主梁与移动模架现浇桥面板的施工工艺。

1)高台大桥连续钢板组合梁总体施工流程

高台大桥连续钢板组合梁总体施工流程主要包括:

(1)钢梁在工厂分节分段制造,预拼检验合格后,运抵桥台钢梁存放场。

(2)在台后焊接各节段,焊接主梁之间中横梁及端横梁。

(3)顶推就位钢梁。

(4)按设计要求浇筑各跨跨中桥面板。

(5)浇筑各墩顶位置普通混凝土桥面板。

(6)待混凝土强度和弹模达到设计要求,浇筑各墩顶位置 STC 材料、养护。

(7)待混凝土强度和弹模达到设计要求,浇筑防撞护栏。

(8)施工桥面防水层、桥面铺装及其他附属工程。

2)施工要点

(1)钢梁加工与制造。

首先由专业厂家在工厂加工成标准节,钢板采用数控机床加工成型,采用二保焊焊接工艺,焊接完成后进行打磨处理,并进行探伤检测。结构件加工完成后,在工厂进行预拼装,在运抵施工现场前对节段进行涂装防腐。

(2)钢板梁顶推安装。

钢板梁采用步履式顶推施工工艺。因高台大桥平面线形由 2 段正反圆曲线及缓和曲线构造而成,为避免顶推后横向位移偏差过大,分别从桥位两端向中部顶推。桥位两端分别设置钢板梁拼装场地,采用门式起重机提吊钢梁拼装。

(3)桥面板现浇。

C50 混凝土拟采用移动模架进行浇筑混凝土,桥面板钢筋现场绑扎。现浇桥面板按照先浇筑跨中段、后浇筑墩顶段的顺序进行浇筑。

(4)钢梁的防腐蚀涂装。

Q345qC 钢梁采用冷喷锌防腐蚀体系。

(5)耐候钢的表面稳定化处理和焊接工艺。

免涂装 Q345qNHD 的耐候性能需要进行表面稳定化处理后才能更好地发挥作用。耐候钢焊接接头的耐腐蚀性应相当于耐候钢母材的耐腐蚀性能,耐候钢的焊接采用与母材金属相适应的焊接材料(包括焊条与焊丝),应保证焊缝化学成分与母材相近。

3)钢梁加工与制造

(1)结构特点。

桥面横坡通过调整桥墩柱高形成,2 片主梁中心高度相同,钢主梁上翼缘横坡同桥面横坡，下翼缘水平，桥面板通过整体旋转形成桥面横坡。上下翼缘朝腹板方向变厚，外侧对齐。腹板朝双主梁间变厚，外侧对齐。纵向板变厚的坡率为1∶8。钢梁顶板、腹板和底板之间的拼接接头不应设在同一截面上，应错开大于250mm，工地接头位置宜设在距支座或跨中至少大于5m的距离。

(2)钢梁制作流程。

根据结构特点划分制作单元，单元件制作完成后，按照加预拱的成桥线形制作专用胎架，专用胎架长度按4个梁段长度布置(不小于一联桥长)，单元件上专用胎架进行匹配组装，全桥多纵梁节段分多轮完成预拼装匹配制造。梁段预拼装后重新拆分为运输段，采用汽车运输至现场。

4)钢板梁顶推安装

(1)钢梁组拼。

钢梁在变截面位置分段，在工厂制造，预拼检验合格后，分节段运输至拼装场地进行存放，利用门式起重机进行拼装，钢梁临时就位后，在纵梁分段接口位置利用码板进行临时固定，待吊装完毕焊接完成后对临时固定措施进行拆除。梁段拼装按照从大桩号往小桩号的顺序依次进行。桥址处梁段拼装焊接主要是对接焊缝，主要利用超声波及磁粉的探伤方法进行检测。

(2)钢导梁。

结合本工程的特点，需要在钢梁前端设导梁(图3-50)，导梁的主要作用是解决钢梁在顶推施工过程中的过墩问题。

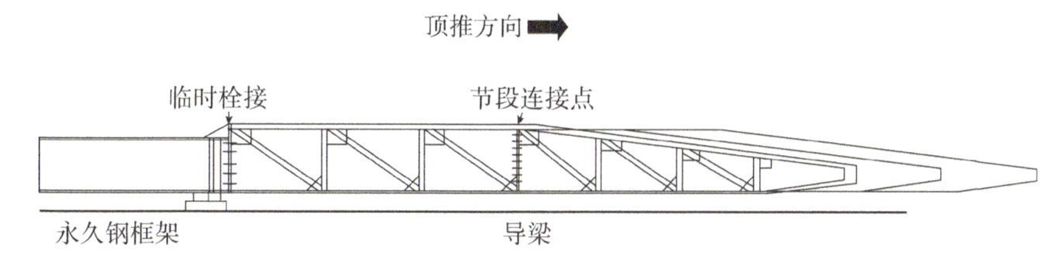

图3-50　钢导梁结构示意图

(3)钢板梁顶推。

①顶推施工方案概述。

标准节段钢板梁加工完成后运至现场，利用门式起重机起吊至拼装平台焊接，最后利用步履式顶推工艺逐节安装钢板梁。

②顶推施工设备。

由于桥梁为曲线采用步履式顶推设备(即步履机)，步履式平移顶推装置的工作原理是竖向千斤顶顶起承重桁架轨导梁，水平千斤顶完成向前顶推，落梁后搁置于垫块上，千斤顶回油完成一个行程的顶推工作。顶推过程是一个自平衡的顶推动作过程，具体步骤如图3-51所示。

③钢板梁顶推施工难点。

多套顶推设备同步施工，对系统同步控制精度要求高。桥位平面线形为圆曲线+缓和曲线,顶推横向纠偏精度高。

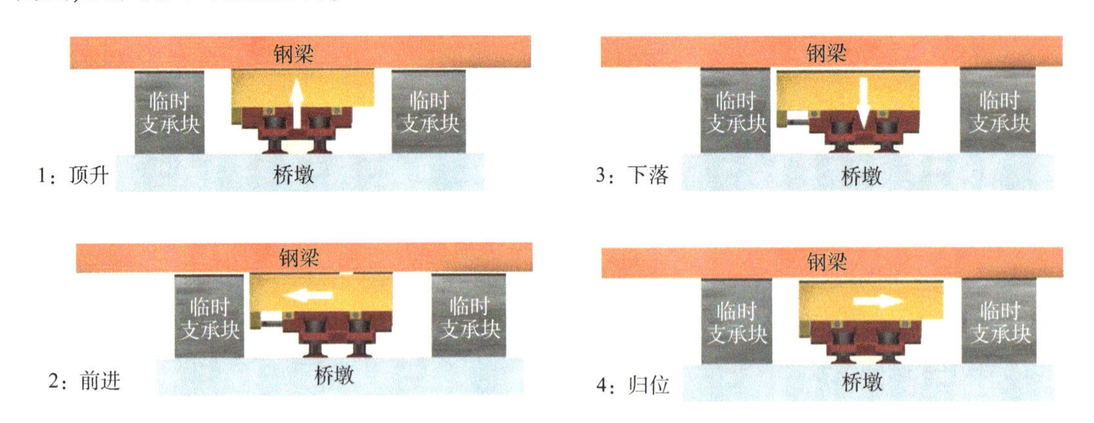

图 3-51　步履机工作步骤

④顶推施工流程。

钢板梁施工工艺为:

施工现场安装拼装平台→钢板梁吊装至拼装平台上拼装→安装钢导梁→竖向千斤顶顶起→顶推千斤顶顶推前进到位→竖向千斤顶下降使钢板梁落在各支墩上→顶推千斤顶回缩→梁段微调→合龙段钢板梁对接焊接→焊缝探伤检查。

⑤钢梁顶推线形控制。

钢梁顶推施工过程中,钢梁的线形控制非常重要,应密切进行观测。钢梁的横向线形控制主要通过横向调节油缸进行控制,竖向线形控制主要通过顶推设备中的竖向千斤顶完成。

5)桥面板现浇

(1)普通混凝土桥面板施工。

采用移动模板(图 3-52)浇筑 C50 混凝土,桥面板钢筋现场绑扎。现浇桥面板按照先浇筑跨中段,后浇筑墩顶段的顺序进行浇筑。

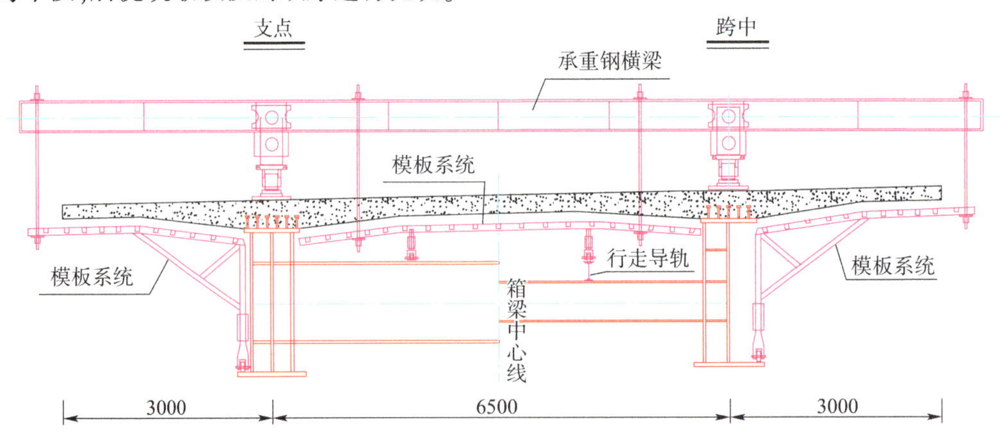

图 3-52　桥面板现浇混凝土移动模板断面示意图(尺寸单位:mm)

(2)STC施工。

现浇桥面板墩顶负弯矩区两边各6.25m范围的顶层10cm采用STC材料,其STC施工流程如图3-53所示。

低温蒸汽养护的目的是使通过了低温蒸汽养护的STC材料收缩应变可以在早期基本完成。消除后期STC层的收缩变形,是为了实现STC致密性、高强度、高韧性,消除后期收缩变形的必要手段,低温蒸汽养护宜通过蒸汽锅炉、蒸汽管道和蒸汽养护棚等设施实现。

STC为新材料,施工前,首先完成试验段施工,以检验施工设备是否正常有效运转及各工序质量是否得到正确控制,然后批量施工。

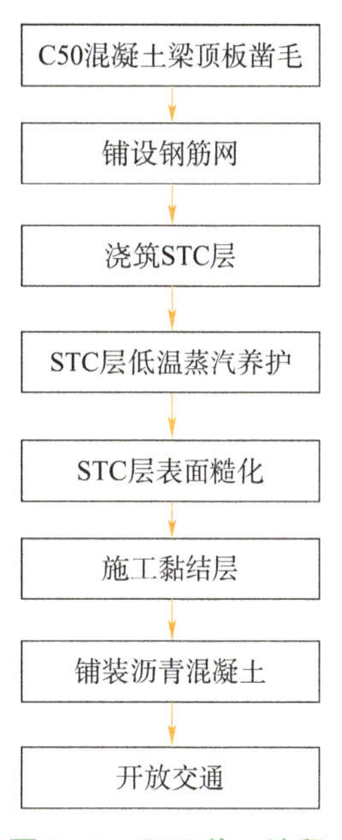

图3-53　STC施工流程

6)钢梁的防腐蚀涂装

为保证结构使用寿命,钢结构须进行涂装,涂层体系采用长效型,保护年限为15~25年。钢板表面涂装前应喷砂除锈,露出金属本色,表面粗糙度为Rz 30~75μm。钢梁表面涂装见表3-11。

钢梁表面涂装一览表　　表3-11

位置	涂层	涂料品种	道数/最低干膜厚度(μm)
外表面(不与现浇混凝土接触面)	底涂层	冷喷锌	2/70
	中间涂层	冷喷锌封闭剂(兼有环氧云铁功能)	2/100
	面涂层	丙烯酸聚硅氧烷	2/100
	总干膜厚度		270
与现浇混凝土接触面	底涂层	冷喷锌	2/90
	总干膜厚度		90

7)耐候钢应用

(1)耐候钢选材。

《桥梁用结构钢》(GB/T 714—2015)中有耐大气腐蚀钢可以选用,牌号有Q345qNH~Q550qNH,等级有D、E、F三等。主梁、小横梁、中横梁、端横梁均可选用,其化学成分、机械性能等应符合《桥梁用结构钢》(GB/T 714—2015)的规定,所有钢材必须具有国家技术质量监督部门确认的产品质量证明、出厂合格证明。

耐候钢材耐大气腐蚀性指数应不小于6.0,其质量应符合《桥梁用结构钢》(GB/T 714—2015)的规定。

(2)耐候钢应用要点。

免涂装耐候钢不应用于以下情况:

①空气中的氯化物含量超过300mg/(m^2·d)的环境中。

②空气中 SO_2 沉积率超过 200mg/(m^2·d)的环境中。

③使用除冰盐可能导致大量氯化物沉积的结构或结构部件,以及桥下产生“隧道效应(Tunnel Effect)”的桥梁。

④处于持续潮湿环境中的结构或结构部件,例如淹没在水中、埋在土壤中、被植被覆盖或位于净空小于 2.5m 的水面上的结构或结构部件。

(3)工程案例。

云茂高速公路高台大桥为 40m 跨结构连续钢板组合梁桥,主要特点为:

①主梁采用双工字钢板组合梁。

②施工方法为顶推钢主梁与移动模架现浇桥面板。

③现浇桥面板墩顶负弯矩区两边各 6.25m 范围的顶层 10cm 使用超高韧性混凝土(STC)材料。

④钢主梁采用 Q345qC,左幅第 5 联钢主梁采用 Q345qNHD 耐大气腐蚀钢。

桥梁所处大气环境为乡村大气。耐候钢不需进行涂装防腐,但须进行表面稳定化处理。钢板单个表面增加厚度 1.0mm 作为腐蚀厚度。耐候钢表面措施可采用表面处理剂或定期浇水等方式。耐候钢经过锈蚀稳定化处理后的色调应为靠近锈蚀的色调,并确保稳定的钝化锈层在运营年限内颜色基本不发生变化。

(4)耐候钢的表面稳定化处理和焊接工艺。

云茂高速公路项目积极引入耐候钢,对桥梁用耐候钢材、焊材、施工工艺、稳定层及钢桥应用情况进行研究,为耐候钢在广东沿海地区使用积累经验。耐候钢不需进行涂装防腐,但须进行表面稳定化处理。稳定化处理措施可采用表面处理剂或定期浇水等方式。耐候钢经过锈蚀稳定化处理后的色调应为靠近锈蚀的色调,并确保稳定的钝化锈层在运营年限内颜色基本不发生变化。要求经锈蚀稳定化辅助处理的耐候钢,在 100 年使用期内,钢板单个表面总腐蚀厚度不超过 1.0mm。

耐候钢焊接接头的耐腐蚀性应相当于耐候钢母材的耐腐蚀性能。耐候钢的焊接应采用与母材金属相适应的焊接材料(包括焊条与焊丝),保证焊缝化学成分与母材相近。凡第一次使用的耐候钢钢材应进行焊接工艺评定,合格后方可投入使用。耐候钢的焊接应避免采用热量输入过大的焊接方法,焊前预热、焊后缓冷或热处理,应按照《机车车辆耐候钢焊接技术条件》(TB/T 2446—1993)的规定进行焊接。

3.2.2 钢板组合梁桥设计标准图研究

3.2.2.1 研究背景及意义

由于我国钢板组合梁桥(图 3-54)结构的应用尚处于起步阶段,各项技术尚待研究完善,并且钢板组合梁桥结构类型较多,需要通过全面的分析比选得到最值得推广的结构类型,以利于标准化。由于主梁间距比较大,特别是少主梁组合梁桥,结构横向效应比较明显,主梁截面的抗扭强度比较小,主梁的稳定、应力和变形等都有可能受到影响。如在荷载长期作用下,主梁在横向与纵向的双向作用下的振动问题以及相应的疲劳问题更加突出;负弯矩区桥面板开裂控制技术和钢主梁纵向连接形式等局部问题有待优化。与中小跨径混凝土桥梁相比,钢板组合梁的很多设计问题尚未形成共识。而且,由于采用了新工艺、新材料、新技术,钢板组合梁的制造、安装费用比例与以往常规桥梁存在差异,经济性值得分析。此外,云茂高速公路的桥位特点为山区、高墩,特殊条件下钢板组合梁的施工工艺等问题有待进一步研究与完善。本小节针对钢板组合梁设计的关键技术开展深入研究,分析和确定合理的结构构造,研究钢板组合梁结构负弯矩区桥面板耐久性措施,研究高性能混凝土、高强度钢材、耐候钢的应用,分析基于实际边界条件下的腹板稳定计算及设计原则。在此基础上形成技术先进、具有推广价值的钢板组合梁标准图。

图3-54　钢板组合梁桥

3.2.2.2　主要研究内容

根据钢板组合梁桥设计标准图编制需要及钢板组合梁关键技术分析,本小节研究内容为钢板组合梁桥结构选型与构造细节研究,负弯矩区桥面板耐久性措施研究,新材料、高性能混凝土、高强度钢材、耐候钢的应用研究,基于实际边界条件下的腹板稳定计算及设计原则。

1)钢板组合梁桥结构选型与构造细节研究

(1)钢板组合梁桥相关的各国规范调研和分析比较。

对国内外现行规范组合梁部分进行调研分析,研究其设计体系与设计思想,进而进行归纳总结,指导标准图的编制。

(2)实际工程中钢板组合梁桥应用情况调研,并分析各类结构的优缺点。

通过对钢板组合梁的应用实际情况进行统计,比较各类结构的优缺点,用于指导标准图编制的结构选型及细节优化。

(3)钢板组合梁典型合理的结构构造分析。

钢板组合梁结构形式多样,按主梁个数可分为少主梁、多主梁体系;以横梁是否与桥面板连接分为支撑横梁体系与非支撑横梁体系。少主梁(双主梁)非支撑横梁体系在经济性上最具有优势;多主梁体系梁片较多,且中间梁需要设置横梁及相应竖向加劲肋,钢材用量大于双主梁结构,通常在桥面宽度较大、主梁高度受限或现场吊装能力受限情况下使用。

双主梁钢板组合梁典型横断面如图3-55所示。

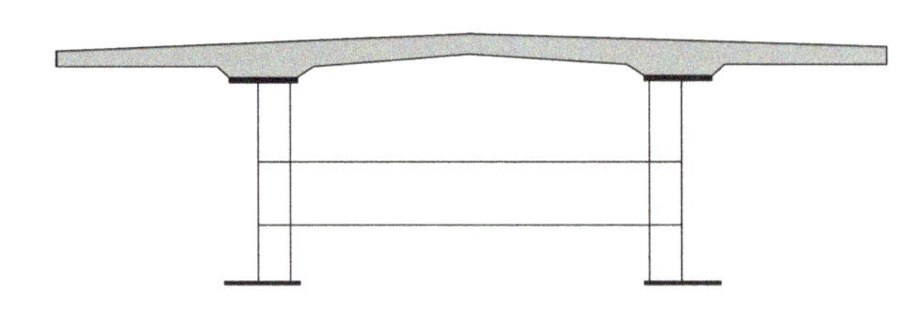

图3-55 双主梁钢板组合梁典型横断面图

通过对主梁高跨比、主梁数目、横梁间距、主梁间距、桥面板构造进行分析研究,选择受力明确、传力效率高的结构形式,并得到更优的断面布置形式。

(4)钢板组合梁详细构造细节尺寸和桥面板配筋方式分析。

钢板组合梁的细节构造包括钢主梁上下翼缘板厚与宽度、腹板高度与厚度、加劲肋厚度与间距、焊缝形式与焊缝尺寸、栓钉构造与布置。桥面板形式与配筋、湿接缝尺寸与钢筋连接方式设计等。基于结构强度、稳定、疲劳,结合受力、制造、运输、安装、维修养护,对组合梁详细构造进行全面设计分析。

(5)钢板组合梁制造与施工方式。

通过钢板组合梁各国制造与施工方式的调研分析,研究其与施工制造方式相关的设计构造细节,并结合国内现有的制造施工技术水平、桥址区地形条件、运输方式等进行钢板组合梁细节设计。研究将针对桥位区山区、高墩、长联曲梁等特点,分析顶推施工方法的适应性问题,确定顶推施工流程、设备要求、是否需要安装抗扭转平衡重、是否需要设置临时墩等问题。此外,将考虑施工过程中结构刚度偏低问题,对施工过程线形控制提出合理的解决方案。

(6)钢板组合梁经济性分析。

从钢板梁材料用量、构造尺寸标准化、加工费用、下部结构尺寸、工业化建造等角度,结合新工艺、新材料应用等特点,对钢板组合梁经济性能进行分析。

2)负弯矩区桥面板耐久性措施研究

(1)负弯矩区桥面板受力特点研究。

对于连续梁,在中支点附近0.15L(L为跨径)范围内,主梁承受负弯矩,对于钢混组合梁,现常用方法一般纵向不设预应力,允许桥面板带裂缝工作。中支点负弯矩区断面的承载性能遵循非线性行为关系,负弯矩区的实际中性轴位置一般介于假定混凝土有裂缝和无裂缝的计算中性轴之间,负弯矩区桥面板一般被当作轴拉构件进行计算,对负弯矩桥面板受力特点进行深入研究,明确其受力行为。

(2)负弯矩区混凝土桥面板裂缝发展机理及裂缝计算研究。

负弯矩区桥面板被设计成带裂缝工作状态,美国国家公路与运输协会(AASHTO)规范认为负弯矩桥面板开裂,其对整体计算主梁刚度影响不明显,可以不考虑桥面板开裂对主梁刚度的折减作用;而在国内公路组合梁设计与施工规范中,负弯矩区桥面板不考虑刚度作用。裂缝对桥面板刚度的影响主要与裂缝的宽度、深度、范围有关,而且裂缝的宽度、深度将影响桥面板与钢主梁的耐久性能,因此需要对裂缝的发展机理和裂缝宽度的计算方法进行研究。

(3)负弯矩区桥面板裂缝控制措施研究。

控制负弯矩区裂缝,可以从受力与材料两方面进行控制。改变桥面板浇筑顺序、支点顶升、控制配筋率、采用预应力、使用超高性能混凝土材料等措施控制裂缝宽度。AASHTO规范对钢筋直径与钢筋上下层布置作出规定。为避免复杂计算,欧洲规范通过给出纵向钢筋最小配筋率、限制纵向钢筋直径和间距等构造措施来满足裂缝控制要求。

从负弯矩区裂缝发展机理,对负弯矩区裂缝控制进行研究,找到切实可行的裂缝控制措施,实现研究与设计目标。

3)新材料、高性能混凝土、高强度钢材、耐候钢的应用研究

(1)新材料相关资料收集及性能特点分析。

当前桥梁工程的发展主要依托材料的进步。当前可实际用于桥梁工程的高新材料主要有超高性能混凝土、高强度钢材、高耐候钢或耐候钢。

超高性能混凝土(UHPC)的设计理论是最大堆积密度理论(Densified Particle Packing),其组成材料不同粒径颗粒以最佳比例形成最紧密堆积,即毫米级颗粒(集料)堆积的间隙由微米级颗粒(水泥、粉煤灰、矿粉)填充,微米级颗粒堆积的间隙由亚微米级颗粒(硅灰)填充(图3-56)。由于其材料的特殊组合比例,其抗拉强度可以达到15MPa以上,配筋后甚至可达到20MPa以上。

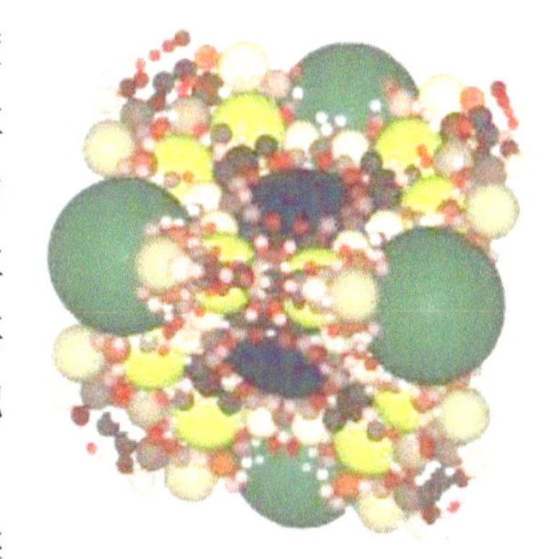
图3-56 UHPC材料组成

超高性能混凝土与高强钢材组合将会形成新的结构类型,推动组合结构的发展。同时超高性能混凝土抗拉强度大,也可在桥面板负弯矩区抗裂及现浇湿接缝方面发挥重要作用。在广东省仁化湘粤界至

博罗公路项目中,组合梁的负弯矩区就采用了 UHPC(图 3-57)。

图 3-57　广东省仁化湘粤界至博罗公路项目组合梁负弯矩区采用 UHPC

高强度结构钢(简称“高强钢”)是指采用微合金化及热机械轧制技术生产出的具有高强度(屈服强度大于或等于 460MPa)、良好延性、韧性及加工性能的结构钢材。高强钢由于其强度高,在桥梁工程的应用中,能够实现更大的跨越能力,同时其材料用量省,结构自重小,避免超厚钢板的焊接问题,具有较强的经济优势,在国外高强度钢材已经普遍采用,国内在常规桥梁中应用还较少。

钢材锈蚀是妨碍组合结构桥梁发展的主要原因,如何使钢材与混凝土一样不用经常维护就能正常工作是值得关注的课题(图 3-58)。在设计桥梁时,不仅要考虑初期建设费用,还应考虑远期改建、拓宽、养护等费用,甚至考虑桥梁拆除后的废物处理费用,即确保整个使用期的费用最低为设计原则。基于这样的原则,耐候钢在钢桥及其组合结构桥梁中的应用成为一个发展趋势,会有很好的经济效益。

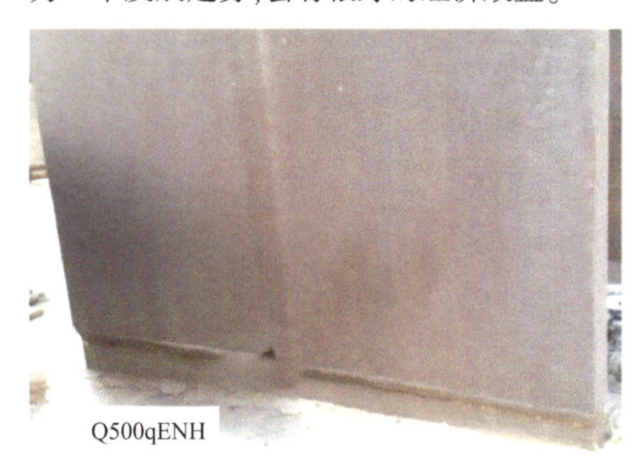

图 3-58　耐候钢暴晒对比(7 年)

耐候钢应用有一定的使用环境要求，避免在海洋环境、除冰盐环境、连续潮湿环境、空气污染使用。免涂装耐候钢表面应进行锈层稳定化处理，锈层厚度应不小于 10μm。免涂装耐候钢在设计时须在每个暴露表面上预留腐蚀裕量。

（2）新材料在实际工程应用情况的调研分析。

通过对国内外实际工程项目应用新材料的情况进行调研分析，研究其在实际工程项目中的应用效果，在标准图编制中提出相应的应用指南。

（3）钢板组合梁新材料应用研究。

新材料的使用必须结合钢板组合梁的结构特点。超高性能混凝土虽然性能好，但造价较高，应用主要考虑控制负弯矩桥面板开裂及预制桥面板的接缝。耐候钢的应用需结合环境特点，选用相应指标的耐候钢材，并对耐候钢的应用要点进行分析。

（4）钢板组合梁应用新材料的验证试验。

根据新材料的具体应用方案，通过必要的试验，以验证结果的合理性与可靠性。试验工作包括试验模型分析与制作、加载方案设计、数据采集与分析。

4）基于实际边界条件下的腹板稳定计算及设计原则

（1）腹板稳定构造研究。

钢结构稳定是控制设计的主要问题之一，腹板受压力、剪力与弯矩组合作用，其受力复杂，其稳定设计与上翼缘与下翼缘相比较为复杂。腹板稳定与其宽厚比、加劲肋间距、加劲肋与腹板相对刚度密切相关。通过对腹板稳定进行研究分析，为腹板与加劲肋设计提供科学依据。

（2）基于桥面板约束条件下的腹板稳定计算与设计研究。

钢板组合梁桥不同于钢结构桥梁，因上翼缘与桥面板结合，其边界条件与一般腹板稳定计算假设条件不同，其屈曲模态与屈曲临界力与理论计算将存在一定误差，而且腹板屈曲后依然具备一定的承载能力，其承载能力与边界条件约束有关，因此对实际边界条件下的腹板稳定计算进行研究。

5）效益分析

在施工过程中，钢主梁与桥面板均采用工厂化预制、标准化施工，可充分发挥两种材料的使用性能，与混凝土梁桥相比，自重轻，大幅降低基础造价；墩顶负弯矩区使用 STC，防止墩顶负弯矩区桥面板开裂；快速施工缩短了投资回报期，多样化结构适应了不同桥位、不同跨度桥梁建设的需求和景观要求，简化的结构减少了桥梁施工和维修管理工作量。

目前，钢板组合梁在 30～45m 的普通中小跨径桥梁中极具竞争优势，用以代替传统的小箱梁、T 梁，大大降低砂石等不可再生资源消耗，实现标准化、工厂化、装配化施工，用于山区施工条件差、工期要求紧的项目优势明显。

3.3 小型构件自动化生产线定向研发

我国预制构件的生产应用已有近50年的历史。20世纪70年代中期,政府大力提倡建筑业“工厂化、装配化、标准化”,掀起了预制构件行业发展的热潮。到20世纪80年代中期,我国预制构件行业发展达到顶峰,全国共建立起数万个规模不同的预制构件厂(其中90%以上是规模很小的乡镇企业)。近年来,随着混凝土预制构件技术的发展,越来越多的公路建设开始采用混凝土预制构件修筑公路附属工程,这不仅克服了浆砌片石或块石砌筑的缺点,而且具有施工便捷、外观尺寸较统一、美观且安全的优点。但由于管理观念落后、技术规范不完善等原因,施工单位采用定型钢模或木模就地预制小型构件,分散生产,标准不统一,使得公路沿线的不同标段的附属工程外观及质量参差不齐。同时,小型构件生产工艺和质量验收的不规范,导致所生产的小型构件虽然强度合格,但大多外观毛糙,蜂窝、麻面、气泡、色差、变形、翘曲和缺棱掉角等现象普遍。因此,如何提高小型混凝土预制构件的施工质量,减少早期破损现象,以达到“内实外美”的应用效果,成为实现项目整体外观精美、质量精致的关键性问题。

云茂高速公路为解决项目中边坡防护及附属工程偷工减料、断面尺寸不合格、外观质量差等通病,大力推行小型构件预制施工,包括拱形骨架、人字形骨架、排水沟、路缘石、新泽西护栏等,采用机械化流水作业。云茂高速公路通过自主研发,与厂家合作开发出小型构件自动化生产线(图3-59),投入使用后,生产效率大幅提高,工人劳动强度大幅降低,成品质量得到显著提升。

图3-59 自动化生产线

3.3.1 技术概要

小型构件预制厂(图3-60)按照广东省交通运输主管部门“三集中、四统一”要求和交通运输部品质工程“两区三场攻关”标准进行建设,配备了混凝土强制拌和、称重布料、振动成形、转运养护生产线,采用了自动喷淋节水养护技术,并实现养护水循环利用。在小型构件养护过程中,做好安装准备工作,待构件强度形成后集中打捆包装,统一调配至安装现场,组织安装。

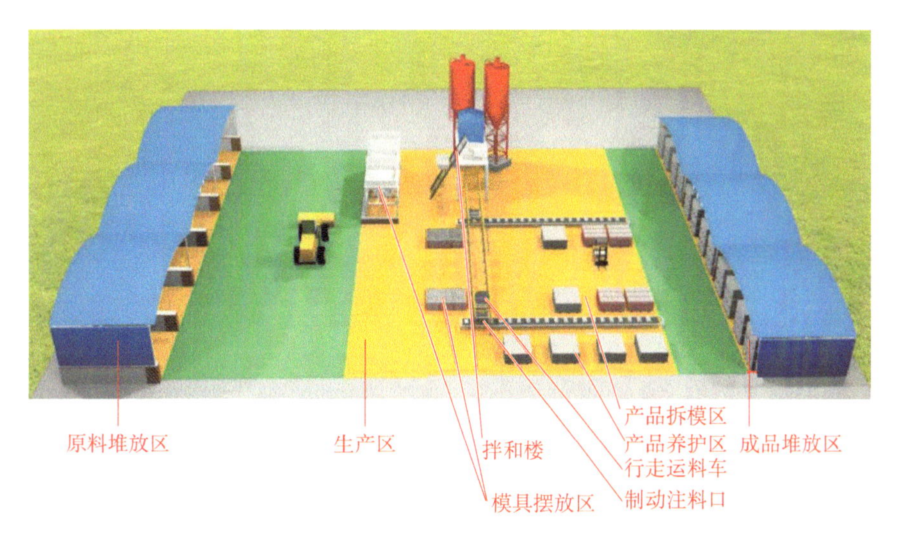

图3-60　小型构件预制场效果图

(1)混凝土运输:为满足构件场现场预制构件混凝土供应的及时性,安装一台自动计量强制搅拌机,拌料后可以直接将混凝土直接通过生产线投入预制构件生产(图3-61)。

图3-61　构件场混凝土生产线

(2)自动式上料机:现场用两排工字钢加立柱做成支架,将料斗安装在一个移动式桁架上(图3-62、图3-63),连接搅拌楼和自动化生产线,使混凝土从生产到预制构件的浇筑形成一条自动流水线,实现了混凝土生产、运输、入模人工操作。

(3)标准化生产:布置两条生产线,沿上方混凝土运输轨道垂直布料,在传送带下配置高频振动器(图3-64),预制块在传送过程中实现了密实成形。布料、收面和收面收光分别如图3-65、图3-66所示。

(4)小型构件采用机械化智能清洗装置,设置草酸池(图3-67),施工便捷简单,降低成本,提高洗模效率。采用小型空气压缩机喷涂脱模剂(图3-68),喷涂均匀,提高喷涂效率。

图 3-62　料斗从拌和站接料

图 3-63　自动上料

图 3-64　高频振动器

图 3-65　布料、收面

图 3-66　收面收光

图 3-67　草酸池

图 3-68　小型空气压缩机喷涂脱模剂

成品捆扎打包如图 3-69 所示。

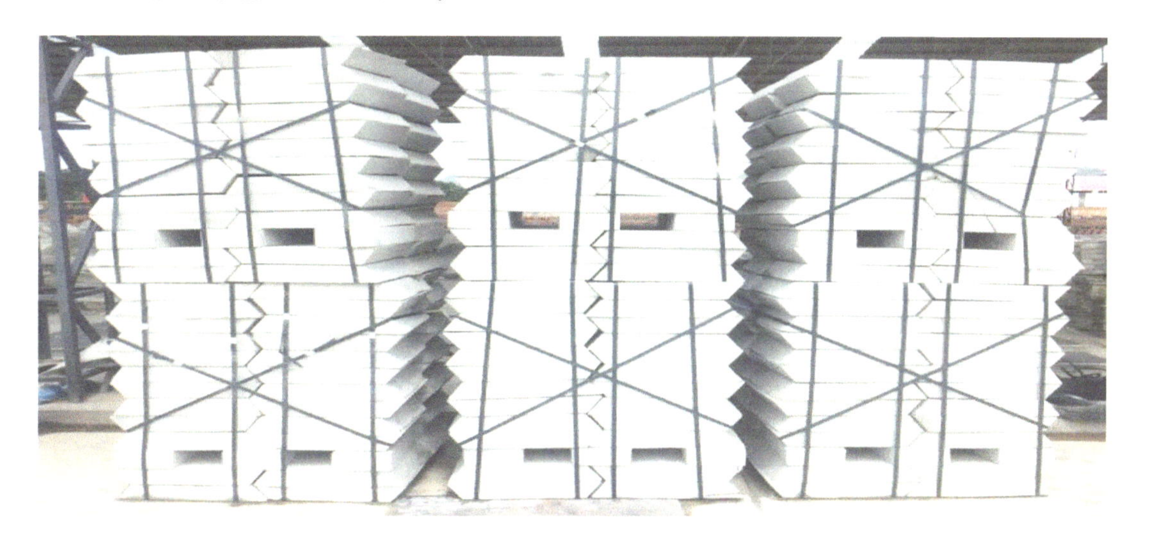

图 3-69　成品捆扎打包

3.3.2　效益分析

云茂高速公路大力推行边坡防护构件集中预制,提高了小型构件的生产效率和标准化程度,大幅提高了产品的外观质量。云茂高速公路小型构件预制场概况见表 3-12。

云茂高速公路小型构件预制场概况　　表 3-12

标段	预制场地点	占地面积(m^2)	模具数量(个)	制作小型构件总数量(块)
TJ3	土建 3 标段三集中	10000	26000	3060000
TJ10	白石互通区	3000	26400	28000

生态引领
落实绿色公路新理念

生态环境保护是绿色公路设计、建造和运营全过程中始终需要面对的重要的一环，是公路绿色发展最基本的要求，也是人与自然和谐共生的根本体现。以生态环境保护引领绿色公路建造，是生态文明建设的具体实践，是以人民满意为目标实现交通更高质量发展的旗帜。

4.1 绿色设计理念

绿色公路在设计过程中，要以最优化设计为目标，以全生命周期为范围，以灵活性、宽容性为条件，以标准化为约束，始终秉持绿色发展理念。

(1)综合最优化设计理念。

建立综合最优化设计评价系统，坚持设计创作、精益求精的原则，加强总体设计，全局性、统领性地进行路线、路基路面、桥涵、隧道、互通、交通工程及沿线设施、环保景观等专业设计。通过最优化设计，达到路线平纵横断面的最优布置、路基防护及排水的集约与环保、桥梁及隧道结构的安全与耐久、互通立交的最优布局、交通工程及沿线设施布局的以人为本、景观绿化的自然协调。通过综合最优化设计，达到公路与沿线自然、人文、社会的和谐，并通过精细化设计提高设计质量、降低工程实施难度、节省工程造价。

(2)全生命周期成本设计理念。

树立全生命周期成本的理念，既要注重项目初期的建设成本，也要注重后期的维修和养护成本。遵循建管养一体化设计理念，注重建设质量和工程耐久性，并将严格控制工程投资贯穿到项目设计、建设的各个环节，精心设计、优化设计，有效地控制建设成本；汲取以往项目养护和运营管理中所取得的经验，尽可能减少后期维护费用，延长使用寿命；采用新技术、新材料、新工艺等提高工程技术含量，以达到最佳的技术经济效益。

(3)灵活性设计理念。

在充分掌握现有技术标准、规范的基础上，确保安全与功能的同时，通过合理选用标准，灵活运用技术指标，最大限度维护公路与沿线自然、人文环境的协调。通过布置不同路基断面形式、选用适宜的防护形式、结合地形选择合理的桥梁墩台及隧道洞门形式、山区场地条件下的变异互通形式等灵活性设计措施，降低施工难度、节约工程造价，并有利于后期的管理养护。

(4)宽容性设计理念。

树立“以人为本、预防、容错、纠错”宽容性设计理念，系统提高公路行车安全性。采用运行速度设计降低相邻路段容许速度差，达到线形的连续均衡，并按照运行速度设置合理的曲线要素、超高等，全面提高线形安全性；通过设置合理的路侧净空，采用低路堤、宽平台、缓边坡等提高道路安全性；设置宽容性的路侧结构物，为侵入路侧车辆提供安全保护。

(5)标准化设计理念。

以推进模块化建设为方向,深入推广标准化设计,鼓励构件设计标准化和通用化,促进设计标准化和施工标准化的有机结合;大力推进预制拼装结构,尽量减少混凝土现浇结构,缩短建设工期,降低工程建设对环境的影响。

4.2 绿色设计实践

绿色公路总体设计应坚持“以人为本、安全至上、自然和谐、生态环保、因地制宜、节约资源、技术合理、服务提升”的总目标,科学合理确定建设方案及规模,使建设方案与自然资源节约、生态环境保护的相关要求相协调,实现公路建设健康可持续发展。

4.2.1 生态选线避让环境敏感点

过去一段时期内,受建设资金制约,山区高速公路选线优先选用路基方案,大填大挖现象屡见不鲜,永久占地规模大,与自然结合生硬,景观效果差,加速了水土流失,对环境负面影响大,同时部分边坡因防护不及时、不到位、防护方案不合理等原因造成后期治理费用高昂。路线设计人员应把“环保选线”理念融入选线工作中,遵循“不破坏就是最大的保护”原则,建立线形与环境相互适应、协调的设计方法,灵活运用设计技术指标,实现生态环保与工程本身并重,工程投资和生态代价均衡。

1)环保选线的主要原则

(1)顺应地形,顺势而为,贴近自然。

山区高速公路选线典型的特点就是与地形、地貌的结合,融入地形的线形是“环保选线”的基础。

(2)加强地质勘查,避免地质原因造成的环境破坏。

山区高速公路设计的重点和难点是如何准确查明不良地质,为工程设计提供可靠的基础资料。“地质选线”理念与“环保选线”理念应充分结合,通过适当的地质勘查手段、勘查深度和精度,选择绕避或必要的工程手段,避免不良地质导致的环境影响。

(3)重视各类环境敏感点的调查工作,绕避优先。

对于自然保护区、森林公园、水源保护区等环境敏感点,按照国家、地方、行业相关要求,优先进行避让并采取必要的防护措施。

(4)减少耕地、水田和经济林地等优质土地占用。

我国人均耕地面积少,耕地是国家严控保护的资源,经济林是山区典型的地表附着物,是一项重要经济来源,应尽量少占或不占。

(5)尽量远离村庄,减少噪声、大气污染。

噪声和尾气是高速公路对沿线居民生产生活最直接的影响,路线布设时尽可能远离村镇密集区,保护居民日常的生活环境及身心健康。

(6)尊重原生态环境,避免或减少切割。

生态环境具有固有的系统,路线布设时应充分调查动植物、水系等,通过避让、设置结构物等避免"生硬切割"。

(7)尊重地方习俗,提升人文环保。

充分调查地方民俗民风,路线布设时充分考虑地域文化特点,注重人文环保,树立人文景观路理念。

(8)加强多方案比选。

把生态环保因素纳入路线方案比选中,加强明线与暗线、隧道与深挖、桥梁与高填的比选,均衡工程投资与环保投资、经济效益与社会效益。

(9)细化路线设计,合理选择工程方案。

路线精细设计,控制高填深挖,协调土石方,减少取弃土;结合地形,合理设置桥梁、隧道等构造物,灵活采用"线位外移建桥""纵面分离式路基"及"半路半桥、半桥半隧"等措施。

(10)充分考虑施工因素。

充分考虑施工可行性、便捷性,统筹主体工程与进场道路、预制厂、梁场、项目部、生活营地等之间的关系,避免不合理的线外工程带来的环境影响。

2)云茂高速公路实施情况

云茂高速公路沿线穿越生态敏感区众多,在穿越水源保护区及生态敏感区时采用生态环保选线。贯彻"生态、环保、绿色通道"的建设理念,加强对重要环境敏感点的设计研究,减少施工和营运期公路对地方环境的污染。

针对山区高速公路特点,从全生命周期考虑设计方案的合理性,开展线位走向、隧道与高边坡方案、桥与路基等专题比选共计30余次,全线隧道最终确定为8座,线位方案避让多处自然保护区、生态严控区和饮用水源保护区,桥梁合理设置,确保挖填基本平衡,做到环保选线。

(1)避绕引太灌渠饮用水源保护区。

云茂高速公路在穿越罗定市引太灌渠饮用水源保护区路段处采用生态环保选线。在工可推荐方案中,K线方案穿越罗定市引太灌渠一级和二级水源保护区,该方案从取水口上游约500m处穿过。

后因充分考虑水源保护问题,该路段路线向北调整,最终确定为目前的方案,即A7线方案，该方案避开了罗定市引太灌渠饮用水源一级保护区。但由于该水源保护区占地范围较大，若从南侧绕避保护区，线位需向南摆动超过5km，且地形复杂，施工条件差，而且也远离罗平镇，线路无法起到原有的对地方经济的带动作用；若线路从北侧绕避水源保护区，需要从居民集中区域穿越，涉及大量房屋拆迁和后期噪声影响问题。因此，经综合比较，选择A7线方案，从取水口下游穿越饮用水源二级保护区。优化后的A7线方案，避开了罗定市引太灌渠饮用水源一级保护区，该方案从取水口下游穿越，既避免了大量的房屋拆迁和施工噪声，又避开了一级饮用水源保护区，增加工程造价约7000万元。罗定市引太灌渠饮用水源保护区路段线路优化见图4-1。

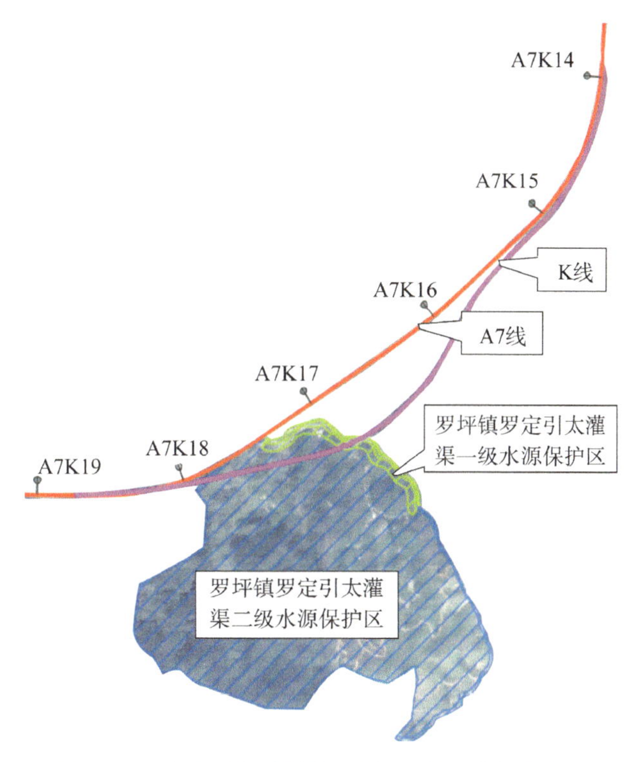

图4-1 罗定市引太灌渠饮用水源保护区路段线路优化

（2）金林隧道采用曲线形式，避开生态严控区、自然保护区（图4-2、图4-3）。

在穿越信宜市生态严控区路段处，K线方案向北侧摆动820m，最终避开了生态严控区，增加工程造价约9000万元。

（3）TJ10标段采用大跨径桥梁，避开黄华江大鲵和水产自然保护区缓冲区及核心区（图4-4）。

（4）云茂高速公路信宜段通过优化线形，避开了鹞婆石县级自然保护区等环境较为敏感地区（图4-5）。

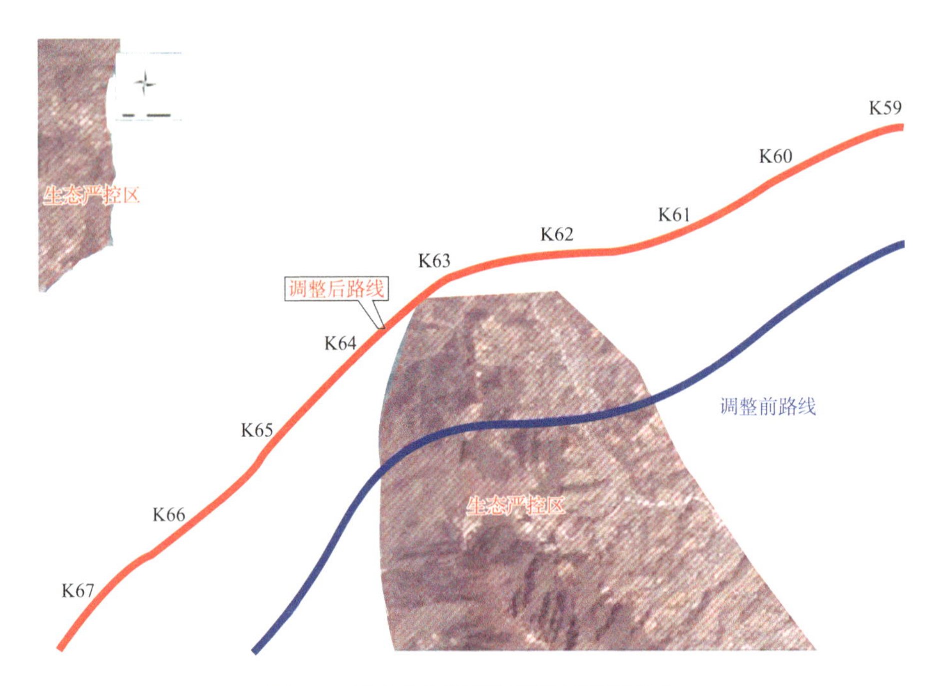

图 4-2　信宜市生态严控区路段线路优化

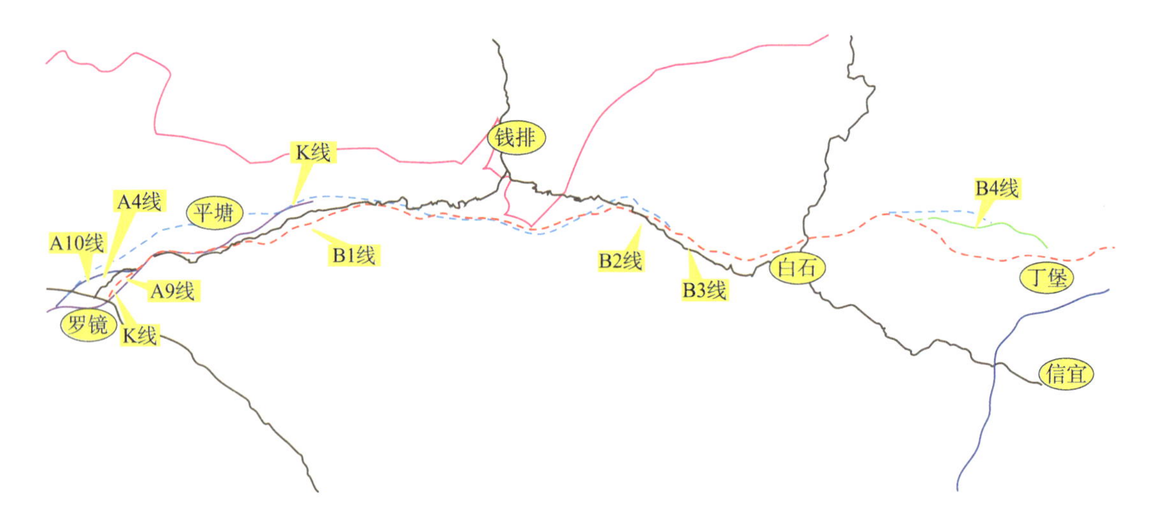

图 4-3　信宜市生态严控区路段线路优化

图 4-4　大跨径桥梁避让黄华江大鲵和水产自然保护区

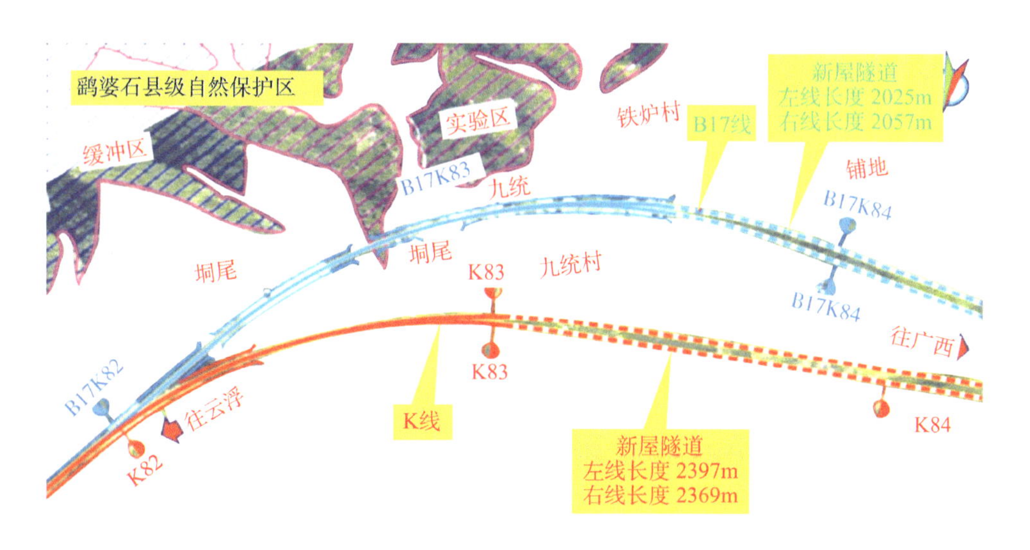

图 4-5　生态环保选线避让鹧婆石县级自然保护区

4.2.2　路线多方案比选

云茂高速公路认真贯彻“技术可行、实施可能、经济合理”的总体设计原则。在初步设计阶段本着不遗漏任何可能方案的原则，进行了详细的路线方案比选。初测阶段 S2 标段共拟定 16 个路段方案，初测推荐方案全长 53.6km，比选路线全长达 119.5km，在方案论证时，综合考虑了安全、环保、舒适、和谐、造价、地方要求等各方面因素，对工程数量、工程造价，以及地形、地质、工程条件、地方规划等方面进行了详细论证，确保项目的经济性和可实施性。

以隧道为核心的典型线位比选为 A4 与 A10 的线位方案比选，推荐线 A4 线中河南寨隧道及大田湾隧道，与同深度比较 A10 线中河南寨隧道，所穿越的地质条件基本相当，A10 线隧道洞口存在滑塌体。考虑 A4 线两座隧道，工程规模较大，高边坡数量较多，造价较高，但避开了滑塌体；A10 线占地及拆迁数量较少，造价较低，减少隧道数量即减少洞口开挖，有效降低生态环境破坏，且经地勘核查，滑塌体为局部浅层滑塌。经综合考虑，A10 线方案更为经济合理，且契合绿色公路理念，因而在初步设计修编阶段，将 A10 调整为推荐线位。

初测阶段罗定罗镜至信宜平塘交界路段（A4、A10 比选）路线方案如图 4-6 所示。

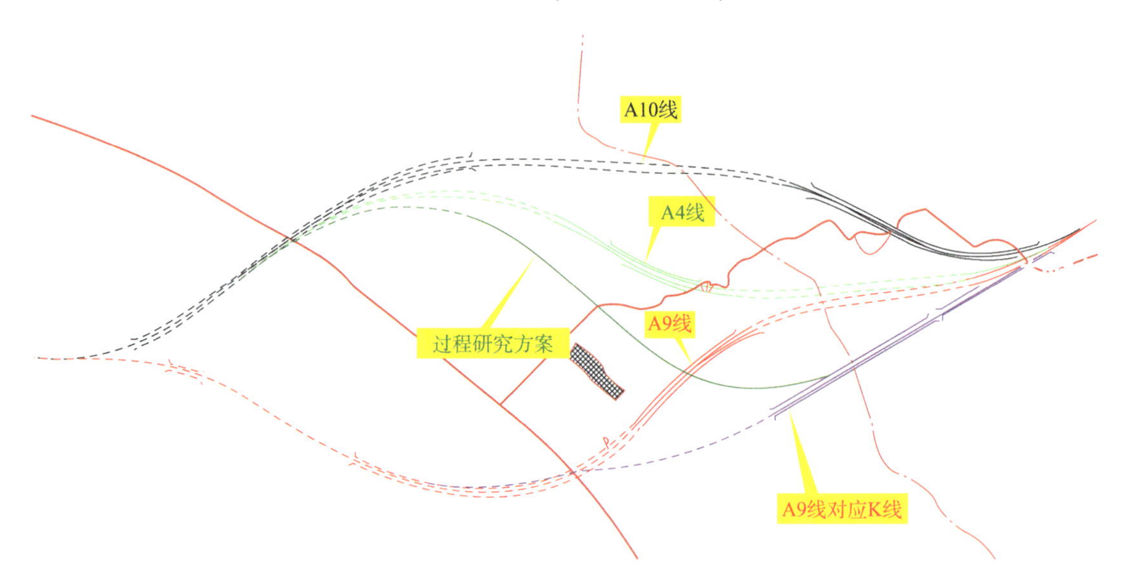

图 4-6　初测阶段罗定罗镜至信宜平塘交界路段（A4、A10 比选）路线方案图

在设计过程中多次优化平纵线形，使土石方趋于平衡，尽量减少弃方，其中设计 S2 标段施工图修编稿相比施工图（送审稿）减少了 208 万 m^3 的弃方，大量节约了工程造价、土地资源，保护了生态环境。路线比选如图 4-7 所示。

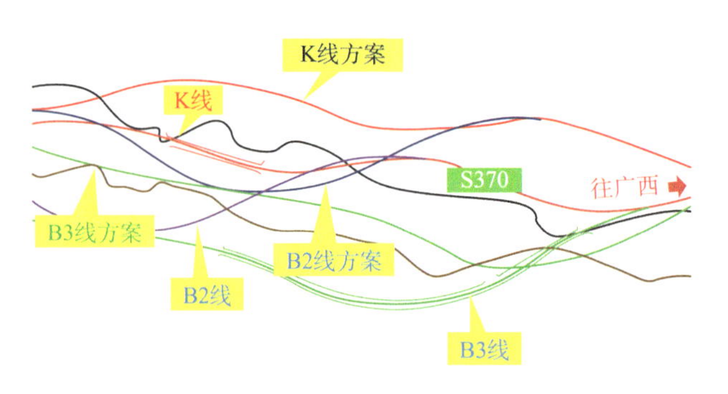

图 4-7　路线比选

4.2.3　优化路线线形指标

目前,我国干线公路项目建设发展迅速,道路条件得到了明显的改善,路网结构日趋完善。虽然由于道路线形设计不良或不合理所导致的交通事故占比较小,但良好的道路线形设计可以在一定程度上降低交通事故发生的概率。

云茂高速公路路线设计时坚持地形、地质、安全选线,路线设计不刻意追求线形高指标,但注重线形的连续性和指标均衡,重点放在平纵面设计的合理、均衡性上。

(1)平面注重以曲线为主的布线方式(平曲线总长占路线总长 69.6%),平面布线依山就势,曲线优美流畅;平曲线指标均衡渐变,并严格保证平曲线各线元长度。通过以上措施使全路段的运行车速相对均衡,并保证驾驶人员有足够的反应时间,从而保证行车安全。

(2)考虑竖曲线半径适当增大带来的工程量增加较少,但对改善行车的安全性和舒适性十分有利,因此有条件的路段尽可能采用满足视觉所需的最小半径(凸形竖曲线最小半径 16000m,凹形竖曲线最小半径 12000m)。

(3)平、纵组合设计时,使线形组合在视觉上能自然地诱导驾驶员的视线,并保证视觉上的连续性和指标大小均衡,使线形在视觉上和心理上保持协调;控制最大和最小的合成坡度,以利于路面排水和行车的安全。

(4)存在长大纵坡路段,结合运行速度核查及"安全性评价报告"结论,合理设置爬坡车道及避险车道(共设置三处避险车道、三段爬坡车道),有效提高行车安全性和舒适性。

①对照《交通运输部办公厅关于发布〈提升公路桥梁安全防护专项行动技术指南〉和〈提升公路连续长陡下坡路段安全通行能力专项行动技术指南〉的通知》(交办公路〔2019〕44 号)进行核查,本项目存在 2 段连续下坡路段(图 4-8),左线 K57 + 020 ~ K42 + 000,连续坡长 15.02km,平均纵坡 -2.28%;右线 K83 + 300 ~ K94 + 469.747,连续坡长 11.17km,平均纵坡 -2.35%,平均纵坡绝对值均小于 2.5%,均不属于"公路连续长陡下坡安全通行能力提升路段"。

为提升纵坡较大路段的通行安全性,通过设计优化、交通信息控制等技术手段在交通安全、智慧管控方面加强防范。上坡向半幅路面结构采用沥青混凝土路面并优化集料级配提高抗滑性能;下坡向增设避险车道(图 4-9),加强危险补救措施。施工图中采取设置长下坡预告标志、长下坡余长标志、避险车道预告标志、大型车靠右标志、纵向减速标线(图 4-10)及提升护栏防护等针对性措施。

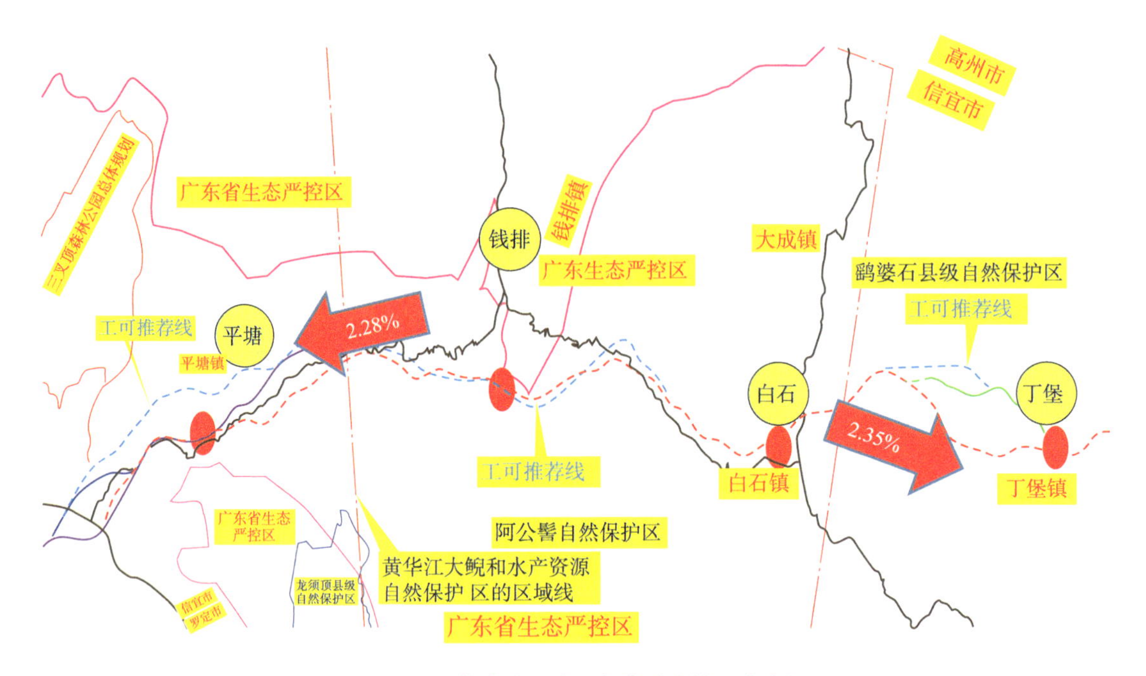

图 4-8　云茂高速公路两段典型连续下坡路段

图 4-9　避险车道

图 4-10　纵向减速标线

②基于 8 个自由度驾驶模拟开展路线安全性评价。《公路项目安全性评价规范》(JTG B05—2015)中以运行速度作为公路安全评价的一个重要指标,通过仿真模拟驾驶(8 个自由度)对项目的路线、路基路面、桥梁、隧道、路线交叉和交通工程及沿线设施进行的评价,形成了《云茂高速公路施工图设计阶段安全性评价报告》,全线共有 139 处路段不满足限速 120km/h 的要求,且分布较为均匀、密集,不具备限速 120km/h 的条件。按 100km/h 进行限速,仍有 18 处路段不满足中央分隔带视距的要求,通过设置纵向减速标线、限速标志并加强视线诱导等措施提升行驶安全性。

安全评价界面如图 4-11 所示。

图 4-11　安全评价界面

(5)坚持地质选线的设计原则。

①初测阶段,在罗定罗镜至信宜平塘交界路段路线比选中,拟定的 K 线方案可避免设置隧道,减小工程规模,但在外业地质调绘中发现 K 线方案经过大型滑坡,且沿河山体陡峭,设置陡坡桥梁存安全风险,经过多路线综合比选,最终选定 A10 线推荐方案。

②定测阶段外业地质调绘发现独石大桥—华南口大桥路段推荐线位经过多处滑塌体(由于前期强降雨影响形成),考虑到滑塌对桥梁桩基存在较大的安全隐患,其中一处滑塌体山体较高,且影响路段较长,约 300m,如采取卸载加固的方式进行处治,处治费用较高,若施工质量无法保证,后期仍存在滑塌的风险,定测阶段提出绕避大型滑塌体的路线方案。经过多路线方案比选,最终推荐采用北线方案(图 4-12)。

③加强工程地质勘察,开展地质选线和设计咨询。

在施工图设计及后续变更工作中,按照《关于进一步加强公路勘察设计工作的若干意见》所提出的创新提升公路勘察设计理念、加强地质勘察与外业调查、加强总体设计、强化过程管理等要求,加强了设计管理、地质勘察管理。

专家对沿线边坡地质进行现场踏勘,如图 4-13 所示。

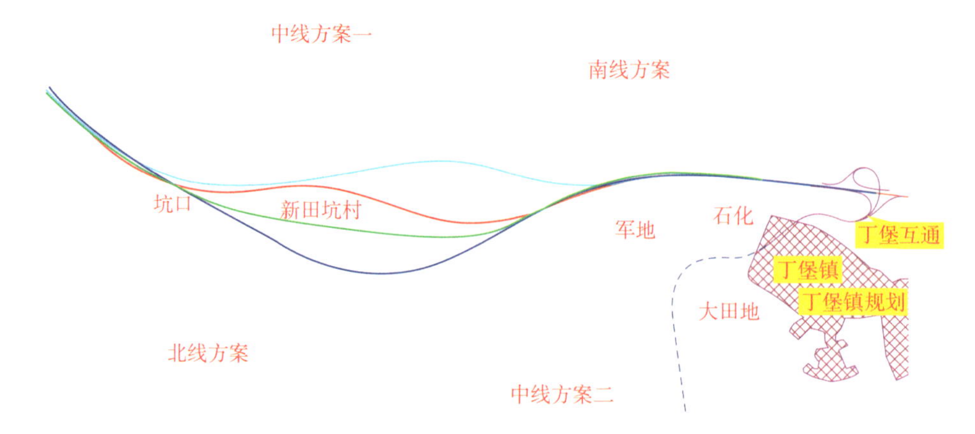

图 4-12　定测阶段滑塌体绕避路线方案图

图 4-13　专家对沿线边坡地质进行现场踏勘

云茂高速公路在设计期间对路基与桥梁方案、路基与隧道方案比选 30 余次，邀请行业知名岩土专家现场踏勘开展技术咨询，如中铁西北科学研究院有限公司王恭先老先生，对沿线边坡地质进行现场踏勘。

4.2.4　平原区路改桥

我国是人多地少的国家，人均土地面积只有世界人均的 1/3。全国耕地面积 1259300km²，人均耕地面积不足 900m²，不足世界水平的 40%。而 2016 年，全国新增建设用地面积 5393.3km²，其中，公路、铁路等基础设施项目用地增加突出，增幅分别达 30.7% 和 102.8%。平原地区由于其地势平坦、土壤肥沃，且大部分水源丰富、多河流，灌溉便利，便于大规模耕作，是十分重要的粮食产区。在此处建设高速公路必要占用大量的耕地农田。云茂高速公路为切实保护耕地,合理利用每寸土地,统筹规划,合理变更设计,采取平原区路改桥行动,切实有效减少公路建设占用耕地规模,达到土地资源的可持续发展。

云茂高速公路起点寻龙枢纽互通及主线 K0 + 650 ~ K3 + 200 部分路段增加桥梁长度,以减少耕地占用。原设计寻龙枢纽互通 A 匝道 AK0 + 97.87 ~ AK0 + 197.87 由路基变更为 5 × 20m 预应力混凝土小箱梁。原设计寻龙枢纽互通 B 匝道 BK0 + 694.17 ~ BK0 + 804.17 由路基变更为 30m + 4 × 20m 预应力混凝土小箱梁(图 4-14)。原设计寻龙枢纽互通 C 匝道 CK0 + 731.21 ~ CK0 + 838.91 由路基变更为 3 × 20m + 30m 预应力混凝土小箱梁。原设计主线 K2 + 500 ~ K2 + 560 段为填土路基,变更为 3 × 20m 预应力混凝土小箱梁(图 4-15)。云茂高速公路平原区路改桥减少土地占用情况对比见表 4-1。

图 4-14　寻龙枢纽互通段路基变更为桥梁

图 4-15　K2 + 500 ~ K2 + 560 段路基变更为桥梁

减少土地占用情况对比　　表 4-1

序号	桩号	路基占用土地（m^2）	桥梁占用土地（m^2）	减少土地占用（m^2）	备注
1	AK0 +97.87 ~ AK0 +197.87	3291	1602	1689	
2	BK0 +694.17 ~ BK0 +804.17	2120	2033	87	原设计路基右侧为路肩墙
3	CK0 +731.21 ~ CK0 +838.91	1436	1155	281	原设计路基右侧为路肩墙
4	K2 +500 ~ K2 +560	2980	1530	1450	

4.2.5　山岭区“桥改路”

云茂高速公路在山岭区施工过程中因桥梁施工周期较长，且施工过程中钻孔泥浆等施工污染物易进入水库造成水库水资源污染，影响当地村民的饮水及其他生活用水等原因，将山岭区部分路段实施桥改路。

云茂高速公路原设计金山迳中桥桥址处于金山迳水库范围内，地处于罗平镇金山迳山里，低山丘陵单元区，且处于丘陵间沟谷斜坡地带，沟壑众多且坡度较大，致使桥梁施工过程中，施工平台填筑实施难度较大。因桥梁施工周期较长，在桥梁桩基施工过程中，钻孔泥浆等其他施工项目污染物易进入水库中造成水库水资源污染，影响当地村民的饮水及其他生活用水，环保压力大。同时在陡坡坡段填筑的平台施工过程中，施工存在较大的安全风险。该段山岭区桥改路长度为 80.6m，原设计桥梁跨径组合为 3 ×25m，桥梁交角为 90°。桥面宽度为 25.5m，上部结构为预应力混凝土组合箱梁，下部桥墩为柱式墩，桥台为肋板、座板式桥台，基础采用钻孔灌注桩基础。

原金山迳中桥占地面积约为 2000m^2，桥改路后占地面积约为 6000m^2，新增占地面积为原山谷沟壑，对当地生态造成的影响较小，因桥改路致使 K20 +360.8 ~ K20 +700 段路基左侧沟壑变更成填平区（图 4-16），使原有可利用土地面的增大，方便当地村民进行经济作物种植等，对当地长期的发展有一定的推动作用。桥改路的施工，使得原本分离的山沟得以连接在一起，方便当地村民生活通行。

桥改路后，底部软基弃土及清表弃土可全部用于填平区填筑，大幅降低了弃土后产生的环保压力。

细坪壮大桥为两山垭口，自然坡度较陡，沿路线横坡坡度 20° ~35°，纵向坡度较陡，坡度 30° ~50°，受雨水冲刷较重，且细坪壮大桥两边路基均为山体大方量开挖，此处桥改路后土方填筑约 10 万 m^3，很好利用路基土方，减少弃土场压力（图 4-17、图 4-18）。

图 4-16　K20 +360.8 ~ K20 +700 段桥改路

图 4-17　路基填筑前

图 4-18　路基填筑后

4.2.6　路面径流收集处理系统

高速公路运营期间桥面、路面径流都会对沿线的水资源环境造成不同程度的影响，降雨时，桥面上货物抛撒、汽车尾气降落、汽车燃油的滴漏及轮胎与桥面的磨损物等物随雨水冲刷形成桥面径流，这些径流具有较大污染，如果直接进入河中，会造成水体的污染。云茂高速公路所在地区的多年平均降雨量为 1841.7mm，运营期的路面集水面积为 334.8 万 m^2(按路宽 × 路长)，取径流系数 0.9，路面径流量平均为 554.9 万 m^3/年。如以上初期雨水量按总降雨量的 1/10 进行估算，初期雨水径流量 55.49 万 m^3/年，由此可知，公路路面径流携带的主要污染物的总量约为 69.36t/年，其中石油类污染物 6.24t/年。

对于沿线跨越敏感水体的桥梁和路面，如果没有相应的防范措施，若运输危险化学品的车辆发生事故易造成危险品泄漏，危险化学品及其稀释液将会对敏感水体产生严重污染，影响河流水质甚至周边居民饮水安全。因此，云茂高速公路实施水资源敏感区路(桥)面径流水收集处理技术，该技术应由三个子系统组成：

(1)路桥面水与上下边坡水分离系统,根据路线的纵坡与路面超高设置截水沟或挡水埂将路面径流水与上下边坡水进行分别收集,形成路面水单独的径流收集系统,尤其是重新设计跨越服务区与互通区的径流收集系统,最终形成一个闭合的桥梁路面水收集系统。

(2)收集池(图4-19)设置系统,不但要在桥下设置收集池,还要根据雨量设置路基段的纵坡低点或连续下坡的中间点设置相应的收集池,以分散径流的水量,确保收集池的安全容量。同时,收集池将路桥面径流雨水收集处理后排放到人工湿地集中处理,有利于减少污染物排放,有效保护敏感水体,内部设有隔油沉淀、吸附过滤等功能区,用钢板或钢筋混凝土封顶,通过层层沉淀、隔油与净化处理后,排放到人工湿地,保证路面径流不排入沿线敏感水体。

(3)收集池安装远程监测与控制系统(图4-20),通过安装水质监测设备、过滤器、电子阀门与远程遥控软件确保发生事故后能自动监测并关闭事故邻近的收集池,争取应急处理时间,防止事故扩散。

图4-19　收集池(应急池)构造示意图

图4-20　收集池(应急池)远程监测与控制系统设备示意图

4.2.7　生态边沟系统

水损害一直是困扰我国高速公路工程结构的顽固问题,也是我国高速公路使用年限不足的症结所在,在南方多雨地区尤为突出。排水边沟作为高速公路附属工程,是不可分割的一部分,只有尽快排除路面积水,才能有效减少水对路基路面所产生的危害,保证行车安全。

随着高速公路的发展,高速公路排水设计不仅需要满足排水要求,同时也要考虑其生态性以及与自然环境协调一致性。国内绝大部分公路路堑边沟均采用矩形或梯形浆砌边沟,浆砌边沟虽然施工相对简单,但是对于行车视觉美感而言效果并不理想,而且大量圬工的出现破坏了生态环境,与目前所倡导的路景融合理念相悖。同时部分公路,特别是山区公路还存在路侧边沟较深且离行车道较近的情况,给道路使用者带来了一系列的安全隐患。因此,一种环保、简单、方便的浅碟形排水边沟设计形式应运而生。

浅碟形排水边沟在满足公路排水功能的基础上，结合生态防护的理念，因地制宜，与沿线地形、地貌、自然环境相协调，充分考虑驾乘人员的视觉感受，发挥植物的视觉诱导和柔化遮挡作用，努力营造出“畅、安、舒、美”的公路行车环境。且可利用路基清表土对浅碟形边沟进行压实，表土中已有原生植物种子，通过自然萌发或人工诱导萌发技术，实现边沟中的植被恢复。浅蝶形排水边沟适用于路面径流较小，纵坡小于4%的路段。

设置浅碟形排水边沟与原地形舒缓自然衔接，克服路基边缘设置圬工砌体敞口式边沟给行车安全带来的隐患，同时浅碟形排水边沟绿化后可以达到线形优美、自然、满目葱绿的视觉效果。但对于挖方较长、汇水区域较大的边沟段落，浅碟形草皮边沟的排泄能力显得不足，且占地较大。

云茂高速公路生态边沟设计（图4-21）形式采用浅碟形植草暗边沟，由植被、土沟、集水井、暗埋盖板边沟及盲沟等工程单元组成。其中，植被发挥防止土壤侵蚀、截流路面径流中的油类、吸附重金属、沉降悬浮固体等作用，集水井起泄水口功能，暗埋盖板边沟输送地表径流，盲沟则排除地下水。生态边沟的沟顶高程低于路肩边缘20cm；沟底设置碎石（或砂砾）盲沟以排除地下水；沟身断面为矩形，边沟顶部设钢筋混凝土盖板，盖板顶部回填30cm种植土做成浅碟形后植草绿化；沟顶每隔15m距离设置弧形集水井。

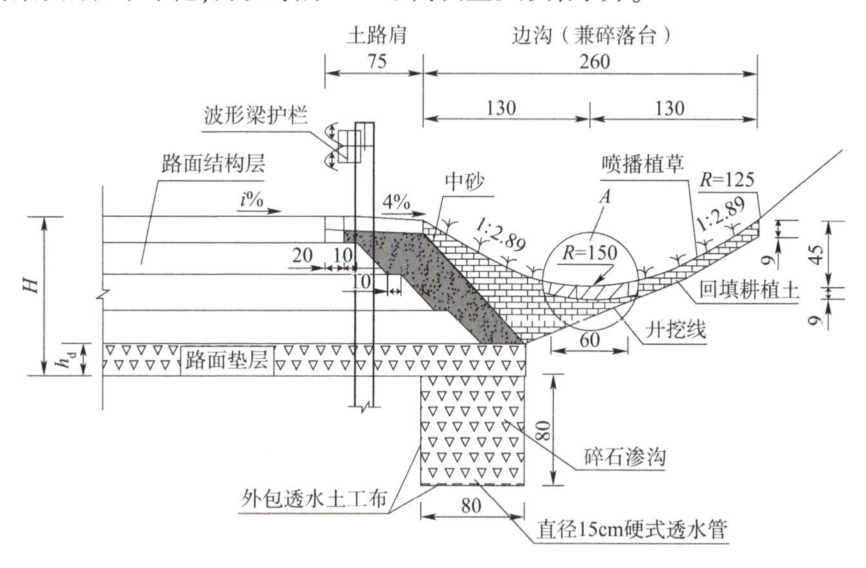

图4-21　生态边沟设计图（尺寸单位：cm）

根据《关于征询广东省公路工程绿色生态排水系统设计指南使用意见的函》（粤交规研函〔2018〕12号）要求，云茂高速公路梳理统计出项目施工图布置BG-A浅碟形生态边沟，断面尺寸（宽×高）260cm×45cm，总长15176.4m。

对于全国降雨量大的地区，生态边沟易渗水、易淤堵，清理不便，谨慎使用（图4-22）。

图 4-22　生态边沟系统应用案例照片

4.2.8　污水分类处理

公路水污染防治主要包括公路运营期沿线附属设施产生的综合污水、公路路桥面危化品泄漏及初期雨水径流等方面，应设计并建设相应处理设施，对其进行有效处理后才能达到保护水环境的要求。综合污水是人们在衣食住行过程中产生的废水以及洗车修车废水。

4.2.8.1　各类污水特点

生活污水有以下特点：稳定的浑浊、颜色很深、有很浓烈的臭味、大多呈碱性、不含有毒物质、有植物需要的营养物质、含有大量的细菌或病毒、含有寄生虫卵。这些生活废水主要来自施工期的工人施工营地、公路运营管理期的收费站、管理区或服务区等。

洗车、修车废水主要有以下特点：含有较多的泥沙或其他颗粒物、水呈碱性、水的颜色比生活污水要浅、水比较污浊，水中含有泡沫、水中含有一些石油等元素。修车所产生的废水含有的石油较多。这些废水主要来源于驻扎在公路边的洗车站或修车点等。

地表径流主要是公路施工地地表的水流或路面的径流，公路表面或路面径流主要有以下特点：水中含有很多泥沙颗粒物、含有固体物质、含有重金属和无机盐等。公路施工期间，施工机械出现滴漏、冒油、被雨水洗刷等情况，进而形成污染水。公路在开放期间，车辆零件磨损、车辆排气、路面发生磨损等现象，也是废水的源头。车辆所滴漏的汽油、废轮胎磨损物等污染物会顺着雨水流进江河或农田中造成污染。

4.2.8.2　云茂高速公路施工及运营期水污染防治技术

云茂高速公路在施工及运营期水污染防治技术主要包含水洗砂加工场采用浆渣分离机进行渣水分离、附属设施污水处理以及路面径流处理系统。

1)水洗砂加工场采用浆渣分离机进行渣水分离,净化废水

工地泥浆水是一种具有一定黏度、浓度高,长时间静置也难以分层的悬浮液。在隧道挖掘、市政设施施工、城市建筑施工的桩基工程中,泥浆水起着保护井壁作用,但多余泥浆水的处理一直是困扰工程施工的难题。现行的处理方式是用槽罐车把现场泥浆水运到郊外垃圾场,让其自然干化。这种处理方式原始落后,产生了许多问题。一是费用高、效率低,施工紧张时,槽罐车昼夜运输尚不能满足施工进度要求;二是施工现场环境恶劣,泥浆水四溢令人难以插足,工程队常因泥浆水漏入下水道,造成管道堵塞而遭受巨额罚款。

云茂高速公路TJ6标段使用浆渣分离机(图4-23)分离净化废水。

图4-23　水洗砂加工场浆渣分离机

2)附属设施污水处理

附属设施污水主要来源于服务区、停车区、养护工区、收费站、管理中心及隧道管理站等。服务区作为高速公路系统的重要组成部分,大多远离市区城镇,无配套的市政污水处理设施,在给驾乘人员提供了生活服务和工作便利的同时,也带来了环境污染问题。

以服务区为代表的公路附属设施进行污水处理时,当其周边建有市政污水管网时,宜优先将污水排入市政管网,依托市政污水厂集中处理;当污水无法接入市政管网时,应自行建设污水处理设施,将污水妥善处理后达标排放,或进行深度处理后作为中水回用。

在进行服务区污水处理设计中应重点关注以下内容:

处理水量和进水水质是污水处理设施设计的基本参数,不同服务区的污水处理量和水质可能会有较大差别。

由于不同服务区的车辆驶入量差别很大,导致污水处理设施处理水量有较大不同。在设计时应合理确定污水处理设施的处理水量。对于新建服务区,可调查同路段、相邻区域服务区污水产生量,并结合服务区规模、车流量及驶入率、给排水设施建设水平进行估算,处理

水量可按服务区设计用水量的 80% ~90% 折算；对于改扩建服务区，可调查现状污水产生量，并结合近远期规划确定。

高速公路服务区污水主要包括餐饮污水、洗浴水、车辆冲洗水和厕所污水等，包含固体、有机和油类污染物等。因服务区远离城市，所以无法将其纳入沿线的城市市政污水处理系统。因此，运营期服务区污水处理是解决高速公路运营期对沿线水资源保护一个非常重要的方面。

云茂高速公路服务区采用速分生化污水处理技术，该技术以节能、降耗、减排为目标，在充分考虑高速公路服务区污水的水量和水质的特点基础上，采用高效节能型污水处理技术处理服务区污水。该技术具有以下优点：①处理效率提高 30%（同等规模条件），抗负荷冲击能力强，缓解节假日污水冲击负荷大、设备易堵塞、易瘫痪等问题；②微动力曝气，比传统技术降低运行能耗约 1/2 以上；③无须活性污泥培菌驯化阶段，挂膜快，微生物生长快，故启动时间短；④无污泥池，节省土地资源；⑤成本低于膜过滤技术，比传统技术性价比高；⑥维护简单，操作方便；⑦速分球使用寿命长，5 年以上。

速分生化污水处理系统（图 4-24）不仅可以净化服务区污水水质，保护高速公路沿线水资源环境免受污染，确保服务区附近水资源的生态完好，而且节能效果明显，具有显著的经济效益和社会效益。

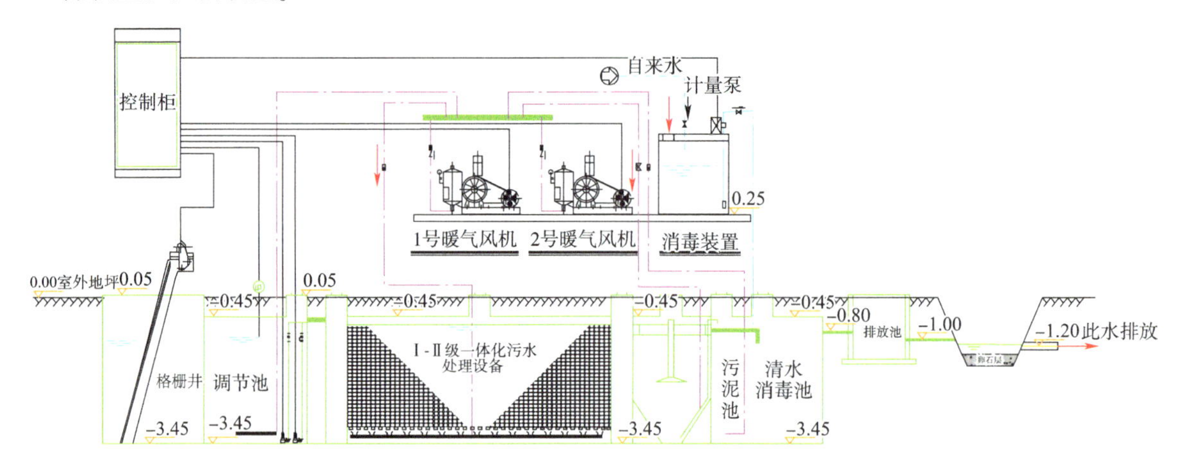

图 4-24　速分生化污水处理系统工艺流程简图

注：图中数字代表高程(m)。

4.2.9　沿河桩基、陡坡墩柱防护

云茂高速公路处于山区地区，地形陡峭，桥隧比 39.8%，位于陡坡处的墩台达 363 处，部分标段桩基施工难度大，地形、地貌复杂，沟壑纵横，地形破碎，部分地区地势起伏大，山势较

陡，冲沟河流沿桥位纵横分布，给桩基施工带来极大困难，大部分桩位开挖平台需要大挖大填，冲沟河流地带的桩位需要做好防洪措施，因此沿河桩基、陡坡墩柱进行圬工和喷锚防护，有效减少对原地面的破坏，减少开挖回填，保持边坡稳定性，为桩基、墩柱施工创造有利的工作平台。特别雨季施工，沿河桩基及陡坡墩柱防护，有效保证了设备使用及施工人员的生命安全，加快了工程施工进度。

1）总体原则

以施工阶段安全生产和运营阶段结构安全为首要原则，尽量减少对原地面的开挖扰动，保障边坡稳定；待桥墩施工完成后，须对桥墩与挖方边坡之间进行回填，以增加边坡稳定。

2）陡坡桥墩施工开挖及防护方案

（1）桩柱式墩应采分级开挖施工平台。

①若两桩处地面高程相差较大，桩顶（即系梁顶）高程取两墩较高处高程；具体结合地面坡度动态确定。

②若两桩处地面高程相差较大，桩基系梁不易实施且墩高小于10m的，经设计单位同意，可取消系梁。

（2）一般对于邻近桥台位置局部开挖，采用适当的挂网喷锚支护的永久防护方案。

（3）承（桥）台施工时开挖出的用于施工平台的非永久性坑槽，应进行临时防护，开挖高度<10m，建议采用挂网喷锚支护；开挖高度$10\leqslant H<20$m时，建议采用锚杆格梁支护；开挖高度$H\geqslant 20$m时，可考虑锚索框梁。在承（桥）台施工完成验收后，应对非永久性坑槽回填处理。

（4）左右线桩基承台高差较大，可结合地面坡度确定适当动态调整承台高程。承台施工可采用锚杆加固+片石填筑法、片石填筑法、钢管支架法等。

陡坡墩柱施工、沿河桩基防护分别如图4-25、图4-26所示。

图4-25 陡坡墩柱施工

图4-26 沿河桩基防护

4.2.10 边坡生态防护设计

云茂高速公路在南寨隧道进口仰坡以及路线边坡采用新工艺、新技术将坡面防护工程和绿色生态恢复相结合，坡面防护后喷射专用生态混凝土或生态基材（掺加四季开花的草籽、灌木种子），达到云茂高速公路边坡绿化美化效果。

1）传统的边坡防护方法分析

采用的传统边坡防护措施，如锚杆框架梁、喷射混凝土等，不符合“绿色公路、品质工程”的建设理念，长期的工程实践表明，主要存在以下四方面的不足：

（1）锚杆（锚索）框架梁施工工序较复杂、时间长，难以满足现状工期及时效性要求。

（2）坡面采用锚杆框架梁，不符合“绿色公路、品质工程”的建设理念。从开挖情况来看，该边坡整体稳定，坡面岩体破碎、节理发育、易发生浅表层滑塌。框架梁加固锚杆方案，随着时间推移，岩土体内锚杆逐渐锈蚀，导致锚固力降低，锚杆与围岩间黏结力下降，防护长效性差，且随着降雨溅蚀，框架梁内岩土体会被逐渐掏空，局部破坏失稳。

（3）市场上，护坡基材良莠不齐，部分品质较差，采用的普通有机基材喷播植草护坡稳定性较差，雨水冲刷容易垮塌，肥效长效性差，植被恢复效果难以保障。

（4）植被型生态混凝土护坡抗冲刷性能好，表层覆草具有缓冲功能，固土作用显著，有较强的抵御洪水的能力。其最大优点是护坡孔隙率高，具有良好的生态和环境亲和性能，内部的连续孔隙可使水、空气等自由渗透，为动植物及微生物提供栖息和活动空间，而且还可有效提高水质的自然净化能力。但生态混凝土需做降碱处理，降碱问题若处理不好，会影响植物的生长，导致生态修复功能直接失效。

2）新型 PCF[1] 生态基材（混凝土）护坡

（1）新型 PCF 生态基材（混凝土）护坡。

生态护坡基材是实现岩质陡边坡绿化的技术核心，是坡面植被生长的物质基础，不仅要有一定量的强度，还要保持长期水分和养分。

护坡基材良莠不齐，部分品质较差，采用的普通有机基材喷播植草护坡稳定性较差，雨水冲刷容易垮塌，肥效长效性差，植被恢复效果难以保障（图 4-27、图 4-28）。大多数生态护坡工程虽在初期能达到较好效果，随着时间的推移，植物存活率逐渐降低，1 ~ 3 年后覆盖率只有 30% 左右。同时，普通有机基材不适用于坡度较陡的坡面，因此在工程中往往需要刷方，且保持坡面平整，工程量大，成本较高。建议采用具有较强黏结性能和保水保肥能力的

[1] PCF 由单词 Polyacrylamide、Carboxymethyl Cellulose、Fly ash 首字母组成。其中，Polyacrylamide，缩写为 PAM，代表聚丙烯酰胺。Carboxymethyl Cellulose，缩写为 CMC，代表羧甲基纤维素。Fly ash，缩写为 FA，指粉煤灰。

PCF 生态护坡基材。

图 4-27　普通基材护坡 1 年以后覆盖率较低

图 4-28　普通基材护坡垮塌

新型 PCF 生态基材(混凝土)引入了 PAM、CMC 和 FA 等生态环保材料,实现了生态护坡基材保水、保肥和足够黏结力的功能。生态护坡基材的保水能力和抗冲刷能力极强,极限抗旱天数长达 60d,极端暴雨(170mm/h)条件下流失量仅 0.1%,基材抗剪强度可达喷射混凝土的 1/3。PCF 生态基材的团粒剂,是一种高分子聚合物,具有溶解性、聚凝作用和水解作用,能调节土壤团粒结构、防治土壤水土肥流失等;黏结剂,是一种非离子型的水溶性胶体,能溶于水,有较好的黏结性能,黏结强度较高,具有增稠、保水等性质;长效生态肥料 FA,是以粉煤灰为主要载体,添加一定的矿物成分,经特殊处理制成,一种良好的生态肥料。新型 PCF 生态基材(混凝土)不仅能够供给植物生长所需的速效养分(氮、磷、钾等)及长效养分,而且还可以防止土壤因使用化学肥料造成的酸、碱化或板结等污染,满足环保的要求,在不添加其他肥料的情况下,可以提供给植物 10 年以上的各种养分,保障坡面建立稳定的自然生态群落。

(2)云茂高速公路边坡防护实践。

云茂高速公路 7 标段位于信宜市平塘镇,全长 9.2km,其中包括 K47 +520 ~ K47 +600 右侧边坡(排步桥 13 ~15 号墩右侧边坡)、K48 +125 ~ K48 +300 右侧框架梁岩质边坡(第一级坡)、K49 +200 ~ K49 +420 右侧框架梁土质边坡(第一级坡)、K49 +260 ~ K49 +415 左侧边坡、K52 +320 ~ K52 +500 左侧边坡、K52 +500 ~ K52 +600 左侧边坡与 K52 +290 ~ K52 +650 右侧框架梁岩质边坡(第一、二级坡)等 7 处路线边坡。该标段边坡易发生破表破碎层滑塌或滚落石灾害,雨季暴雨冲刷极易发生冲毁破坏与垮塌。随着时间推移,边坡岩土体受雨水冲刷,风化作用强烈,极易发生二次甚至多次灾害。

根据地勘及现场分析,决定该标段 7 处边坡采用绿色主动网喷生态混凝土(基材)防护技术,具体如下:K47 +520 ~ K47 +600 右侧边坡(排步桥 13 ~15 号墩右侧边坡)为高陡土质边坡,采用锚杆 + 挂网 + 喷射 PCF 生态混凝土;K48 +125 ~ K48 +300 右侧框架梁岩质边坡

(第一级坡)与K49+200~K49+420右侧框架梁土质边坡(第一级坡)采用挂网(镀锌钢丝网)+喷射PCF生态混凝土;K49+260~K49+415左侧边坡采用挂网+喷射PCF生态基材;K52+320~K52+500左侧边坡与K52+500~K52+600左侧边坡采用挂网+喷射PCF生态基材;K52+290~K52+650右侧框架梁岩质边坡(第一、二级坡)采用挂网(镀锌钢丝网)+喷射PCF生态混凝土。

生态混凝土喷射施工、喷射后效果分别如图4-29、图4-30所示。

图4-29 生态混凝土喷射施工

图4-30 生态混凝土喷射后效果

4.2.11 原生大树移植利用

随着高速公路的快速发展,在带动地区经济快速发展的同时,也对沿线的生态环境带来很大压力。道路设计标准逐步提高,路基填挖量加大,势必造成大量的高填深挖路段严重破坏公路沿线原有的生态特性,尤其是红线范围内的原生大树。

随着高速公路建设范围的不断扩大与建设水平的不断提高,人们对高速公路建设过程中的生态保护也提出了更高的要求。以人为本、生态环保、美观舒适、节约成本,成为高速公路建设过程中亟须思考、解决的问题。

树木移植保护工作是指在高速公路清表过程中,将高速公路红线范围内的有价值的树木移植到培育基地进行培育,待高速公路进行景观绿化施工时,再将树木移栽到高速公路路侧、互通、管理中心等地的一系列移植养护工作。

高速公路建设红线范围内有价值树木移植保护工作,既避免了红线范围内有价值树木的浪费,又部分还原了原生态景观,降低了绿化成本,是高速公路绿化有效途径。

4.2.11.1 原生大树移植前期工作

1)植被保护思路

公路设计中,应在广泛细致调查基础上,明确植被保护目标与重点,遵循"保护优先"的原则，避让目标植被；对受路线影响的天然植被与特色人工植被，可开展植被保护专项设计，根据目标植被位置、植被类型、生长特征、生活习性及移栽成活难易程度，针对性提出就地保护或迁移保护方案；尽量通过加强施工防护，减少工程建设对目标植物的扰动，实现就地保护；当确需采用迁地保护时，应尽量安排在植物生长活动微弱的休眠期进行。

2）植被保护调查

调查对象主要包括国家级重点保护野生植物、省级重点保护野生植物、原生天然林、古树名木、景观植物等具有较高生态价值的植物，对于改扩建公路还应包括既往人工栽植的绿化植物。调查范围为路线内永久性用地和路线外临时用地，并应按照清表方法重点确定环保绿线范围内的保护目标植被。

调查方法包括遥感技术和现场踏勘法。采用遥感技术对公路沿线植被类型进行解译并对数据进行分析处理，掌握沿线植被基本情况，然后针对不同类型植被进行现场踏勘，确定保护植被详细清单名录。

根据相关资料记录和野外考察结果，依据《国家重点保护野生植物名录》，云茂高速公路项目评价区内分布有国家重点保护野生植物3种，均为国家Ⅱ级保护物种，其在评价区的分布详见表4-2。

评价区国家重点保护野生植物名录　　表4-2

序号	物种	拉丁名	保护等级	主要分布区域
1	樟	Cinnamomum camphora	Ⅱ	信宜市鹞婆石自然保护区冬天井一带，与拟建公路最近距离超过2.8km
2	金毛狗	Cibotium barometz	Ⅱ	信宜市鹞婆石自然保护区冬天井、大耙坑、围塘一带，与拟建公路最近距离超过2.4km
3	半枫荷	Semiliquidambar cathayensis	Ⅱ	信宜市鹞婆石自然保护区大头埇、埇尾、大坑一带，与拟建公路最近距离超过1.8km

这3种国家重点保护野生植物都位于鹞婆石自然保护区内，不会受到工程施工和高速公路运行影响。工程直接影响区未发现重点保护野生植物。

4.2.11.2　公路不同结构设施建设植被保护方案

根据不同区域特点和不同结构设施因地制宜提出不同的植物保护方案，主要要求如下：

（1）路基边坡设计在保证工程安全的基础上尽量采用植物防护，同时在植物选择时应注意以下原则：以自然式栽植为主；以植草为主，结合栽植乔灌木；草种及树种选择遵循“适地适树”的原则。

（2）桥梁建设中，原则上只砍伐桥墩占地内林木，采取断顶、截枝等方法，最大限度地保留桥梁下方树木资源。

(3)隧道进出口开挖轮廓线外植被尽可能保留,减少隧道开挖对原生植被的影响。

(4)互通匝道环内、隧道鼻端区域、桥头锥坡区域等区域的原生植被,根据景观营建需要进行全部或部分保留。红线范围内可结合房建设施微调服务设施,实现对重要目标植被的就地保护,对其他保护植物及具备观赏价值的乔木必要时可以迁地保护,为景观营建回栽提供资源。

4.2.11.3 云茂高速公路原生大树移植实践

为减少清表过程中原生的大树、古树名木随意被砍伐,云茂高速公路项目制定了《云茂高速原生大树移植管理办法》,将其移植保护用于后期绿化工程。

1)树木移植前期准备工作

(1)设计阶段。

对红线范围内的树木进行实地调查,对有价值的树木进行标识、拍照,并按品种、规格、数量进行登记造册。

(2)招标阶段。

依据实地调查的数据进行预算编制。可不分树木品种,只按不同胸径规格进行分项并纳入土建工程招标清单,如按胸径 10 ~ 15cm、16 ~ 20cm、21 ~ 25cm、26 ~ 30cm、31 ~ 35cm、36 ~ 40cm、41 ~ 50cm、51 ~ 60cm、61 ~ 80cm、81 ~ 100cm、101 ~ 120cm 等进行清单子目分项。

(3)施工前期准备阶段。

预算编制时应预留额外的青苗保护补偿费用,在移栽开始前完成所需树木的补偿工作,协调好与当地村民关系。

2)项目景观绿化设计阶段

根据所移植保护树木的规格、数量应用在绿化景观设计方案中,对有移植的同等规格树木就近优先使用,以节约工程造价。

3)与土建、清表单位的协调工作

要求清表单位在清表过程中对已标识需进行移植保护的树木不得破坏,并应进行相应的保护;由业主、总监理办公室(简称"总监办")安排相关土建单位配合便道的修建,方便树木的起挖及顺利运出。

为充分保护和利用云茂高速公路路域范围内丰富的原生苗木资源,践行生态环保理念,在征地初次清表期间同步开展原生适用苗木的保护和移栽工作。根据前期调查情况,所调查的苗木品种主要包括樟树、树菠萝、杧果、橄榄树、乌榄、荔枝、龙眼、高山榕、美丽异木棉、三华李等品种,主要分布在主线、互通及附属房建设施站区所范围内,苗木移植存放地点暂时假植在管理中心区域范围内,并在临时移植保护基地养护后应用于云茂高速公路景观绿化工程。该基地面积超过 4 万 m^2,植株 20 多种,2300 余棵。

4) 移植过程

修枝→开挖→断根→吊装、运输→养护培育→移栽。

树木移植流程如图 4-31 ~ 图 4-39 所示。

图 4-31　实地调查

图 4-32　标记编号

图 4-33　拍照建档

图 4-34　修枝

图 4-35　断根、土球打包

图 4-36　吊装

图 4-37　苗场种植

图 4-38　养护培育

图 4-39　移栽

5）云茂高速公路沿线树木初步调查统计及树木移植保护经济分析（表 4-3）

云茂高速公路沿线树木初步调查统计及树木移植保护经济分析表　　表 4-3

序号	规格（cm）	品种名称	单位	数量	移植费用（元）		假植两年后苗木价值（元）	
					单价	金额	单价	金额
1	11～15	晃伞枫	株	40	650	26000	800	32000
2		桃花心木	株	60	650	39000	800	48000
3		枇杷	株	8	650	5200	800	6400
4		三华李	株	50	650	32500	1000	50000
5		凤凰木	株	150	650	97500	800	120000
6		小计		308		200200		256400
7	16～20	火焰木	株	45	1450	65250	1800	81000
8		龙眼	株	200	1450	290000	2000	400000
9		荔枝	株	120	1450	174000	2200	264000
10		杧果	株	100	1450	145000	2000	200000
11		盆架子	株	130	1450	188500	1850	240500
12		赤黎	株	50	1450	72500	2200	110000
13		桃花心木	株	100	1450	145000	2000	200000
14		杨桃	株	5	1450	7250	2000	10000
15		美丽异木棉	株	250	1450	362500	1800	450000
16		香樟	株	150	1450	217500	2200	330000
17		黄皮	株	10	1450	14500	2500	25000
18		小计		1160		1682000		2310500

续上表

序号	规格(cm)	品种名称	单位	数量	移植费用(元)		假植两年后苗木价值(元)	
					单价	金额	单价	金额
19	21～25	凤凰木	株	230	2000	460000	2500	575000
20		盆架子	株	180	2000	360000	2500	450000
21		海南蒲桃	株	130	2000	260000	2500	325000
22		香樟	株	80	2000	160000	3000	240000
23		赤黎	株	30	2000	60000	3000	90000
24		火焰木	株	300	2000	600000	2800	840000
25		荔枝	株	160	2000	320000	3000	480000
26		土木棉	株	30	2000	60000	2500	75000
27		山楂树	株	15	2000	30000	3000	45000
28		小计		1155		2310000		3120000
29	26～30	美丽异木棉	株	120	2800	336000	3200	384000
30		赤黎	株	20	2800	56000	3500	70000
31		荔枝	株	80	2800	224000	3800	304000
32		杧果	株	70	2800	196000	3800	266000
33		香樟	株	80	2800	224000	4500	360000
34		龙眼	株	120	2800	336000	3800	456000
35		小计		490		1372000		1840000
36	31～40	橄榄树	株	5	3500	17500	6000	30000
37		香樟	株	30	3500	105000	7500	225000
38		美丽异木棉	株	60	3500	210000	4500	270000
39		树菠萝	株	10	3500	35000	5000	50000
40		杧果	株	5	3500	17500	6000	30000
41		龙眼	株	10	3500	35000	6000	60000
42		小计		120		420000		665000
43	合计			3233		5984200		8191900

6)云茂高速公路原生名贵大树移植(图4-40～图4-46)

图4-40　木棉(直径41～50cm)

图4-41　幌伞枫(直径41～50cm)

图 4-42　细叶榕(直径 51 ~ 60cm)

图 4-43　大叶榕(直径 51 ~ 60cm)

图 4-44　香樟(直径 61 ~ 70cm)

图 4-45　细叶榕(直径 61 ~ 70cm)

图 4-46　高山榕(直径 100cm)

7)经济效益分析

(1)生态效益:能有效对沿途红线范围内古老、珍稀、奇特有价值的树木进行保护和利用;能较快形成较多的高速公路景观。

(2)经济效益:高速公路建设红线范围内有价值树木移植保护工作,能降低景观工程苗木成本,云茂高速公路移植保护 2300 余株大树,需支付成本约 600 万元,预估产值 820 万元,可节约苗木成本 220 万元。

4.2.12　绿化设计与景观提升

为使公路更加融入自然环境，达到路景合一，云茂高速公路项目引入了专业的景观设计单位进行景观提升设计，因地制宜，以主线互通为节点，划分为如下4个主题段（图4-47），即以4种颜色为主题元素，兼顾互通、服务区、管理中心、隧道洞口和沿线景观，选用不同的绿化植物和景观设计方案。

黄茂竞展段：寻龙枢纽、罗定机场互通、罗平互通。

幽蓝烂漫段：太平互通、罗镜互通、平塘互通。

红灿锦簇段：钱排互通、白石互通、丁堡互通。

丽紫延绵段：木九山枢纽、北界互通、荷花互通。

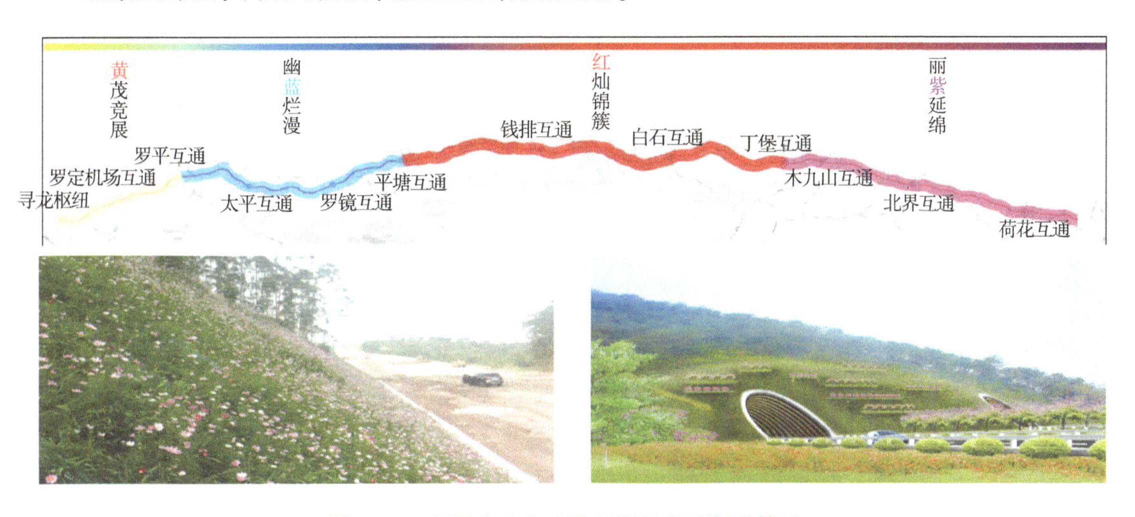

图4-47　云茂高速公路景观提升主题段及效果

1）互通立交景观提升

（1）重点打造的6个互通：罗平互通、罗镜互通、钱排互通、白石互通、丁堡互通、荷花互通。钱排互通、白石互通、丁堡互通为风景区互通，结合当地的旅游特色及树种，因地制宜，打造与当地风景相融合的绿化景观。

（2）互通立交的绿化主题重点突出“红色革命”“绿色公路”“扶贫”等理念。

（3）注重景观持久性，植物配置以乔木为主，在粗放式管理的情况下3年后维持较好的景观效果。

（4）适当塑造微地形，为植物生长提供良好环境。

2）管理中心景观提升

管理中心景观设计中将云茂高速公路大树移植项目中的部分苗木移植至办公区的主要

景观焦点处，体现云茂高速公路项目践行“绿色公路”的理念及成果。办公楼东侧，以打造通透式的景观为主，引导人的视线可观赏到湖景。办公楼西侧的植物配置体现遮阴功能。住宅及办公区考虑种植白玉兰、桂花、鸡蛋花等广东常见的香花植物。运动场营造遮阴效果好的休息空间，以乔木为主，首选树冠大、遮阴性强的树种，如榕树。停车场的植物配置体现安全性。场区大片草坪区域打造成疏林绿地，植物配置错落有序、疏密得当。滨水区域分 2 ~ 3 层进行营造，打造亲水平台、环形步道等。水面内弯处种植荷花，适当区域种植成片种植竹子。场区南侧近高速公路围墙边位置种植树形较密、防尘减噪、速生的树种（如盆架子）。场区主要道路两侧种植遮阴效果好、速生树种。办公楼内庭、饭堂二楼花园露台景观绿化编制专项提升方案。

管理中心绿化种植分区如图 4-48 所示。

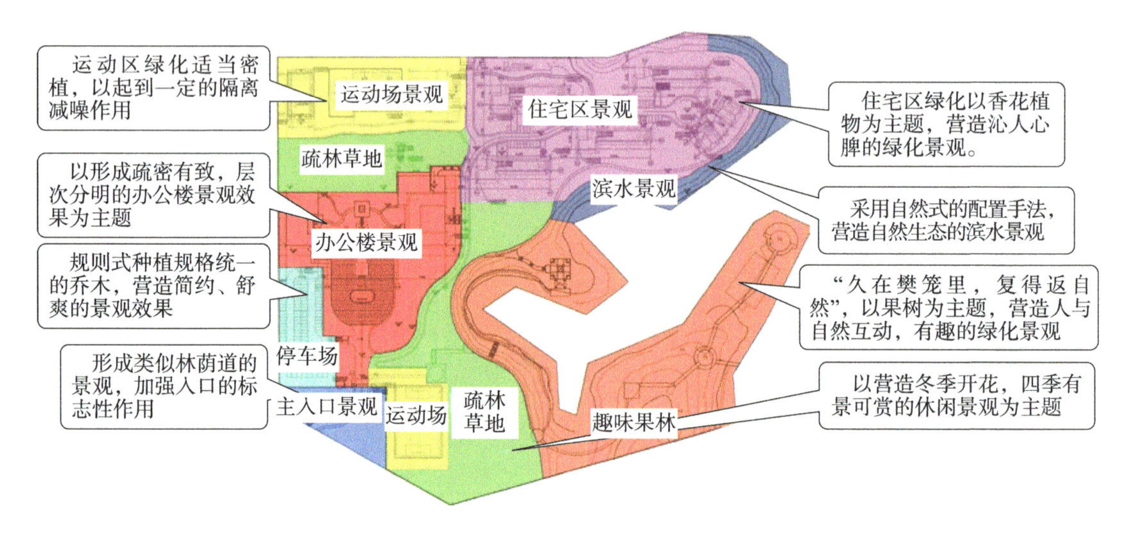

图 4-48　管理中心绿化种植分区图

3）服务区和停车区景观提升

服务区、停车区与主线路基之间的隔离带，以密植形式设立植物屏障，为场区营造独立空间。房建功能区周边为绿化景观重点，充分利用建筑的园林区域、花池。场区侧面绿地简单配置，起背景及引导作用。

4.3 设计标准化

近年来，高速公路在设计中存在诸多问题：同一路段图纸模板多样化、施工困难，设计项目管理水平参差不齐，建设管理人员经验不足、专业技能水平不高、创新进取意识不够等；工程质量、安全环保和文明施工不规范时有发生。广东省为解决上述问题推出了一系列高速公路设计标准化成果,统一了有关设计标准和原则、施工工艺和材料要求,既保证了设计质量,提高了设计效率,也推动了施工标准化的实施。

云茂高速公路认真贯彻落实设计标准化,主要体现在以下方面。

1)认真学习设计标准化要求,提升设计标准化应用意识

在加强设计标准化学习方面,云茂高速公路与时俱进,积极响应,及时组织云茂公司全体技术人员认真学习行业发布的标准、规范和政府主管部门发布的“标准化管理”等方面的相关要求;并要求全体技术人员在具体工作中,正确理解设计标准化的理念,结合当前国内推广钢结构的趋势,在中小跨径桥梁中不断探索钢结构和钢-混凝土组合结构的桥梁设计,在涵洞中逐步采用波纹钢管涵洞等设计,坚持桥涵设计标准化长效机制,不断补充和完善广东省的标准化设计体系。各项目在桥跨布置和结构选择时,尽量采用标准化跨径和结构形式,上部结构尽量采用预制结构,便于集中预制施工(如多个项目共用预制场、设专门的预制工厂等),并进一步加强现场的施工装配化工艺。

2)充分应用设计标准化成果,提升设计标准化水平

近年来,广东省交通运输厅推出一系列高速公路设计标准化成果,统一有关设计标准和原则、施工工艺和材料要求,既保证设计质量,提高了设计效率,也推动施工标准化的实施,严格执行标准化要求,积极运用相关标准化成果,打造标准化示范项目,主要体现在:

(1)桥梁下部结构标准化设计受桥梁跨径、上部结构形式、上下部结构连接方式、下部结构墩高、地震、地质、地形和风环境影响等多重因素。通过推出下部结构6度区参考图,有效整合材料、构造、配筋和选型设计,落实建管养一体化理念,有利于设计标准化与施工标准化的无缝隙对接。以往的潮惠高速公路是标准化设计示范项目,抗震设防烈度达到8度,通过减(隔)震设计研究,优选支座类型,优化下部结构构造,形成桩基主筋12、18m分次截断配筋原则,取得明显的社会效益。

(2)广东省高速公路隧道标准化设计图,集合了近年公路隧道设计的先进理念,凝结了广东省隧道人的大量心血与宝贵经验,在过去的3年多时间里,为广东省高速公路隧道快速设计与施工,发挥了巨大推动作用。

(3)除广东省交通运输厅已推出的设计标准化成果以外,根据云茂高速公路项目特点,编制了供全线使用的路基通用图(包括标准横断面图、一般路基设计图、超高方式图、支挡、防护、特殊路基、排水设计图等),以促进施工工艺标准化,提高机械化水平,便于标准化管理。

在施工图说明中,还提出了施工标准化的要求及安全实施要点,分别针对路基工程、桥梁工程、隧道工程,以及项目驻地、预制搅拌场建设、施工便道和施工过程管理等提出具体要求措施。

3)应用标准化数量表及算量软件

云茂高速公路在施工图设计中要求应用标准化数量表,招标清单完全按照标准化表格完成。同时将工程量标准化表格通过软件成功转化为公路工程三级清单及清单预算编制所需基础数据。

4)积极推进标准化设计的完善与修改

本次设计隧道内轮廓采用广东标准化设计内轮廓,其通用图也基本参照了《广东省高速公路工程设计标准化指南》隧道部分的相关图纸进行。在参照相关设计的同时,结合本项目的特点对局部设计进行了因地制宜的修改,同时针对维护性较差的部分也进行调整,隧道通用图中具体修改如下。

(1)标准图中边沟深度较小,难以满足本次设计中金林特长隧道的排水量,因此在设计过程中应结合隧道涌水量进行适当扩容,避免隧道在运营过程中因边沟排水量不足而造成不良影响。

(2)标准图中清水沟仅设置了检查井。考虑到隧道在长时间排水过程中,不可避免地带出了一些岩体中的细颗粒,为了使这些悬浮物能集中沉淀,不至于淤积在暗埋的排水沟内,便于后期运营管理。在原设计检查井的基础上,对无仰拱地段增设沉沙井。

(3)在电缆沟与污水沟增设排水通道。标准图中并未针对电缆沟的排水做针对性设计。隧道电缆沟设置了盖板,但由于并未设计为封闭式结构,因此隧道清洗洞壁时易流入清洗污水,由于没有针对性的排水通道,其污水将积存于电缆沟内或者在洞口水沟内。本次设计在电缆沟内增设了泄水孔,连通电缆沟底与污水沟,进一步完善了广东省高速公路设计通用图关于清污分排的有关设计。

(4)进一步增强了污水沟的可维护性。原广东省高速公路设计通用图根据隧道长度设置缝隙式污水沟、封闭式污水沟及敞开式污水沟,考虑到缝隙式污水沟清淤不便,敞开式污水沟有车轮入陷的风险,本次设计采用了设置排水缝的矩形盖板污水沟,不仅容易清理、不易淤积,而且不会影响行车安全。

4.4 绿色施工

绿色施工作为建筑全生命周期中的一个重要阶段,是实现建筑领域资源节约和节能减排的关键环节。绿色施工是指工程建设中,在保证质量、安全等基本要求的前提下,通过科学管理和技术进步,节约资源并减少对环境负面影响的施工活动,实现节能、节地、节水、节材和环境保护(即“四节一环保”),最大限度地实现人与自然和谐共生。

实施绿色施工,应依据因地制宜的原则,贯彻执行国家、行业和地方相关的技术经济政策。绿色施工应是可持续发展理念在工程施工中全面应用的体现,绿色施工并不仅仅是指在工程施工中实施封闭施工,没有尘土飞扬,没有噪声扰民,在工地四周栽花、种草,实施定时洒水等内容,它涉及可持续发展的各个方面,如生态与环境保护、资源与能源利用、社会与经济的发展等。

云茂高速公路在施工过程中注重将绿色环保理念贯穿其中,将减少环境污染、提高环境品质作为施工的基本原则,积极应用旋挖钻干挖法成孔桩基成桩技术、隧道绿色环保喷射混凝土技术、扬尘、噪声、视频一体化监测监控技术等绿色施工技术,实现了工程质量和环境保护的两手抓。

4.4.1 隧道绿色无碱湿喷混凝土技术

隧道绿色环保喷射混凝土技术(图 4-49)针对湿喷法混凝土在料罐、管道中易于凝固,黏结造成堵塞,并且清洗麻烦、设备比较笨重等弊端,进行了喷射混凝土材料、喷射工艺及配套设备的改进创新。此项技术可降低施工粉尘浓度,减少对施工环境污染,减少粉尘对人体的危害,降低硅肺病的发生率,强化对施工作业人员的身心健康保护。

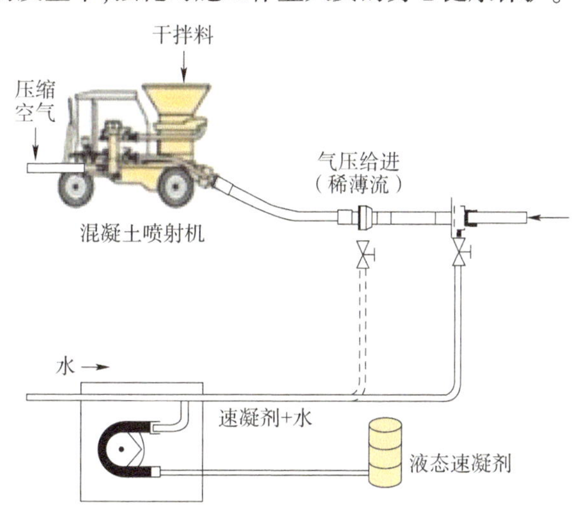

图 4-49 隧道绿色环保喷射混凝土技术

为此,云茂高速公路在合同中明确了全线隧道初期支护混凝土采用湿喷工艺和无碱速凝剂。

1)绿色环保高效喷射混凝土工艺

喷射混凝土施工工艺主要分为两类,即潮喷混凝土和湿喷混凝土。潮喷混凝土是将少量水、水泥、粗细集料在搅拌机中拌和均匀,然后与粉状速凝剂一起加入干喷机,经由高压风通过输料管运送到喷头处,在喷头处加水喷射至围岩表面。潮喷混凝土施工工艺流程如图4-50所示。

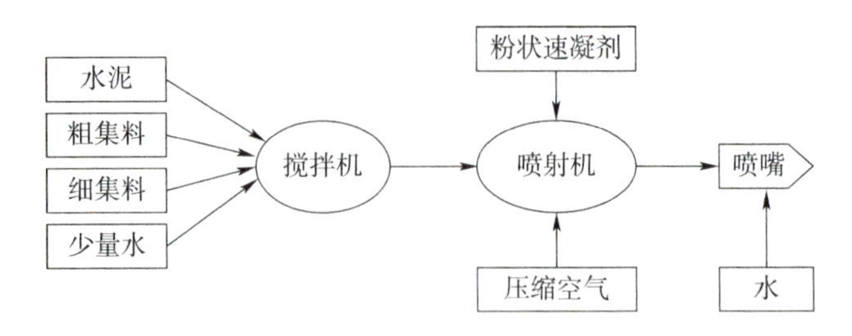

图4-50　潮喷混凝土工艺流程

湿喷混凝土是将水、水泥、粗细集料在拌和站中搅拌均匀,装入商用混凝土搅拌运输车进入施工现场。将商用混凝土加入湿喷机中,通过风压或泵压经由输料管运送至喷头处,在喷头处加入液体速凝剂,喷射至围岩表面。由于湿喷设备昂贵、不易清洗、易堵塞、喷射混凝土易落浆等原因,现场应用较少。湿喷混凝土工艺流程如图4-51所示。

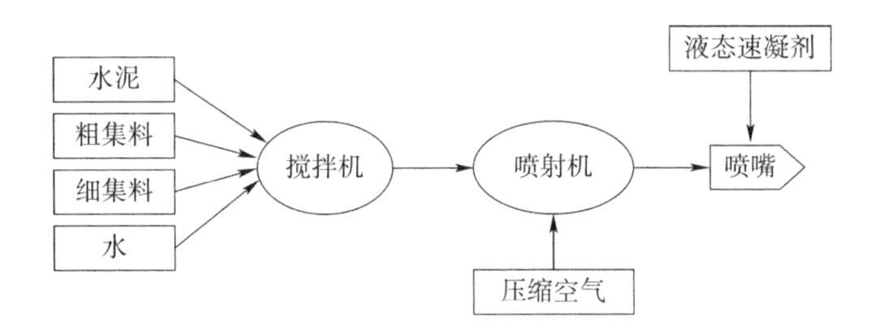

图4-51　湿喷混凝土工艺流程

绿色、环保、高效喷射混凝土工艺在潮喷混凝土的基础上,添加液体速凝剂,并通过液体速凝剂供给泵高压供给及精确定量。工艺流程为:将水泥、粗细集料和少量水在搅拌机中拌和均匀,加入干喷机,通过高压风经由输料管运送至喷头处,液体速凝剂通过液体速凝剂供给泵压送至高压水管中,液体速凝剂和高压水一起在喷头处与混凝土拌和料混合,喷射至围岩表面。施工工艺流程如图4-52所示。

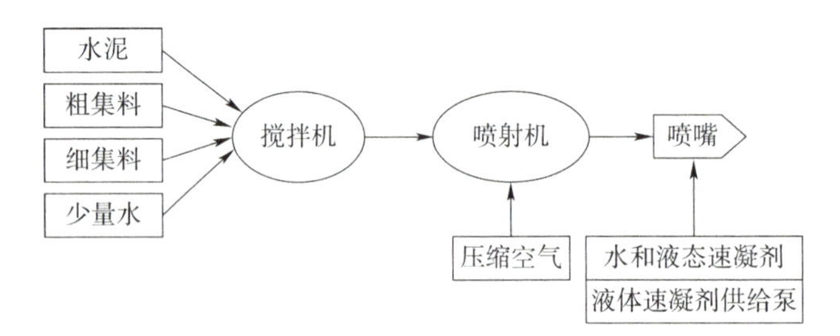

图4-52　绿色、环保、高效喷射混凝土工艺流程

绿色、环保、高效喷射混凝土施工工艺中添加液体速凝剂,能与混凝土拌和料充分进行水化反应,液体速凝剂添加量小,能有效提高喷射混凝土性能,减少施工中的粉尘。

2)液体速凝剂供给泵的研制

速凝剂的作用是使喷射混凝土快速凝结硬化,增大一次喷层厚度,提高早期强度。速凝剂目前有粉状速凝剂和液体速凝剂两种。粉状速凝剂多用于干喷混凝土中,一般掺量在10%左右;液体速凝剂主要用于湿喷混凝土中,一般掺量为3%~8%。液体速凝剂供给泵的研制,主要是控制液体速凝剂的掺量并高压供给,根据喷射机的类型、功率、拌和料的流速、喷射混凝土的配合比、速凝剂的掺量及浓度等,确定该设备的开度、流量等。经过调研,一般采用C25喷射混凝土,$1m^3$喷射混凝土中水泥的含量为450kg左右,所以$1m^3$喷射混凝土中需要13.5~36kg液体速凝剂。干喷机的喷射效率一般为$5m^3/h$,则供给泵每小时液体速凝剂吐出量为67.5~180kg。液体速凝剂浓度按1.5kg/L计,则供给泵每小时液体速凝剂吐出量为45~120L。液体速凝剂供给泵总共设有10个开度,在开度范围内可以微调,通过调节供给泵的转数来控制液体速凝剂的流量,从而控制液体速凝剂的掺量,精确度为0.01kg,并能提供1.8MPa的高压。

3)效益分析

云茂高速公路金林隧道在国内首次采用高性能外加剂,通过优化配合比,提升黏聚性,回弹率由30%~50%降低至8%~10%;同时混凝土强度高且均匀稳定、平整度好,降低了施工成本,每立方米可节约150元。

4.4.2 旋挖钻干挖法成孔桩基成桩技术

旋挖钻施工技术具有较快的施工速度和较高的成孔率,且呈现出较强的适应性。旋挖钻施工技术主要借助旋挖钻机开展成孔施工,其钻杆及钻头发生旋转,并结合重力作用,钻头装满土屑后,将钻头提升出土,通过上述反复操作实现成孔。

根据旋挖钻技术优势主要包括以下几个方面。

第一,施工效率高。旋挖钻机具有可移动的履带底盘,在施工中灵活度更高,因此在钻孔作业中旋转钻机可以进行自由移动,在桩基施工中可以更加准确、快速进行定位,自动化、机械化的水平较高,因此在成孔作业中效率更高。在桥梁桩基施工工期较为紧张时可以采用这种施工技术。

第二,用地要求少。不同于其他钻孔技术,旋挖钻技术在实际的施工中所产生的泥浆及其他物质都较少,因此在实际中其所需要的土地空间也较小,同时通过旋挖钻技术施工所挖出的土可以进行再次使用,有效提高了资源的利用率。

第三,灵活度高。旋挖钻机具所具备的可自由移动的特点,使其在施工中不必局限于固定的形式进行施工。为了不破坏已经完成施工的桩基,可以采用跳跃式的施工技术来进行钻孔作业,以避免在桥梁桩基施工中出现不必要的损失。

旋挖钻干挖法成孔桩基成桩技术特点:施工周期短,能耗降低约60%;施工噪声仅似于运输汽车,周围居民几乎无影响;工效为传统方法6倍;泥浆为干浆,便于运输。云茂高速公路应用旋挖钻机技术进行桥梁桩基基础施工共192根。表4-4是旋挖钻机与冲击钻机传统方式耗能、噪声、工效、泥浆排放量情况对比说明。

旋挖钻机与冲击钻机传统方式耗能、噪声、工效、泥浆排放量情况对比说明　　表4-4

对比方面	冲击钻机	旋挖钻机
传统方式耗能	依靠现场提供大功率电源来完成钻孔工作	由自带的柴油发动机输出动力来完成钻机的行走移动和钻进工作
噪声	噪声较大	噪声较小,主要为设备自身运转声音
工效	冲击钻头由两根钢绳平衡连接,利用卷扬机提起钻头,再用钻头自由下落的动能产生冲击力。根据云茂高速公路经验桩长20m桩径1.5m的冲击钻成孔灌注桩,从开始到成孔正常情况下需要5d左右	钻杆为液压伸缩式,与钻头相连,可快速下钻和提钻,使钻进速度快。根据云茂高速公路经验,桩长20m桩径1.5m的冲击钻成孔灌注桩,采用旋挖钻机正常钻进只需要17h
泥浆排放量	钻机过程采用泥浆循环方式,渣土和泥浆量为桩体体积的2.5~3.0倍,排出的泥浆在沉淀池中经过一段时间的沉淀,但渣土中仍有大量泥浆,这给弃渣的运输、存放、清理带来很大麻烦	旋挖钻机采用动力头形式,利用强大的扭矩直接将土或砂砾等钻渣旋转挖掘,然后快速提出孔外,在不需要泥浆支护的情况下可实现施工,这使污染源大大减少,进而降低了施工成本,改善了施工环境

4.4.3　放射性施工环境监测与防护

在人类所处的自然环境中,广泛分布着放射性物质,即天然和人工放射性核素。前者,一是从地球起源时代就存在着的,二为自然界核反应所生成。后者多为核武器试验及原子能设施所产生的。针对项目部分路段存在放射性问题,在勘察设计阶段进行放射性勘察评估,并对放射性环境进行跟踪监测,以保障施工人员的健康安全。

根据《中华人民共和国环境保护法》《中华人民共和国放射性污染防治法》《建设项目环境保护管理条例》等法律法规,云茂高速公路委托广东核力工程勘察院通过现场检测及时掌握施工过程中生产的辐射环境影响程度,为云茂高速公路工程放射性防护措施和辐射环境治理提供及时可靠的资料和依据。

针对部分路段存在放射性问题,前期放射性环境影响评价已取得广东省环境保护厅批复《广东省环境保护厅〈关于云浮罗定至茂名信宜(粤桂界)高速公路放射性环境影响专题报告的审查意见〉》,在勘察设计阶段进行了放射性勘察评估,并将个别放射性超标路段的特殊要求在招标文件中体现；在施工阶段制定了《云茂高速公路施工期放射性跟踪监测管理办法》，聘请专业单位对放射性环境进行了跟踪监测。

云茂高速公路放射性检测涵盖施工现场（图4-53）与拌和站石材，监测频率为每月1次，通过每月监测值推算，施工人员所受辐射剂量、公众人员所受辐射剂量均不超过《广东省环境保护厅〈关于云浮罗定至茂名信宜（粤桂界）高速公路放射性环境影响专题报告的审查意见〉》中提出的施工人员个人年有效剂量管理目标值5mSv/a，其余施工人员和公众个人年有效剂量管理目标值0.3mSv/a的要求；拌和站石材可用于高速公路建设；可以按照施工设计的要求进行，不需要特殊防护设计。

图4-53　放射性现场监测

4.4.4　扬尘、噪声、视频一体化监测监控技术

由于施工工地、工业企业料场堆场等扬尘源在时间及地域分布都呈随机、离散特征，并且监测数据作为定性分析，服务于管理、执法用途，因此要求扬尘在线监测设备应具有测量速度快、体积小、移动方便、维护简单、成本低的特点。

图4-54　扬尘、噪声、视频一体化监测监控

扬尘、噪声、视频一体化监测监控（图4-54）系统用于各施工工地等现场实时数据的在线监测，其中监测的数据包括扬尘浓度、噪声指数及视频画面。通过互联网以及云计算技术，实现了实时、远程、颗粒物浓度自动监控及现场数据网络传输。扬尘监控系统在工作时，对于一些数值超标的数据会进行自动采集，再通过网络将采集到的数据传输到服务器上；并且具备自动报警功能，可

以随时掌控环境发生的变化,进而告知有关部门进行整顿;具备报警联动信息输出,可以外接喷雾降尘设备,实现联动。

4.4.5 净味环保沥青

4.4.5.1 路用沥青面临的低碳环保问题

1)能耗大

沥青使用时需要加热。沥青在生产、储存、运输及使用的每个环节都需要进行加热。根据试验数据,重交通道路石油沥青平均需要加热2~4次,改性沥青需要加热3~5次。但是实际中对于一些专业的沥青生产企业来说,大多需要存储大量的沥青,而施工的进度及使用量并不能完全按照计划进行,导致沥青被反复加热。

2)污染严重

(1)气体污染。

沥青从生产到铺设的每个环节基本都会释放出多种有毒有害的气体,如沥青烟、二氧化碳、氮氧化合物等,对环境的破坏相当严重。尤其是沥青烟的成分复杂,不仅含有多种烃类化合物,还有很多对人体有害的物质,比如苯并芘、苯并蒽等致癌物,其中粒径在0.01~10μm之间的苯并芘,一般都会附着在周围粉尘中,一旦被人体吸入就会造成严重的损伤。

(2)固体污染。

根据沥青路面的使用周期来看,我国很多路段都需要集中养护,养护中旧路面材料的处治问题仍缺乏妥善合理的方式。沥青路面的使用寿命一般在10年左右,每到这样一个周期就需要进行大的翻修。我国高等级公路每年需要养护的里程大约有3.5万km,假设平均路宽10m,平均厚度为10cm,每年产生的废弃物高达3500万m^3。

4.4.5.2 净味环保沥青在云茂的应用

云茂高速公路在全线隧道应用净味环保沥青。净味沥青是基于环保和施工安全性而研发的一种改性沥青。与传统的热沥青相比,净味沥青的优势有:采用独特的净味技术,通过化学作用能有效降低沥青及沥青混合料加热、拌和和施工过程中刺激性气体的排放量,而非掩盖沥青气味;可以减少沥青工厂和沥青混合料生产过程中的有害气体排放,如H_2S、SO_2、NH_3等;净味环保沥青及沥青混合料的性能满足现行规范的质量要求;净味环保沥青混合料的施工工艺、质量控制和交工验收与现行沥青混合料相关规范一致。

净味环保沥青采用先进的Bitufresh技术用来清除碳氢化合物类型挥发物产生的气味,其原理是专利技术成分与硫化物及其衍生物发生化学反应生成新的不排放物质,这使其区别于以往的简单遮盖技术。

净味环保沥青化学原理如图 4-55 所示。

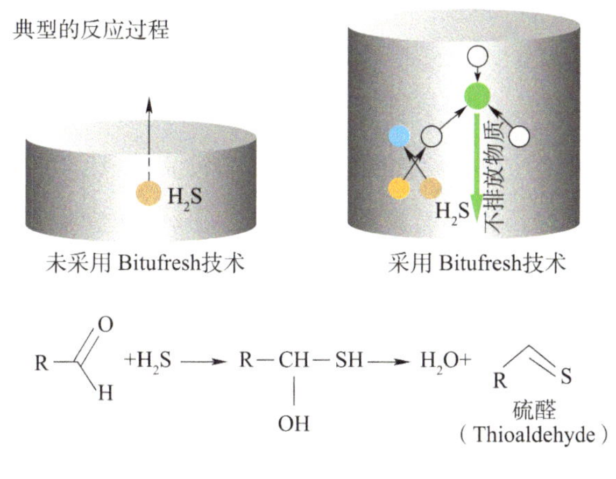

图 4-55　净味环保沥青化学原理图

4.5 资源节约与循环利用

生态环境问题，很大一部分是资源过度开发、粗放利用造成的。绿色公路发展中资源集约的对象是能源、土地、水、材料等主要资源。绿色公路应体现对自然资源，尤其是稀缺资源的减量利用、有效利用和循环利用，重点解决长期以来我国公路建设普遍存在的资源统筹利用不足、循环利用率较低、能源耗用较高等问题。应从规划设计、施工组织及运营维护等多个方面进行统筹考虑，在整个公路建设过程中融入资源集约、低碳节能的绿色理念。

云茂高速公路自筹建开始就高度重视土地资源、水资源、植物资源、施工期永临结合，以及废旧资源循环利用等方面技术的推广应用，制订相关管理办法，并适时动态调整，实现工程建设与生态环保双赢。

4.5.1　土地资源节约与利用

土地是一种不可再生资源，是人类赖以生存和发展的物质基础。其本身具有自然和社会经济双重特性，在社会经济发展中，土地发挥着重要作用。公路作为经济建设的重点基础设施领域，要发挥其功能必须借助土地的基本特性才能得以实现。而当前我国人多地少、耕地资源稀缺、面临人均耕地少、优质耕地少、后备耕地资源少问题，再加上我国正处于城镇化快速发展时期,建设用地供需矛盾十分突出。根据历年自然资源部统计公报数据显示,新增交通用地在各类新增建用地中居第三位(17%)。在新增的交通用地中,有相当大一部分是用于公路建设的。虽然《中华人民共和国土地管理法》早已规定建设占用耕地要实行占补平衡,但在实际操作中,贯彻落实耕地保护政策并不严格,导致事实上我国耕地因粗放建设占用流失严重。

针对位于深山中的云茂高速公路周围的土地十分珍贵现状,项目制定了《路基上设置预制梁场管理办法》《环保水保工作办法》等规范管理程序,并积极实施高液限土循环利用、表土资源利用以及基于生态补偿的弃土造田技术等集约土地资源利用技术,对促进绿色公路建设及建设资源节约型高速公路意义重大。

4.5.1.1 清表土收集和利用

1)表土资源收集与利用

(1)表土资源调查。

表土是具有重要生态价值的基础性资源,其中含有的有机质和微生物含量较多,对地力快速恢复和植物生长最有利。表土中还含有大量本地植物种子库,是植被天然更新的物质基础。表土不仅指耕地的耕作层,还包括园地、林地、草地等适合耕种的表层或腐殖质层。公路设计中应充分调查土地利用类型、植被类型及对应表土厚度,分析不同类型表土养分结构特征,并根据调查分析结果,总结出各类表土质量、可收集性和收集厚度,指导公路施工清表和表土收集工作。

(2)表土资源收集。

根据不同地区、土壤类型、气候特点和地形特征等因素,结合工程特征和施工工艺,因地制宜地制订表土收集方案与计划。对于荒漠、戈壁等地区,可不进行表土收集,但须保护好地表结皮,保护区域生态。表土收集可结合公路施工场地规划设计,原地保存或保留表土,例如互通环内、隧道口两幅交叉三角区等区域的表土,在不影响施工作业的前提下,可不进行清表,亦可作为表土堆放场地。

(3)表土资源调配利用规划。

遵循“就近、经济、合理利用”的原则,开展表土资源调配利用。对于缺土严重又无法内部调配的标段,可在表土资源富裕的邻近标段适量调配。在规划设计中,分析公路沿线不同类型表土分布数量特征,并结合场地恢复工艺方案、表土利用限制因素等分析不同类型表土利用价值,提出表土资源调配利用规划方案。

(4)表土利用。

表土利用可分为直接回填和筛分利用,应根据恢复场地的植被营建要求、植被建植工艺等确定利用方式。对于取弃土场、施工营地、拌和站、沿线裸露废弃地等场地可直接回填利用。筛分利用应结合利用机械、工艺要求，如对边坡客土喷播，可将表土过筛后用于喷播基材或配制喷播泥浆。用于装填植生袋、中分带、景观绿化场地表土回填时，可人工拣除表土中大块石头、枯枝等。

2）云茂高速公路表土利用实践

云茂高速公路对可利用的剥离后表土资源，将其用于项目后期的绿化覆土及部分临时用地的复垦，施工期间若随意堆置这部分土壤，将造成严重的土壤资源破坏，破坏生态环境。

因此，云茂高速公路严格规定剥离表土用地类型，并在剥离后对表土进行筛选，剔除石块、植物根系及其他垃圾，为工程绿化提供优质土源。通过耕地耕作层土壤剥离再利用工程，在项目区域实行综合治理，降低项目建设对生态环境的影响，遏制生态环境的恶化，有效增加了项目区域农业用地面积，节约了土地资源。云茂高速公路表土利用情况统计见表 4-5。

表土利用情况统计表　　表 4-5

标段	表土收集量（m^3）	存放地点	利用方式
TJ1	26567	寻龙枢纽互通 AK0 +450 右侧	路基两侧边坡防护绿化恢复植被，线外永久弃土场绿化防护植被恢复
	41165	K5 +200 弃土场	
TJ2	69119	弃土场	用于中央分隔带、边坡绿化，客土喷播，互通区、服务区的绿化等
TJ3	30000	K16 +800 左侧填平区 及 K21 +500 处弃土场	作为绿化用土
TJ6	550	桥下	喷播植草用
TJ8	9715	指定弃土场	无
TJ10	71335.9	弃土场	中央分隔带及碎落台绿化培土，边坡绿化用客土
TJ11	79489	丁堡互通 8 号弃土场	高速公路沿线边坡绿化、取弃土场复绿、填平区绿化、便道两侧复绿、占地耕地复耕、桥下复耕
TJ13	15000	木九山互通交叉区	弃土场面层

4.5.1.2　高液限土分类利用

1）需求分析

高液限土分布于我国多个省、自治区、直辖市，所覆盖面积在万平方米以上，主要包括软土、膨胀土、红黏土、有机质土等，具有天然含水率大、塑性指数高、液限高、强度低、水稳定性差、耐久性差、施工困难等不良特性，很难达到可压实含水率，从而不能满足路基填筑要求。

目前我国的经济发展迅速，高速公路的建设处于高速发展阶段，为带动西南部地区经济发展建设高速公路，在施工过程中高液限土路基工程不可避免。早期人们对于高液限土认识不足，常常会采取换填或者弃土的处理方式。无论是换填或弃土，均需要大量土和埋土场，这样既会造成资源浪费又会破坏周围环境。而且高速公路工程所用土方量高达几百万立方米，采取换填或弃土的方式，将会增加工程预算。如果直接采用高液限土填筑路基，即使施工压实填筑得很好，随着雨水的侵蚀、风干、暴晒，路基也会产生裂缝、固结沉降加大等病害，甚至会导致路基的滑塌现象，存在严重的安全隐患。有关规范也指出，液塑限高的土需要进行针对性处理，方可用于路基填筑。

2）云茂高速公路高液限土利用

地质勘察资料显示，云茂高速公路用地范围内高液限土分布较为广泛，为更好地了解地层土质状况，指导路基施工，项目部通过对挖方区段取土样自检、外委、第三方平行检测等方式对路堑范围土质进行检测。

（1）试验指标情况。

经多方论证，云茂高速公路采取了以下措施，对于“液限≤70%、细颗粒含量≤75%、加州承载比（CBR）≥2.6%”的高液限土，将其利用为路基填筑材料（仅限于路基填筑高度小于14m的路堤93区范围）；当CBR<2.6%或液限>70%或细颗粒含量>90%时，作弃方处理。

在使用高液限土填筑93区路基过程中，高液限土天然含水率较高，其施工控制要点为碾压前含水率的控制，经检测，高液限土天然含水率为38%～43%，经堆晒、翻晒两次后含水率降至35%～37%，平均下降5%，与填料的最佳含水率仍存在较大的差距。

高液限土作为填料时，采用振动压路机碾压第6遍比较理想，第7遍压实度增幅较小，基本无变化，普遍在85%～88%之间，最大压实度为89.1%。采用33t压路机碾压施工时，路基填土松铺厚度为25cm，压实厚度为21.0～21.5cm，松铺系数为1.19～1.16。采用22t压路机碾压施工时，路基填土松铺厚度为20cm，压实厚度为16.5cm，松铺系数为1.21。在施工工期的允许下，对高液限土路基填料进行多次翻晒，降低含水率，以保证93区压实度最低极限值在85%以上；高液限土不宜使用在94区和96区的填筑中。

（2）使用数量。

按照要求，93区以上不可利用高液限土的原则，93区全部利用本标段填料进行填筑，总方量为989400m^3，其中填筑石方542927m^3（折合挖石方499493m^3，为该标段全部石方量），其余部分全部填筑高液限土446473m^3（折合挖土方549161m^3），其余高液限土方作弃方处理（共计269848m^3）。

云茂高速公路高液限土利用相关图片如图4-56～图4-59所示。

图 4-56 高液限土进行钻芯取样

图 4-57 按方格网进行上土

图 4-58 翻晒

图 4-59 强振后对填土进行压实度检测

4.5.1.3 基于生态补偿的弃土造田还林技术

(1)需求分析。

我国仍处于高速公路快速发展阶段,不规范的大规模生产建设活动压占、挖废、塌陷等造成高速公路沿线土地资源遭到严重破坏,使原本就十分紧张的耕地保护形势更加严峻,人地矛盾更加突出。一般而言,在高速公路建设期间,取土场的植被遭受破坏,一些取土场地处多山和黄土覆盖区,高速公路沿线地形起伏较大,随时都有塌陷的可能,极易造成水土流失,危及周围农田和林木。施工便道、拌和站的建设、原始的表土剥离、堆放等现象导致土地利用方式的改变,也破坏了土壤与植被之间的营养物质循环,再加上施工材料保管不善,均会导致土壤系统的结构和功能均发生改变。

(2)实施内容和主要做法。

土地复垦是采用工程、生物等措施对被破坏土地进行整治,使其恢复到可供人类持续、高效利用的状态。积极开展土地复垦工作、缓解人地矛盾、改善农业生产条件和生态环境,是实现耕地总量动态平衡、增加有效耕地面积的有力措施,是提高土地质量、促进土地集约利用的重要手段。

目前,高速公路建设项目的水土保持方案是在工程可行性研究阶段报批的。但是,取土场、弃土场的选址、数量、规模在初步设计、施工图阶段难免会发生变化，而且施工单位进场后往往由于征地困难、工期紧张等原因，导致取土场、弃土场选址管理不规范情况，存在“找到就用”的可能，后期整改代价很高，给水土保持验收工作带来不便。

（3）云茂高速公路弃土场复耕实践。

云茂高速公路项目制定《环保水保工作办法》，实事求是开展水保方案事中变更，完善取土场、弃土场“截、拦、挡、排、绿”等水土流失防护体系，要求全线取、弃土场及时完善防护措施，尽可能综合利用，复耕造林，加快生态修复速度，保护绿水青山。

云茂高速公路弃土场复耕相关图片如图4-60～图4-67所示。

图4-60　TJ2标段右侧取土场回填和整形（复垦前）

图4-61　TJ2标段右侧取土场回填和整形后并复垦（第1年）

图4-62　TJ2标段右侧取土场复耕效果良好（第2年）

图4-63　TJ2标段左侧取土场回填和整形（复垦前）

图4-64　TJ2标段左侧取土场回填和整形后复垦（第1年）

图4-65　TJ2标段左侧取土场回填和整形后复垦（第2年）

图 4-66　TJ13 标段旺坑弃土场防护、排水设施规范，复耕效果良好

图 4-67　TJ15 标段弃土场植树

4.5.1.4　路线优化做到土石方平衡

在设计过程中多次优化平纵线形，使土石方趋于平衡，尽量减少弃方（图 4-68），其中设计 2 标段施工图修编稿相比施工图送审稿减少了 208 万 m^3 的弃方，降低了工程造价，节约了土地资源，保护了生态环境。

图 4-68　线形优化后，白石停车区段土石方有效利用

4.5.2　水资源循环节约利用

我国水资源短缺，是世界 13 个严重缺水的国家之一。建筑业作为我国国民经济的支柱产业，在建设过程中消耗的材料和资源约占社会总耗能的 33%。在建设项目施工过程中，加强水资源的可持续利用和循环再生，不仅可节约能源、保护环境，更可促进经济社会的可持续发展。混凝土构件预制生产过程中，采用人工洒水方式进行混凝土构件养护是最为便捷和经济的传统方法，但有时因为混凝土构件尺寸大，且受操作者质量意识及工作态度影响，时常出现养护不到位、不彻底现象。在天气炎热地区，多片大跨径预制梁洒水

养护需要配备多人同时进行，否则梁表面水分蒸发过快，起不到最佳保湿养护效果。为满足当前的预制梁板规模化、集约化生产及质量需要，绿色公路项目可采用混凝土智能化养护管理系统。

4.5.2.1 智能养护管理系统

针对以往预制梁自动喷淋养护不及时、浪费水资源的难题，云茂高速公路开发出智能养护管理系统，该系统安装、维修方便、养护全覆盖，实现应用程序（App）远程可视化控制，可设置间断养护时间。

云茂高速公路 TJ6 标段预制梁场采用智能喷淋养护系统，其主要由云控器主机（图 4-69）、电磁阀、增压水泵、台座喷淋系统、供水系统等组成。云控器主机是整个系统的大脑，云控器主机与网络连接，通过手机上的 App（图 4-70）可控制云控器主机，云控器主机按照指示完成相关指令，电磁阀（图 4-71）和增压水泵（图 4-72）在云控器主机的控制下进行开关，当云控器主机控制电磁阀、增压水泵打开时，增压水泵对储水罐的水进行增压，相应的电磁阀打开，水从塑料储水罐经增压泵增压，流进主水管，经电磁阀流进相应的台座支水管，对应台座的自动伸缩式喷头（图 4-73）开始喷水，对预制梁进行养护。手机 App 根据梁板养护阶段来调节喷淋时间，时间到后自动停止喷淋，可对每个台座进行定时。在每个台座之间设有水沟，水沟经过主水沟流进三级沉淀池，经沉淀过滤后的水又可用于预制梁的养护。

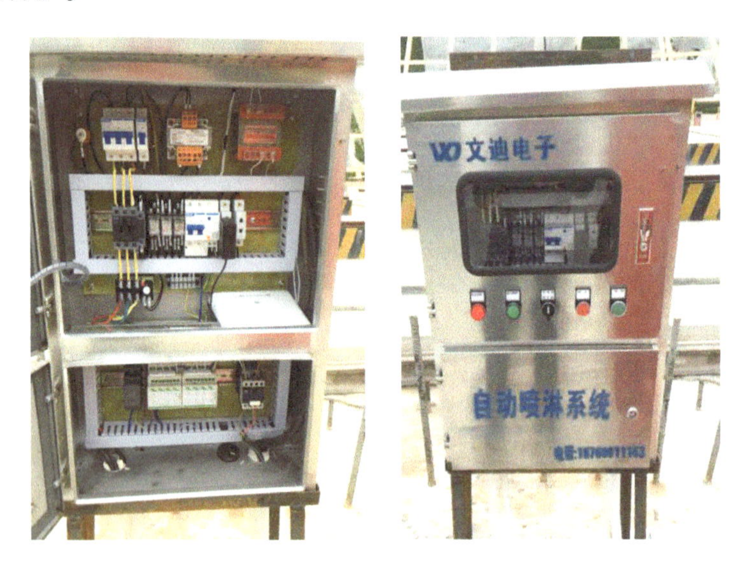

图 4-69　云控器主机

经测算，采用此系统可节约用水约 50%，1 个梁厂可节约用水成本近 4 万元，同时可以减少 1～2 名养护工人。

智能喷淋养护系统养护效果如图 4-74 所示。

图 4-70　手机 App 软件

图 4-71　电磁阀

图 4-72　增压水泵

图 4-73　自动伸缩式喷头

图 4-74　智能喷淋养护系统养护效果

4.5.2.2 预制场养护水循环利用

预制场养护水循环工艺是在预制场建设时根据养护场地的地形设置回流水沟，保证及时回收养护洒落到地面的水，在沉淀和滤清后循环利用，并以压力泵水的方式对置于预制场的箱梁进行喷水养护。

云茂高速公路TJ11标段项目部共有桥梁共计7座，总长4.1695km，预制梁993片，其中箱梁253片，预制T梁740片。项目部考虑多重因素影响和工期紧张等实际情况，确定本标段建设3个预制场，预制梁场均采用自动喷淋养护系统，3个预制梁场分别设置自动喷淋养护设备1套；蓄水池1个（图4-75），蓄水池尺寸（长×宽×高）为5m×4m×1.5m，可容纳30m³水；三级沉淀池1个，方便养护水循环使用，预制梁板采用土工布包裹喷淋养护，养护水应循环使用。喷淋水压加压泵应能保证提供足够的水压，采用旋转喷头，确保梁板的每个部位均能养护到位，尤其是翼缘板底面及横隔板部位。场内台座四周设置排水沟，把养护用水引入三级沉淀池（图4-76、图4-77）。三级沉淀池的理念是废水回收再利用：喷淋养护后的水沿排水系统进入沉淀池进行净化，然后用水泵抽回蓄水池进行再利用，沉淀池内的垃圾定期清理，可做到既保护环境又节约用水。

图4-75 养护蓄水池

图4-76 三级沉淀池

喷淋系统采用360°旋转及自动伸缩功能喷头，喷头直接预埋在台座两侧里面，可避免浆液流入导致的堵塞和被尖锐物碰坏。20m箱梁台座长22m，每3m（两侧）设置一组自动伸缩喷头，共14个喷淋头，40m T梁台座长42m，每3m（两侧）设置一组自动伸缩喷头，共28个喷淋头，可完全满足梁体全覆盖养护需求。

按照传统人工洒水养护，养护一片20m箱梁，需要5min才能把梁体完全覆盖养护，20m箱梁养护一次大约需要3t水，而且由于水管出水量大，梁体吸收较少，养护用水基本都流失了，按照1h养护一次、一天养护按8次计，一天一片20m箱梁，需要用水24t。采用自动喷淋养护系统及三级沉淀池，可完全避免用水流失，每个台座四周都设置排水沟（图4-78），把流失的水全部引入三级沉淀池，可实现循环利用。养护一片20m箱梁，需要1min就能把梁体完全覆盖养护,且能达到雾化效果,20m 箱梁养护一次大约需要 1t 水,一天一片 20m 箱梁,需要用水 8t,可节约 16t 水。

图 4-77　三级沉淀池防护网

图 4-78　场内排水沟

4.5.3　隧道洞渣分类利用

4.5.3.1　隧道洞渣利用方式

隧道洞渣是指隧道掘进过程中开挖出来的石料废渣。随着我国高速公路的发展和对环境保护的重视,隧道在山区高速公路中所占比重越来越大,部分新建的山区高速公路隧道占路线总长的比例已突破 40% 。这些高速公路隧道开挖过程中,会不可避免地产生大量洞渣,受施工工艺、施工组织等因素的影响,大量隧道洞渣得不到合理利用,常常需要建设专门的弃土场来废弃。废弃洞渣既占用土地资源,又影响环境,有时因处治不当还会形成安全隐患。2016 年,交通运输部印发了《关于实施绿色公路建设的指导意见》,要求公路建设要"零弃方、少借方",要将传统做法中的弃土加以保存和利用,变废为宝。

隧道洞渣是隧道开挖过程中的主要产物,对于不同的隧道围岩施工,隧道洞渣的种类繁多,在加工利用时需充分考虑隧道围岩等级、开挖方法和洞渣物理力学性质,确定洞渣的力学参数,根据不同材料的力学要求,选用合适的隧道洞渣种类。

1) 云茂高速公路隧道洞渣的利用实践

云茂高速公路涵洞共 345 道,高桥隧比。云茂高速公路积极推行隧道洞渣在工程建设、工程防护、建筑材料等方面的综合利用,将路面标段与长隧道标段"捆绑",根据不同的质量等级,提前做好用于路面面层、基层或作为路基填料的方案,实现资源节约、环境友好合理化配置。在公路建设过程中,采用隧道洞渣综合循环利用技术,最大限度地将其用于隧道衬砌混凝土集料、桥梁等结构物集料、沥青路面结构粗集料。此外,与当地乡镇充分沟通,了解乡镇建设需要,将隧道洞渣用于当地政府的建设工程。

隧道洞渣综合循环利用如图 4-79 所示。

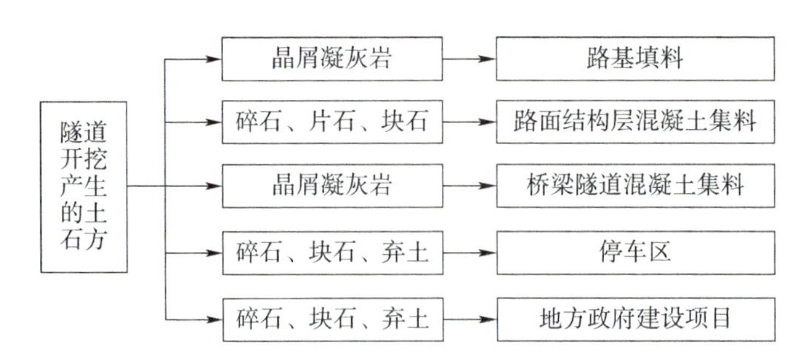

图 4-79　隧道洞渣综合循环利用

大块石料经料仓由振动喂料机均匀送进破碎机进行破碎，经粗碎、细碎后再进行下一工序。细碎后的石料由胶带输送机送进振动筛，筛分出几种不同规格的集料。满足粒径要求的集料由成品胶带输送机运向成品料堆，不满足粒径要求的集料由胶带输送机返料送到破碎机进行再次破碎，形成闭路多次循环。TJ9 标段隧道洞渣加工场如图 4-80 所示。

图 4-80　TJ9 标段隧道洞渣加工场

2）效益分析

云茂高速公路共利用隧道洞渣 75 万 m^3，主要用作加工碎石、机制砂、填筑路基（图 4-81）、软基或涵洞基础换填、铺筑施工便道、防护砌体工程。利用隧道洞渣的原因及优势如下：

（1）利用洞渣换填 K83 + 140 ~ K83 + 938 段路基软基，既节约成本，又实现废旧资源循环利用。

（2）洞渣作为很好的路堤填筑材料，填筑后透水性好，易压实，沉降小，有利于高填方路基的稳定。

（3）利用新屋隧道洞渣填筑新屋隧道进口端路基，运距短，施工效率高，既可充分利用机械设备，又可节约成本，减少人力支出。

（4）洞渣用于填筑路基和加工机制砂，既减少了弃渣方量、缩减了弃渣场占地面积、减少了对原生态的扰动，同时还减少了临时征地费用。加工检验合格后的机制砂再利用，既满足施工质量要求，又可有效控制施工成本。

图4-81　云茂高速公路隧道洞渣用作路基填料

云茂高速公路隧道利用情况统计见表4-6。

云茂高速公路隧道洞渣利用情况统计表　　表4-6

标段	利用洞渣数量	机制砂用途/数量
TJ8	15万m^3	桩基灌注、墩柱、隧道二次衬砌、挡土墙、水沟等
TJ11	1.路堤填筑：K83+140~K83+938路堤填筑石方15万m^3。 2.K83+140~K83+241、K83+600~K83+660、K83+820~K83+938软基换填5000m^3。 3.填筑浅埋段便道2000m^3，填筑隧道洞口便道1500m^3	机制砂用作项目主体及临建工程建设，数量约20万m^3。减少弃土场征地费用250000元，出渣车利用节约费用150000元，软基换填，节约购买片石费用225000元，节约运费20000元

4.5.3.2　高品质机制砂生产线

随着“绿水青山就是金山银山”理念不断深入，绿色发展受到前所未有的重视，国务院和各地政府相继出台了禁采或限采天然砂的规定，对天然砂等资源的管控力度不断增强。广东省天然砂资源短缺严重，目前河砂供不应求，且质量无法保证，按照目前河砂市场供应情况，根本无法满足云茂高速公路施工需要。因此，部分施工标段决定采用机制砂进行施工。机制砂是指通过制砂机和其他附属设备加工而成的砂，成品更加规则，可以根据不同工艺要求加工成不同规则和大小的砂，更能满足日常需求。但机制砂在加工过程中存在的问题较多，主要包括：机制砂在加工工艺和生产成本等因素的影响下，容易出现颗粒级配不连续、石粉含量普遍偏高等问题；广东地区粉煤灰产量低、价格高且质量难以保证，难以找到合适的机制砂混凝土外掺料；由于忽略了机制砂和河砂的差异性，配合比设计方法及取值不合理，导致机制砂混凝土和易性差、易泌水离析、保坍能力差、强度不稳定、易开裂、外观差，对施工安全质量影响较大等。

为解决上述问题，云茂高速公路项目采用国内最先进制砂设备，有效突破立轴式破碎关键技术，既可实现清洁生产，又可产出粒形圆润、颗粒级配合理、石粉含量可根据所需混凝土等级进行控制的机制砂。云茂高速公路金林隧道、黄楼隧道可开挖变质砂岩、花岗岩洞渣约160万t，将可利用的隧道洞渣就地处理为符合工程质量标准的砂石材料，实现了隧道洞渣的资源化利用，避免了建设弃土场导致的土地资源占用，降低了高速公路施工对周围环境的影响和能源消耗，具有显著的经济效益、社会效益。

云茂高速公路TJ9标段机制砂生产线如图4-82所示。

图4-82　云茂高速公路TJ9标段机制砂生产线

机制砂湿法生产工艺流程如图4-83所示，机制砂干法生产工艺流程如图4-84所示。

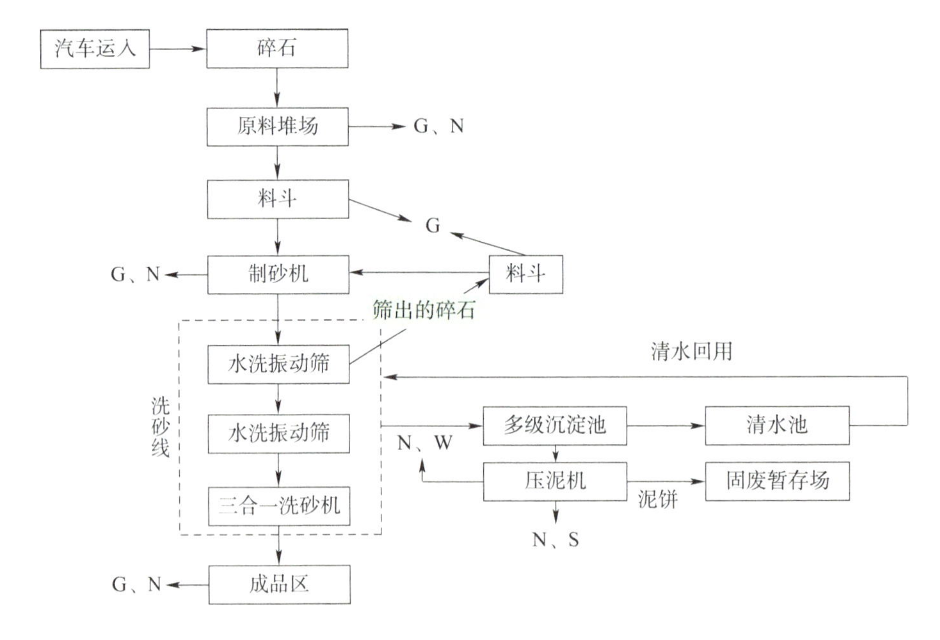

图4-83　机制砂湿法生产工艺流程图

W-废水；G-废气；N-噪声；S-固体废物

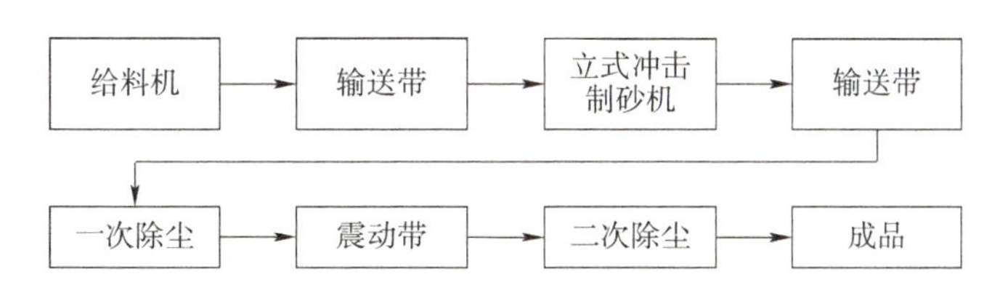

图 4-84 机制砂干法生产工艺流程

1)机制砂混凝土配合比设计

依据《普通混凝土配合比设计规程》(JGJ 55—2011),根据高速公路桥梁工程混凝土工程特点,对隧道洞渣机制砂混凝土进行了混凝土配合比设计。云茂高速公路部分标段机制砂混凝土配合比见表 4-7,经对比分析可知,机制砂混凝土 28d 抗压强度均超过配制强度。

云茂高速公路部分标段机制砂混凝土配合比与抗压强度　　表 4-7

标段	强度等级	配合比	砂率(%)	亚甲蓝值(g/kg)	石粉含量(%)	细度模数	碎石压碎值(%)	坍落度(mm)	7d 抗压强度(MPa)	28d 抗压强度(MPa)
3 标	C20	水泥：砂：碎石：水：减水剂 336：888：1090：175：4.70	45	1.3	9.8	2.9	23	180	26	31
	C25	水泥：砂：碎石：水：减水剂 348：878：1100：174：4.87	44	1.3	9.8	2.9	23	185	32	37
	C30	水泥：砂：碎石：水：减水剂 407：850：1090：171：5.70	44	1.3	9.8	2.9	23	180	39	45
	C30 水下	水泥：砂：碎石：水：减水剂 439：822：1080：180：6.15	43	1.3	9.8	2.9	23	200	41	46
6 标	C30 水下	水泥：砂：碎石：水：减水剂 412：817：998：173：7.42	45	1.1	6.20	2.91	9	200±20	39.8	42.8
	C25	水泥：砂：碎石：水：减水剂 363：775：1070：172：5.81	42	1.1	6.20	2.91	9	180±20	34.8	36.5
	C30 抗渗	水泥：砂：碎石：水：减水剂 402：768：1060：170：7.24	42	1.1	6.20	3.16	9	180±20	39.2	41.8
	C30	水泥：砂：碎石：水：减水剂 394：753：1083：170：7.09	41	1.1	6.20	2.91	9	180±20	38	41.2
	C35	水泥：砂：碎石：水：减水剂 428：738：1063：171：7.70	41	1.1	6.20	2.91	9	180±20	45.2	47.9
	C40	水泥：砂：碎石：水：减水剂 448：727：1090：165：8.06	40	1.1	6.20	2.91	9	180±20	47.8	50
	C50	水泥：砂：碎石：水：减水剂 494：701：1097：158：8.89	39	1.1	6.20	2.91	9	180±20	60.6	62.3

2)机制砂技术要求

机制砂按技术要求分为Ⅰ级、Ⅱ级、Ⅲ级。Ⅰ级砂宜用于强度等级大于C60的混凝土。Ⅱ级砂宜用于强度等级为C30～C60及有抗冻、抗渗或其他要求的混凝土。Ⅲ级砂宜用于强度等级小于C30的混凝土。

3)机制砂检测指标

依据《广东省公路工程机制砂水泥混凝土应用技术规范》(GDJTG/T B01—2017),机制砂必须按《建设用砂》(GB/T 14684—2011)规定的试验方法进行质量检验。检测指标:细度模数、颗粒级配、泥块含量、石粉含量、粉料含量(亚甲蓝值MB)、有害物质、压碎指标、母岩抗压强度、表观密度、堆积密度、空隙率、碱集料反应活性。如用于预应力混凝土,在配合比设计时应检测混凝土弹性模量。

机制砂颗粒级配指标见表4-8。

机制砂颗粒级配指标　　表4-8

方孔筛	机制砂级配区[累计筛余(%)]		
	1区	2区	3区
9.50mm	0	0	0
4.75mm	0～10	0～10	0～10
2.36mm	5～35	0～25	0～15
1.18mm	35～65	10～50	0～25
600μm	71～85	41～70	16～40
300μm	80～95	70～92	55～85
150μm	85～97	80～94	75～94

机制砂的粗细程度按细度模数分为粗砂、中砂、细砂三种规格,其细度模数分别为:粗砂,3.1～3.7;中砂,2.3～3.0;细砂,1.6～2.2。

当不满足表4-8、表4-9要求时,可采用粉料质量指数(PQI)划分机制砂等级,且试验成功、建设方批准即可使用。机制砂中粉质量指数限值见表4-10,有害物质限值见表4-11。

机制砂中泥块含量和粉料含量限值　　表4-9

项目		指标		
		Ⅰ级	Ⅱ级	Ⅲ级
MB<1.40或合格	MB值	≤0.5	≤1.0	≤1.4
	粉料含量(按质量计)(%)	≤10.0	≤10.0	≤10.0
	泥块含量(按质量计)(%)	≤0.5	≤1.0	≤2.0
MB≥1.40或不合格	粉料含量(按质量计)(%)	≤2.0	≤3.0	≤5.0
	泥块含量(按质量计)(%)	≤0.5	≤1.0	≤2.0

机制砂中粉质量指数限值　　表4-10

项目	指标		
	Ⅰ级	Ⅱ级	Ⅲ级
PQI	≤5	>5但≤10	>10但≤14

机制砂中有害物质限值　　表4-11

项目	指标		
	Ⅰ级	Ⅱ级	Ⅲ级
云母含量(按质量计)(%)	≤1.0	≤2.0	≤2.0
轻物质含量(按质量计)(%)	≤1.0	≤1.0	≤1.0
有机物(用比色法试验)	合格	合格	合格
硫化物及硫酸盐含量(以 SO_3 质量计)(%)	≤0.5	≤0.5	≤0.5
氯化物(以 Cl^- 离子质量计)(%)	≤0.01	≤0.02	≤0.06

4)岩石抗压强度

花岗岩和片麻岩等风化后呈坚硬的粒状,有些本身已经可以作为天然山砂使用,如果用制砂机完全可以生产出高质量的机制砂,则可以不对其母岩强度作要求而直接检测其成品的压碎值。对配制C50～C80强度等级的混凝土用机制砂,其母岩抗压强度与混凝土强度等级之比不宜小于1.5。

5)压碎值(表4-12)

压碎值指标　　表4-12

项目	指标		
	Ⅰ级	Ⅱ级	Ⅲ级
单级最大压碎指标(%)	≤20	≤25	≤30

6)表观密度、堆积密度、空隙率

机制砂的表观密度、松散堆积密度、空隙率应符合如下规定:表观密度大于2500kg/m³、松散堆积密度大于1400kg/m³、空隙率小于45%。

7)碱集料反应

对于碱-硅酸反应类型的集料,采用砂浆棒快速法进行碱集料反应活性检验,要求机制砂砂浆棒试件无裂缝、酥裂、胶体外溢等现象,且在规定试验龄期的膨胀率应小于0.1%。

8)云茂高速公路实施情况

云茂高速公路共有8个土建施工标段利用山区资源自建机制砂生产线(图4-85～图4-87),同时对机制砂用于C50以上混凝土(约44.98万m³)施工技术进行重点攻关。

图 4-85　TJ9 标段高规格机制砂生产线(国内最先进设备)

图 4-86　土建 1 标段机制砂生产线(常规设备)

图 4-87　土建 10 标段机制砂生产线

采用机制砂配制普通强度等级混凝土，经过标准试验，测得标准试件 7d 抗压强度及 28d 抗压强度均满足规范要求；配置 C30 ~ C40 强度等级的混凝土，选取涵洞、桥梁墩身进行试浇筑，其成品外观及强度均满足要求（图 4-88、图 4-89、表 4-13）。

图 4-88　合格机制砂浇筑盖板涵墙身外观

图 4-89　合格机制砂浇筑薄壁空心墩墩身外观

TJ10 标段采用合格机制砂配制普通混凝土配比及强度结果表　　表 4-13

序号	混凝土强度等级	配合比					标准试件 7d 抗压强度（MPa）	标准试件 28d 抗压强度（MPa）
		水泥	机制砂	碎石	水	外加剂		
1	C15	280	808	1084	178	2.8	25.8	28.1
2	C20	295	792	1115	178	2.95	28.0	31.8
3	C25	318	780	1104	178	3.18	32.5	36.1
4	C30	392	746	1063	179	3.92	36.0	41.6
5	C30 水下	406	762	1029	183	4.06	37.4	42.5
6	C35	422	735	1044	179	4.22	39.7	46.1
7	C40	445	729	1050	176	4.45	43.5	49.6

4.5.4　混凝土搅拌站波纹板料仓隔墙

1）需求分析

传统的拌和站料仓隔墙采用 50cm 厚、2.5 ~ 3m 高的 C30 钢筋混凝土施工，施工周期长，一般一座拌和站料仓隔墙施工需 15d，且前期临建工程施工工期紧张，混凝土又供应不便，对料仓隔墙的建设产生影响，并且施工结束后料仓隔墙的拆除会产生大量的建筑垃圾。

波纹板料仓隔墙的优势主要包括：自重轻，对基础要求低，因此耗费钢材少，降低了基础费用；标准化程度高，可根据国产材料，采用标准化、通用化、系列化生产，制成标准零部件，现场安装;装配简单快捷;便于实现机械化,波纹板仓均有配套设备,可以很方便进出仓;拆迁简单,维修方便,局部板损坏可更换。

2)云茂高速公路实施情况

云茂高速公路拌和站均采用波纹板作为料仓隔板,波纹板是以冷轧 Q235 薄钢板为基板,经镀锌或镀锌后覆以彩色涂层再经辊弯成型的波纹板材,其截面一般为梯波形,具有成型灵活、施工速度快、外观美观、重量轻、易于工业化、商品化生产等特点,广泛用作建筑屋面及墙面围护材料。

实践证明,波纹板的搭建时间相比传统料仓隔板可节省一半以上,全线拌和站临建工期缩短 15d;一次性投入与混凝土隔板基本持平,如考虑回收或再次利用,成本将会大幅降低;全线 35 个拌和站,减少料仓拆除后产生的混凝土垃圾近 15000m^3。材料便于运输,可实现料仓装配化施工,特别适用于山区高速公路前期临建施工。总之,采用波形板作为料仓隔板具有投入少、节约人力、效率高、施工成本低等优点,同时可减少后期建筑垃圾,波形板可重复利用,经济环保,外观整洁,便于修复更换。两种隔板对比如图 4-90、图 4-91 所示。

图 4-90 传统混凝土料仓隔板

图 4-91 波纹板料仓隔板

4.5.5 沥青拌合楼"油改气"技术

传统沥青拌和采用燃料油作为燃料,由于燃烧不充分,产生的沥青烟、粉尘等污染物污染大气环境,且容易造成拌和楼板结,缩短拌和楼的使用寿命。沥青拌和站油改气技术(图 4-92)能提高燃烧质量,减少环境污染。经过低温液化处理后的天然气(LNG)不掺合任何杂质,具有热值含量高、单位成本低、燃烧充分等特点,将其用于沥青拌和站,替代传统的重油、橡胶油等燃料油,安全环保。液化天然气和燃料油可共享一个燃烧机,通过不同的阀门开关,实现"油、气"管道的切换,实现"油改气"。

图 4-92　沥青拌和站油改气

1)技术优点

(1)节省重油泵更换成本。

替换前:重油燃烧需要雾化,油质较差、压力较高,导致重油泵极易损坏。

替换后:天然气燃烧无须油泵设备,每年可节省 3 ~4 个油泵的更换费用(进口油泵 3 万 ~4 万元/台,国产油泵 2000 ~3000 元/台)。

(2)减少设备维修成本。

替换前:重油含硫量高,油质差,容易造成锅炉内管道及其他设备的腐蚀、损坏。

替换后:天然气几乎不含硫、清洁,对设备无损害,借鉴已改造单位经验,新设备 3 年无须维修,节省了设备维修成本。

(3)减少了燃料浪费。

替换前:搅拌站点火时经常出现无法点火或点火后燃烧中途熄火等现象,造成大量石料和燃油的浪费。

替换后:天然气点火简单,不会出现无法点火或中途熄火的现象。

(4)节省人工成本。

替换前:设备损坏,更换维修较频繁,且重油非清洁能源,工人工作环境恶劣,劳动强度较大。

替换后:天然气清洁、无毒、易挥发,对设备无损害,自动化控制程度高,降低了设备的维修更换频率,改善了工人工作环境,降低了劳动强度。

(5)降低除尘成本。

替换前:由于重油含杂质较多,且燃烧不完全,产生油烟易糊住布袋,且对除尘布袋有腐蚀,需经常更换。

替换后:天然气为清洁能源,燃烧后只产生二氧化碳和水蒸气,无腐蚀性,延长了除尘布袋的使用寿命,降低了除尘成本。

(6)粉料回用,降低成本。

替换前:重油含杂质多,品质较差,烧余粉料及除尘器收集的尘粉不能回收再利用。

替换后:天然气清洁,属于高品质能源,烧余粉料及除尘器收集的尘粉可以回收再利用,减少了浪费,降低了成本。

(7)提高生产率。

替换前:由于设备维修更换率较高,且难以点火、可能中途熄火,以及更换布袋等问题,增加了非正常停机次数。

替换后:降低设备维修更换频率,减轻了工人劳动强度,减少了非正常停机次数,提高了劳动生产率。

2)天然气替换前后可计算成本对比(表4-14)

天然气替换前后可计算成本对比　　表4-14

项目	替换前成本(万元/年)	替换后成本(万元/年)	节省成本(万元/年)
燃料成本	140	138.5	1.5
重油泵更换成本	1	0	1
设备维修成本	3	0	3
除尘布袋更换成本	8	1.5	6.5
人工成本	9	0	9
合计	161	140	21

注:1.生产量按照年产5万t料测算。
2.除尘成本计算中燃重油时平均1年更换1次除尘袋,燃天然气时5年更换1次。
3.人工成本计算中指维修重油泵、管理导热油锅炉等所需3人,每人每年3万元工资。

4.5.6　多功能储能发光涂料装饰

通常,高速公路为改善隧道光环境,一般通过墙面装饰、照明和标志标线等交安系统来实现,以达到提高道路安全性、减少道路交通安全事故风险的目的。表4-15为传统隧道装饰材料(如贴瓷砖、洞外遮光棚、涂料)以及部分新型涂料光环境改善措施对比。

传统隧道装饰及部分新型涂料光环境改善措施对比　　表4-15

序号	涂装材料类型	应用分析
1	瓷砖	不燃、耐沾污性好于仿瓷涂料,但功能单一,不易清洗,容易脱落和空鼓,且处理难度大;造价100~150元/m^2,使用寿命为8年左右
2	遮光棚	不燃、不易污染,对光环境改善作用较好,造价为4万~7万元/延米
3	丙烯酸涂料	不燃、容易污染、起皮、粉化;造价为50~60元/m^2,使用寿命2~3年

续上表

序号	涂装材料类型	应用分析
4	水性环氧涂料	不燃、黏结力好于丙烯酸涂料、表面能高容易污染；造价60~80元/m^2，使用寿命3~5年
5	仿瓷涂料	施工污染大、不环保、附着力较好、耐污染性好于水性环氧涂料，但隧道中应禁止使用，其燃烧容易产生有毒气体和颗粒；造价为70~90元/m^2，使用寿命10年左右
6	有机硅涂料	环保、不燃、附着力好、耐污染能力与瓷砖相当；造价为80~100元/m^2，使用寿命可达15年左右
7	纳米硅负离子涂料	环保、不燃、附着力好、释放负氧离子、抗菌防霉、防潮耐湿、耐污染、耐酸碱、易清洗、耐污染能力高于有机硅涂料；造价为75~100元/m^2，使用寿命可大于20年
8	多功能储能式发光涂料	增光增亮、延时发光、不燃、附着力好、释放负氧离子、抗菌防霉、防潮耐湿、耐酸碱、耐污染能力好于有机硅涂料，比其更易清洗；造价为130~150元/m^2，使用寿命可大于20年；弥补光环境中波长480~580nm，改善光环境，提高人眼的可视距离，为安全逃生提供引导照明

1）多功能储能发光涂料

（1）在隧道壁面涂装多功能储能式发光涂料，可增光增亮，其在发光二极管（LED）灯、高压钠灯、无极灯、日光灯、白炽灯、节能灯和太阳光等不同光源的照射下，依次增光增亮率为25%~160%，且在撤出光源后可供应急照明延时发光12~18h，节约照明能耗至少大于25%。

（2）隧道壁面涂装多功能储能式发光涂料，可以有效消除隧道进出口的“黑洞”“盲光”现象，提高隧道内照明均匀度。根据实际工程的应用检验，隧道壁面涂装多功能储能式发光涂料后，隧道内路面照明的总均匀度提高10.23%，纵向均匀度提高74.54%。

（3）隧道壁面的多功能储能式发光涂料可有效改善照明光环境，有助于提高人眼视觉功效，增加小物体的可视距离，试验表明，在紧急情况下可提高驾乘人员大于1.3s以上的安全处置储备时间。

（4）多功能储能式发光涂料具有较强的烟雾穿透能力，并能延时发光指示照明，将蓄能发光多功能材料用于公路隧道应急逃生照明是一种新的尝试，达到了既可以作为应急逃生照明又节能的作用，克服了传统逃生指示装置在火灾时无法达到预想逃生引导效果的缺陷。

（5）多功能储能式发光涂料作为隧道壁面装饰材料，针对不同色温光源可降低环境色温16%以上，增加显色指数3~17。

2）纳米硅负离子涂料

纳米硅负离子涂料是一种新型耐污染、耐酸碱、易清洗、防霉抗菌、释放负氧离子、绿色环保、防火阻燃的无机功能型涂料，其分子结构中的硅基与混凝土材料中的钙离子基反应交联,从而实现“反毛细管效应”的表层渗透密封,提高混凝土表层的密实性,在混凝土表层形成封水、耐候的功能。纳米硅负离子材料可明显提高混凝土的各类强度与耐酸碱、耐污染、耐氯离子及硫酸根离子侵蚀和耐强紫外线损毁性能;可根据设计要求做成丰富多彩的外观颜色,无毒、无害、无刺激性气味、不燃、1000℃以上高温条件下不产生有害气体。

在隧道墙面喷涂除了可提高隧道壁面的美观和耐玷污能力外,还能提高壁面混凝土的耐酸碱性、抗渗性、耐氯离子及硫酸根离子的侵蚀性,明显提高隧道内的空气环境质量。另外,采用纳米硅负离子涂料可设计出蓝天白云效果,打造动态景观行车环境,有效降低驾驶员在隧道中的心理压抑感,提高运营安全性。

3)云茂高速公路隧道装饰设计优化

云茂高速公路隧道原设计装饰方案为传统的贴瓷砖方案,存在功能单一、不易清洗、容易脱落且修复施工难度大等不足,结合国内目前先进装饰材料科研成果,部分隧道应用节能环保、安全性好、景观性好、易于清洗、耐久性好的新型涂料装饰。

云茂高速公路将6座隧道进出口段各长60m、检修道至3m高度范围由瓷砖调整为多功能储能式发光涂料,检修道3m以上高度范围及拱顶部分调整为纳米硅负离子涂料,每座隧道结合公路沿线自然人文特色打造竹海、枫叶、梅花等自然景观。对TJ6标段南寨隧道、TJ11标段新屋隧道洞身(扣除进出口各60m长度)检修道以上3m高度范围应用纳米硅负离子涂料,1.5m高位置设置30cm宽红色警示腰线;同时沿隧道横向和纵向采用黑色纳米硅负离子涂料进行分格,表面为扣板效果。

云茂高速公路隧道统计见表4-16。

云茂高速公路隧道统计　　表4-16

隧道名称	长度(m)		洞门形式	
	左洞	右洞		
夏黄山隧道	445	460	削竹式	端墙式
金山径隧道	255	235	端墙式	端墙式
南寨隧道(左右洞)	1534	1532	端墙式	端墙式
竹瓦岭隧道	1773	1757	削竹式	端墙式
黄楼隧道	982	953	削竹式	端墙式
金林隧道(右洞)	3448	3466	削竹式	端墙式
新屋隧道(右洞)	2501	2452	削竹式	削竹式
茶山岭隧道	687	710	斜切式	斜切式
长度合计	11625	11565		
	23190			

部分隧道装饰内容如下。

(1)南寨隧道(图4-93)。

图4-93　南寨隧道左右洞进出口效果图

拱顶:竹林。

隧道进出口60m的3.1m高度以下:多功能储能式发光涂料。

隧道内:纳米硅涂料(3.1m高度以下)、多功能储能式反光环、多功能储能式拱顶诱导标、轮廓标(采用有源轮廓标)。

(2)竹瓦岭隧道(图4-94、图4-95)。

图4-94　竹瓦岭隧道左洞,进出口效果图(全洞采用新型LED灯具)

拱顶:竹林。

隧道进出口60m的3.1m高度以下:多功能储能式发光涂料。

隧道内:铺贴浅色亚光瓷砖(3.1m高度以下)、多功能储能式反光环、多功能储能式拱顶诱导标、轮廓标(采用有源轮廓标)。

(3)黄楼隧道(图4-96)。

拱顶:梅花。

隧道进出口60m的3.1m高度以下:多功能储能式发光涂料。

图 4-95 竹瓦岭隧道右洞,进出口效果图(全洞采用新型 LED 灯具)

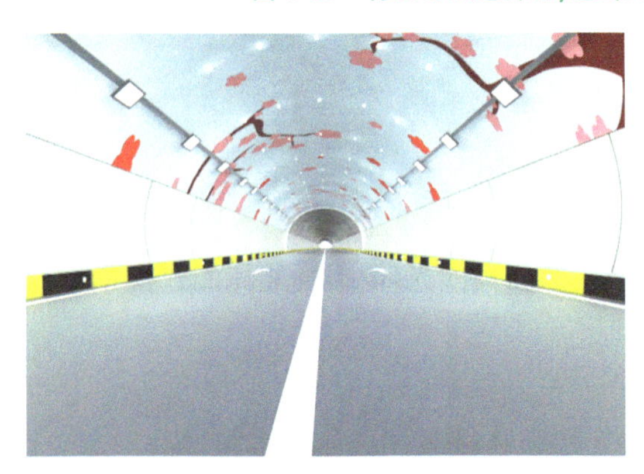

图 4-96 黄楼隧道左右洞进出口效果图

隧道内:铺贴浅色亚光瓷砖(3.1m 高度以下)、多功能储能式反光环、多功能储能式拱顶诱导标、轮廓标(采用有源轮廓标)。

(4)金林隧道左右洞进出口(图 4-97)。

图 4-97 金林隧道左右洞进出口效果图

拱顶:稻穗。

隧道进出口 60m 的 3.1m 高度以下:多功能储能式发光涂料。

隧道内：浅色亚光瓷砖（左洞3.1m高度以下）、纳米硅涂料（右洞3.1m高度以下）、多功能储能式反光环、多功能储能式拱顶诱导标、轮廓标（采用有源轮廓标）。

（5）新屋隧道左右洞进出口（图4-98、图4-99）。

图4-98　新屋隧道左洞进洞效果

图4-99　新屋隧道右洞进洞效果

拱顶：游鱼。

隧道进出口60m的3.1m高度以下：多功能储能式发光涂料。

隧道内：浅色亚光瓷砖（左洞3.1m高度以下）、纳米硅涂料（右洞3.1m高度以下）、多功能储能式反光环、多功能储能式拱顶诱导标、轮廓标（采用有源轮廓标）。

4）实施效果

（1）消除了黑洞、盲光，提高了运营安全性，降低了进出口段的照明能耗；

（2）在进出口段的光环境中增补了480～580nm的光谱波长，有效提高了进出口段光环境中人眼对小物体的可视距离，保障安全；

（3）因为涂料有释放负氧离子的功能，可有效提高壁面的耐污染能力，不至于汽车尾气玷污壁面装饰处，装饰面上玷污少，易清洗；

（4）隧道狭小环境中的负氧离子能净化隧道内的空气环境，有利于通风节能；

(5)装饰面牢固、使用寿命长,不会像瓷砖那样容易空鼓、脱落、损坏。

4.5.7 施工期永临结合

永临结合是节约资源、避免重复建设的重要手段。施工单位需重点考虑临时施工场站、施工便道、便桥、施工用电、用水等临建工程与永久性工程的结合,还应考虑施工中临时支挡防护、排水等措施与设计方案的结合。

在施工过程中鼓励利用已有道路作为施工便道,完工后将施工便道交给地方使用。坚持“不降低原有功能”的原则,对施工重载车辆造成的损坏及时修复;对当地道路不满足施工要求的,根据需要局部提升技术指标。对于办公区、生活区可租赁沿线质量可靠、安全合格的房屋,减少临建用地,实现资源节约的目标;驻地用房在工程完工后可移交当地继续使用。与地方电力部门合作建设施工电网,施工结束后为当地民用;施工电网与服务区、隧道机电等设施的永久用电合并建设。隧道供配电应统筹规划,按施工和运营期“永临结合”的方式一次设计分期实施的原则,实现供电一次接入,永久使用,降低投入成本,避免重复建设。

4.5.7.1 施工便道

云茂高速公路施工便道采用永临结合的方式,与地方道路统一规划,以加宽、硬化、线形指标提升等形式实现共建共享,将部分施工便道转为永久道路。

在施工便道建设中,针对山区路网建设不足或设施破旧情况,将“三改”工程与升级地方基础设施相结合,实施便民工程(图4-100、图4-101)。在施工便道建设中,做好永临结合,为当地增加永久道路174处、长约80km。通过“三改”工程,为地方升级改路300余处、长约63km,改造加固桥涵384处、长约17km,实施改沟186处、长约30km,改渠22处、长约2400m,便民工程投入费用达4.02亿元。通过对沿线山区路网、桥涵、水利等基础设施的升级改造,极大改善了山区基础设施,加速贫困地区脱贫步伐,助力沿线乡村振兴。

图4-100 地方村道改造升级为施工便道

图 4-101　施工便道高标准修建

4.5.7.2　项目驻地选址

云茂高速公路驻地选址尽可能利用闲置民房、闲置的村部、办公楼、闲置的学校、养护中心等，此举既能给地方带来经济收入，减少房屋闲置损失，又能减少因新建临时驻地用房对自然造成的环境破坏，减少农田用地。

云茂高速公路 TJ10 标段项目经理部，租用当地一栋 7 层民房作为项目驻地办公楼，同时租用两栋 3 层民房作为生活住宿楼，TJ3 标段驻地利用罗平镇政府院内原有两层房屋进行加盖建设（图 4-102）、装修，以满足办公和居住，院内其他生活、休息配套设施齐全，减少征地面积约 2667m^2。

图 4-102　TJ3 标段驻地房屋加盖建设

TJ11 标段项目部（图 4-103）及工地试验室是由一个废弃闲置的校园改造而成。

图 4-103　TJ11 标段利用废弃闲置校园作为项目部驻地

云茂高速公路项目部分临建统计情况见表 4-17。

部分临建统计表　　　　表 4-17

标段	临建名称	减少征地数量(m^2)	利用形式	建筑面积(m^2)	减少建筑垃圾(m^3)	备注
TJ1	项目部驻地	6000	养护中心	2200	650	—
	拌和站	—	新增用地	—	—	临时征地 8400m^2
	钢筋加工场	—	新增用地	—	—	临时征地 2500m^2
TJ2	办公区、生活区	9400	建筑用地占用原有废弃砖厂，避免占用耕地及破坏环境	2807	650	临时设施采用可回收材料搭建
TJ3	项目部临建	2200	永临结合	2200	—	—
TJ11	项目部驻地	2200	废弃小学改造	2200	—	—
	2 号拌和站	2800	便道改道	2800	—	—
TJ12	项目驻地	3333	临时用地	2000	—	—
TJ13	项目驻地	3333	当地民房	2000	—	—
TJ10	项目驻地	4076	已有民房	2400	—	—
	1 号钢筋加工场	3380	路基	3380	—	—
	1 号拌和站	6500	弃土场	6500	—	—
	3 号拌和站	11041.5	弃土场	11041.5	—	—

4.5.7.3　利用路基做预制场

云茂高速公路地处山岭重丘区,沿线走廊带狭窄,预制场(梁场)选址和运输条件困难,为集约用地,减少预制场拆除产生的建筑垃圾,实现资源循环利用,结合项目实际,部分标段将挖方路基硬化后用作预制场,而后用作路床顶面。云茂高速公路项目制定了《路基上设置预制梁场管理办法》,在路基上设置预制梁场(图 4-104),一方面规范管理程序、统一厂区标准,降低梁场施工对路基交验进度的影响,减少红线外临时征地;另一方面,对符合保留条件的,可用作路床的一部分,降低混凝土拆除成本,减少建筑废渣。据统计,云茂高速公路在路基上设置预制梁场 20 余座,仅此一项措施就节约临时用地超 0.33km^2。

图 4-104　利用红线内路基建设预制梁场

《路基上设置预制梁场管理办法》共包括 6 章,内容涵盖专项施工方案审批、预制场建设技术要求、施工过程相关要求及预制场清理验收等内容。预制场路面结构如图 4-105 所示。

挖方路段（岩石路基）预制场基础位置及路面结构示意图

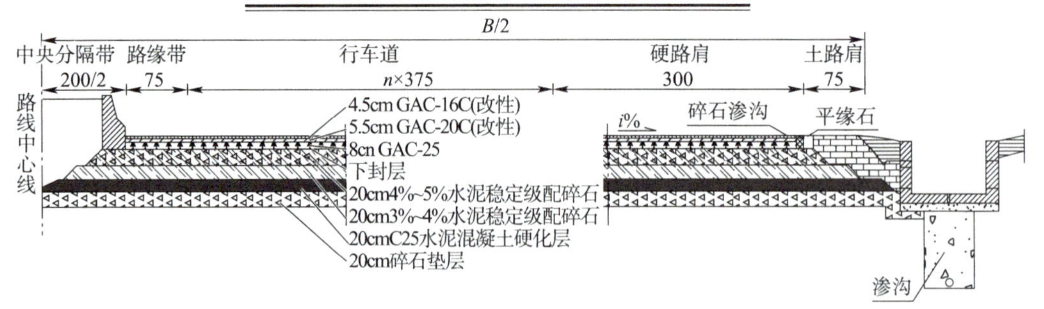

挖方路段（土质路基）预制场基础位置及路面结构示意图

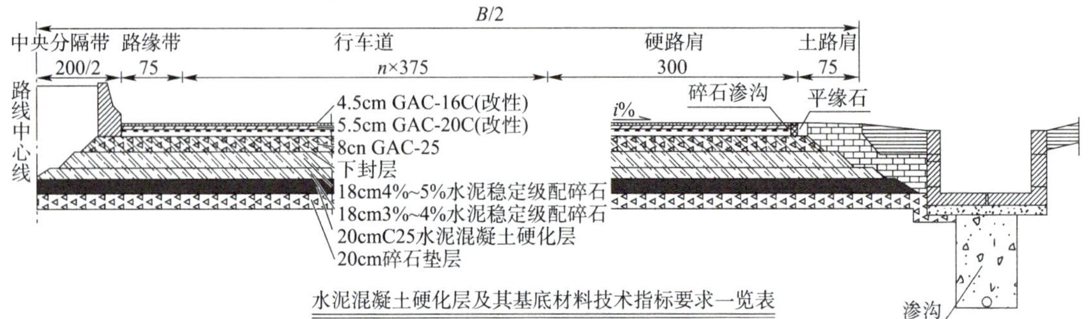

水泥混凝土硬化层及其基底材料技术指标要求一览表

结构层次	技术指标		厚度允许偏差
	压实度	平整度	代表值
C25水泥混凝土硬化层	—	3m直尺量，不大于12m	-10m
碎石垫层	>96%	3m直尺量，不大于15m	—
路基	>96%	3m直尺量，不大于15m	—

注：
1.本图尺寸以厘米(cm)为单位。
2.水泥混凝土硬化层采用C25混凝土，其材料及其基底碎石垫层，路基材料技术指标要求如表中所示，其余路面结构层设计细节详见路面册。
3.预制场基础横向范围需按全幅或半幅断面设置。
4.挖方岩石路基段范围、土质路基段范围详见路面施工图。

图 4-105　预制场路面结构图

安全为纲
助力平安型建造运营

安全生产是人类生存发展过程中永恒的主题。随着社会的进步和经济的发展,安全问题正越来越多地受到整个社会的关注与重视。做好安全生产工作,保证人民群众的生命和财产安全,是实现我国国民经济可持续发展的前提和保障,是提高人民群众的生活质量、促进社会稳定与创造和谐社会的基础。

安全生产是云茂高速公路建造运营非常重要的一环,安全管理也是管理者首先要注意的头等大事,需要时刻秉持“安全第一,环保优先,综合治理”的方针,将安全问题放在首位。

5.1 安全管理

“安全是最大的绿色”。云茂高速公路项目创新管理模式,大力加强建设单位对现场安全、质量管理的掌控力和执行力。

5.1.1 率先编制了《安全标准化防护措施通用指引图册》

为进一步提高云茂高速公路施工安全管理水平,便于标准化防护的落实,提升项目整体形象,云茂高速公路以现行施工安全标准规范、《广东省高速公路工程施工安全标准化指南》为基础,总结国内高速公路及云茂施工现场安全防护设施先进经验,于 2017 年在广东省内率先编制了《安全标准化防护措施通用指引图册》(简称《图册》),2018 年在全线推广应用,效果十分明显。特别是全线盖梁施工作业平台采用了装配式平台,更加轻便、可靠,安装、拆卸方便,便于循环利用。

《图册》涵盖临边防护、上下通道、张拉挡板、边通车边施工等 32 处(种)防护设施,每一处安全防护设施主要分为现场防护示意图(图 5-1)和设计图纸(图 5-2)两部分。

图 5-1 临边防护栏杆现场防护示意图

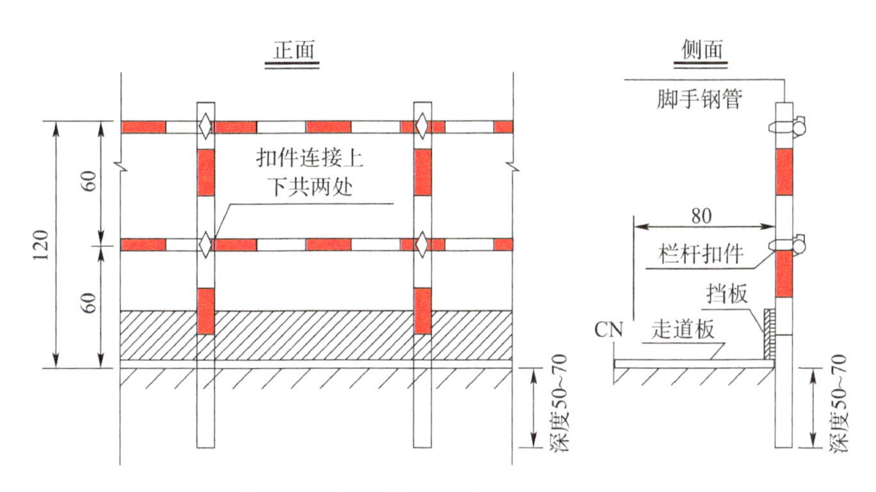

图5-2　防护栏杆设计图(尺寸单位:cm)

注:1. 使用要求

主要用于基坑周边(地形复杂区域)、便道临边、人工挖孔桩洞口、盖梁平台临边安全防护等。

2. 设置规定

(1)防护栏杆应能承受1000N的可变荷载。

(2)防护栏杆下方有人员及车辆通行或作业的,应挂密目网封闭,防护栏杆下部应设置高度不小于0.18m的挡脚板。

(3)防护栏杆应由上、下两道横杆组成,上杆离地高度应为1.2m,下杆离地高度应为0.6m。

(4)横杆长度大于2m时,应加设栏杆柱。

(5)立杆间距不大于2m。

(6)30cm红白相间反光漆。

5.1.2　高边坡滑塌应急抢险救援预案

云茂高速公路TJ7标段K49+065~K49+420路堑边坡地质条件复杂,右侧边坡顶外侧(北南村)曾出现地面裂缝(图5-3)和深层位移,经过连续观测和分析,该段边坡位移仍有进一步发展趋势甚至出现滑塌的可能。为降低风险,减少损失,提前准备,云茂高速公路联合设计施工监理单位编制了应急抢险救援专项预案。该预案包括了未来可能产生的后果、应急抢险组织机构、风险评估与预警程序、应急处置、保障措施及要求等内容,真正做到应急救援与预防工作相结合,防患于未然,对边坡坍塌事故的发生做好思想准备、组织准备、物资准备等各项准备工作,将安全施工作为首要原则,有效实现了高边坡滑塌险情的应急响应,切实保障了人民群众的生命财产安全。

5.1.2.1　现场情况

云茂高速公路TJ7标段K49+065~K49+420段边坡为土质边坡,坡体第四系覆盖层侵入接触界线及全~强风化层较厚,植被发育,坡体范围测得部分节理裂隙。原设计在XGXK23钻孔(K49+203.4右侧16.2m)发现全强风化变质砂岩。

图 5-3　边坡位置及地面裂缝

一级边坡采用锚杆格梁 +6cm 厚的客土喷播，二、三级边坡采用人字形骨架植草，四级边坡三维网植草防护。边坡分级高度 10m，一、二、三级边坡坡率为 1∶1，四级边坡坡率为 1∶1.25。二级边坡顶设置 8m 宽平台。

现场按《广东省交通运输厅关于切实加强我省高速公路路堑边坡管理的通知》（粤交基函〔2019〕680 号）、《云浮罗定至茂名信宜（粤桂界）高速公路项目边坡工程应急管理办法》"开挖一级、防护一级"的施工要求，规范完成三、四级边坡的开挖、防护和排水施工。

5.1.2.2　现场处置及成立应急抢险组织机构

1）可能产生的后果

根据现场实地勘查情况，该区内气候温和，雨量充沛，地表径流对坡面坡脚的冲刷较大，且该右侧边坡地下水丰富，地下水位较高，主要在右侧二级边坡上，类型为孔隙水及基岩裂隙水，并且边坡坡顶沿结构面产生滑塌裂缝，为反倾不利结构面，可能的破坏模式为倾倒破坏。

裂缝已危及坡顶外当地民居房，部分民居房为土砖房结构，房屋结构差，由于正值雨季，雨天加剧裂缝发展，极易导致民房坍塌，危及当地村民安全。如室内人员未及时撤离，可能发生伤亡事故。裂缝穿过的民房有 4 户，总共可能受影响约有 16 户村民。

2）现场预处置情况

广东省公路建设有限公司、云茂公司、设计单位、施工单位、监理单位、监测单位代表现场核查后，要求开展如下工作：

（1）施工单位停止此段路基土方开挖施工，加快开展对已开挖沟槽的回填反压工作，利用左侧多余土方进行回填，以避免或者减缓右侧边坡位移的加剧，同时对已出现的裂缝进行封闭。

落实情况：TJ7 标段项目部组织施工人员，调配机械挖机、推土机、压路机、自卸汽车，对坡脚实施回填反压工作。

(2)督促第三方监测单位加快部署深部位移监测,每天更新监测数据,增加地表位移监测点,加强对已发现裂缝的监测,在暴雨和土方开挖回填前后加强检测。

施工单位、监理单位:对地表位移开始观测,随时上报监测数据。

监测单位(中铁西南科学研究院有限公司):编制监测方案,并开始现场监测,其中地表位移点19个,深层位移孔8个。

(3)督促勘察单位尽快进场,重点查明全风化花岗岩和强风化变质砂岩之间的关系,查明可能存在的软弱带,对本边坡影响范围做地质调查。

(4)做好现场的应急预案,保证一旦出现险情,能及时保证现场人员和部分财产的安全。

TJ7标段项目部与北南村委沟通好,一旦发出预警信息,及时在边坡周围布设安全警戒线,将受影响的村民转移到安全住所。

3)成立应急抢险组织机构

在现场处置妥当后,云茂高速公路立即成立应急抢险救援指挥部、党员突击队以及6个应急小组,责任落实到人,切实保障人民群众的生命财产安全。

5.1.2.3　风险评估与预警程序

1)风险评估与值班巡查

(1)加强危险源辨识,与当地气象台建立天气服务联系,根据天气预报、降雨量和降雨时间的记录,进行数据分析。

(2)要求每天监测深层位移、裂缝发展情况,对边坡稳定性进行评估,提供预警依据。除每天进行反馈外,位移出现突变应随时反馈至技术分析组。

(3)对危险区域予以明显标识,实现规范化、标准化管理。

(4)项目部提高认识,配合应急抢险救援指挥部在项目部内部建立生产安全事故应急处理领导小组,建立项目部领导带班巡查、检查制度,每班对现场安全生产状况进行巡视检查,及时查处并消除安全隐患,发现异常情况及时向应急处理办公室报告。项目部各巡查值班人员电话必须保证24小时开机,保证一旦发生事故,能在最短时间内得到响应和处置。

2)信息反馈及预警

(1)预警条件。

施工现场发生坍塌事故,或者是存在可能发生坍塌事故的险情时,如周边裂隙明显增大、土地碎落松动、支护有异常声响等,现场人员及时报告信息报送组,由信息报送组报告技术分析组,技术分析组报告指挥部,指挥部根据实际情况决定是否发布预警信息。及时研究制定应对方案,通知各应急组采取相应的行动,预防和控制事故的发生和扩大。预警级别及应对措施见表5-1。

预警级别及应对措施　　表 5-1

风险级别	图示	依据	响应分级	应对措施
Ⅰ级(特别重大)		边坡深层位移急剧增大或边坡出现可见的滑动	指挥部,项目部配合,必要时报请上一级应急指挥机构	分析影响范围,全部撤离,待稳定后再启动抢险救援
Ⅱ级(重大)		边坡深层位移≥3mm/d,或连续3d≥2mm	指挥部,项目部配合	分析影响范围,拉警戒线,通知撤离,准备抢险救援
Ⅲ级(较大)		边坡深层位移在1~2mm/d之间	项目部,报送应急抢险救援指挥部	加强监测,连续降雨天气应加密巡查
Ⅳ级(一般)		边坡深层位移<1mm/d	项目部	加强监测、边坡稳定性分析,项目部值班巡查

(2)信息反馈渠道及预警分析。

应急救援处置流程如图5-4所示。

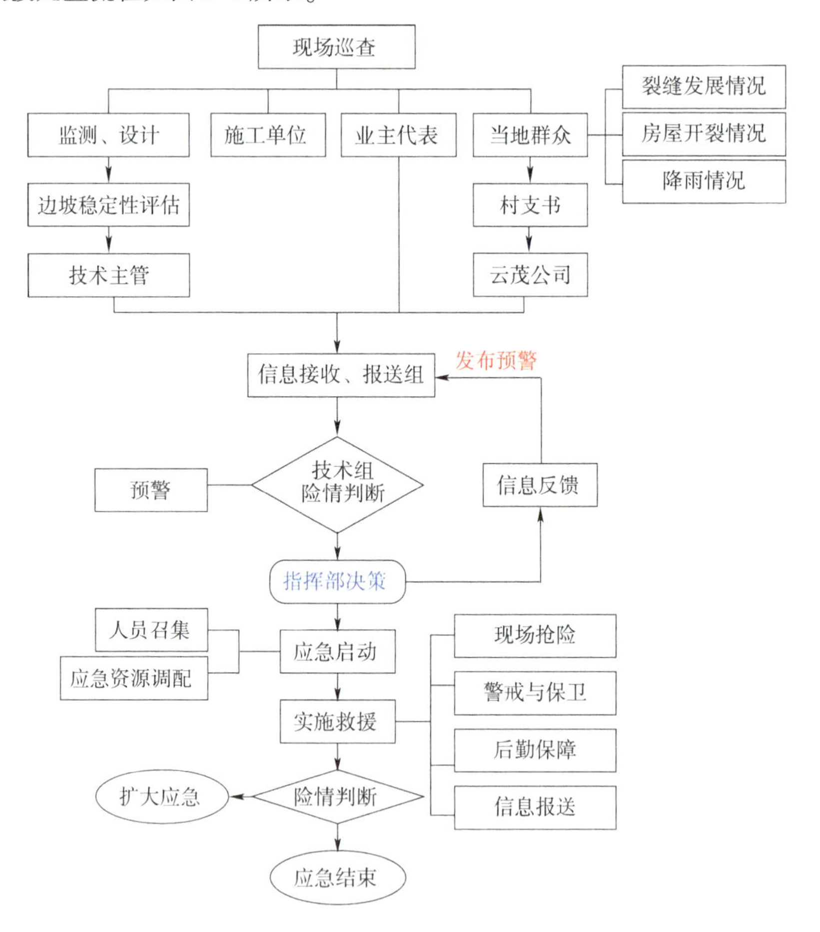

图5-4　应急救援处置流程

①村民→村支书→信息报送组→技术组进行风险评估→指挥部确定预警级别→信息报送组发布至有关单位和个人→启动应急预案。

②施工人员→信息报送组→技术组进行风险评估→指挥部确定预警级别→信息报送发布至有关单位和个人→启动应急预案。

③业主代表、监测、设计单位人员→信息报送组→技术组进行风险评估→指挥部确定预警级别→信息报送发布至有关单位和个人→启动应急预案。

报告事故时必须说明事故时间、地点、性质、经过、初步原因、严重程度、受威胁的人员数，是否需要派救护车、消防车或警力支援，可能影响的范围是否扩大。

事故或险情预警信息由信息报送组发布，以书面通知形式，紧急情况时可先电话通知现场做好防范准备，事后补发文字通知。接到预警通知后，各应急组应当按照处置方案的规定加强现场监控，核实抢险救援设备、物资、人员准备情况，并及时将现场救援情况及时报告给信息报送组，以便指挥部作进一步的决策。现场危险减轻或消除后，适时发布相应通知，做好善后工作。

5.1.3　疫情传播期三色工作证管理

2020 年新年伊始，新冠疫情在全国蔓延，因其具备“人传人”特性，使得防疫工作开展艰难，直至 2020 年 2 月底，全国新冠疫情防控取得阶段性成效，云茂高速公路开始积极推进复工复产的步伐，同时加强安全生产监管，分区分类加强安全监管执法，强化企业主体责任落实，牢牢守住安全生产底线，切实维护好一线工作人员的生命财产安全。

与往常相比，在做好疫情防控的同时推进复工复产需要处理更多的工作内容，投入更多精力。云茂高速公路高度重视一线工作人员的生命财产安全，为加强人员管控，设计了疫情时期“三色”工作证。其中，黄色工作证代表没做核酸检测且需要隔离的员工，绿色工作证代表做了核酸检测且检测结果为阴性的，蓝色工作证代表已做核酸检测，但还没出检测结果的(图 5-5 ~ 图 5-7)。每张工作证背面印有“防疫六字经”，时刻提醒工作人员做好个人防护。精细化的疫情安全防控管理为云茂高速公路复工复产保驾护航。

a) 正面

防疫六字经

少：尽量不出门、少出门，不去人群密集地，不聚会。
洗：勤洗手、洗澡、换洗衣物，外出回来必洗手。
通：家里、办公室、乘坐交通工具保持通风换气。
监：对来访人员做登记，全体人员每天自觉测量体温。
戴：出门，一定要戴上口罩。
消：落实公共卫生消毒、车辆消毒，尽量不触碰口、鼻、眼。

b) 背面

图 5-5　黄色工作证

a) 正面　　b) 背面

图 5-6　蓝色工作证

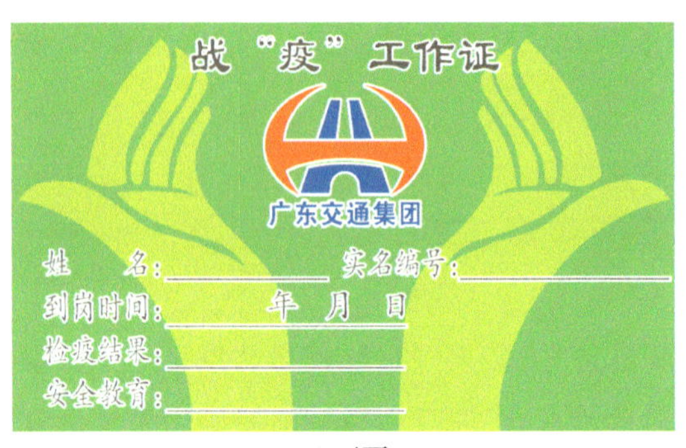

a) 正面　　b) 背面

图 5-7　绿色工作证

5.2 安全培训

在企业的生产活动中,安全就是形象,安全就是发展,安全就是需要,安全就是效益的观念正在被广泛接纳,并更多受到施工企业的高度重视。千里之堤溃于蚁穴,企业的安全管理也是这个道理,如果不扎扎实实做好各项安全预防工作,安全生产就如同一句空话,所引发的后果也是可想而知的。云茂高速公路根据企业管理需要,进行了多项安全生产培训,提高安全意识,降低安全隐患。

5.2.1　基于 3D 虚拟现实技术的"VR 安全体验馆"

据统计分析,全国建筑业伤亡事故 80% 以上都是违章指挥、违章作业、违反劳动纪律造成的。加强安全教育培训,提高建筑施工队伍的安全素质,杜绝"三违"现象,减少伤亡事故发生,是建筑施工管理的关键措施。

云茂高速公路安全培训体验馆将传统和主流相结合，将情景式体验植入安全意识，建立了基于3D虚拟现实技术的“VR安全体验馆”（图5-8），将施工现场常发事故通过虚拟现实技术重现，在VR世界中还原了一个“真实的”施工现场。每个员工都要在这里进行安全培训再上岗，避免了实体体验的安全风险。目前，全线共开展体验式培训5000余人次。

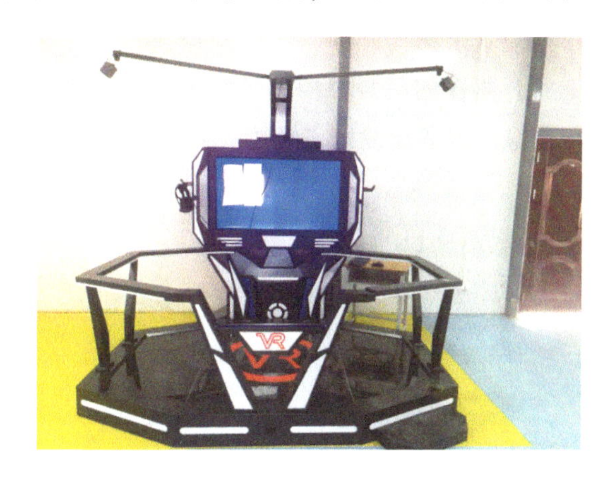

图5-8　VR安全体验馆

5.2.2　多媒体安全培训工具箱

全线各标段日常安全培训采用多媒体安全培训工具箱。该工具箱具有建档、考勤、教学、考试、无线答题、自动阅卷等功能，内置丰富的安全培训课程，采用动画短片形式培训生动形象。通过多媒体安全培训工具箱，目前已完成实名制安全培训3万余人次。

5.3　安全技术

云茂高速公路项目细化高速公路建造、运营安全风险隐患，分析各种事故造成的原因、研究防治事故的各项办法，提高设备的安全性和稳定性，同时研讨针对新技术、新工艺、新设备的安全措施。

5.3.1　重要风险点实时视频监控

随着现代计算机技术和通信技术的飞跃发展，社会信息化程度越来越高，信息技术已渗透到社会各层面以及各个行业中。就交通行业而言，交通基础设施建设点多、线长、面广、投入巨大，为充分发挥基础设施建设的效益，交通必须有信息化作保障。

目前,公路工程建设工地一般分布在地理位置较为偏僻、交通不方便的地方,同时施工现场的通信条件较差,尤其是修建大桥等高空操作安全风险较大。项目管理层管理人员定期或不定期到现场检查,这样就需要一定的时间及相关交通工具,这种做法往往会花费大量的人力、物力和财力。

随着目前无线网络技术和数字视频压缩技术的发展,在无线网络上传输相关的视频及音频是目前各个行业实施实时监控的趋势。根据工程的实际应用,通过无线网络可以把实施动态图像传送到各级用户最近的通信发射设备中,各级用户再通过无线接收设备,实时查看、浏览各视频点的动态图像。通过视频监控系统,可减少管理层现场检查次数,且能及时发现施工安全风险点,进一步提高项目的管理水平。

云茂高速公路引进先进的施工现场可视化实时监控设备(图5-9),及时了解现场进度,快速解决现场施工问题,提高风险点监控自动化水平,降低人力成本,实现资源节约最大化。

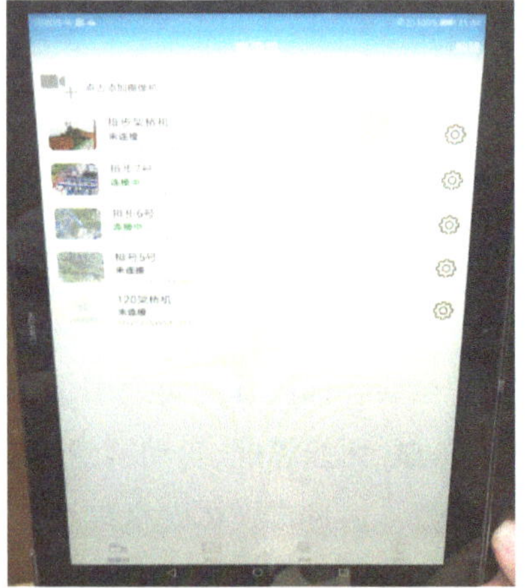

图5-9　云茂高速公路实时监控图

5.3.2　基于北斗卫星智能监控系统的高边坡变形自动化监测

云茂高速公路是典型的山区高速公路,针对高边坡监测不及时、作业面危险、人力消耗大等问题,选择具有代表性的7处高边坡采用基于北斗卫星智能监控系统的自动化监测技术(图5-10),部署23套全球导航卫星系统(GNSS)自动化监测设备以及11套深层位移监测设备,实现全时段、自动化监测。

1)技术概要

该监测系统(图5-11、图5-12)通过云平台系统全面、及时、准确了解各项监测数据情况,及时掌握监测体危险源预警信息,当危险源预警时,可通过手机接收预警信息,随时掌控监测体危险源动态；可通过网络动态查看滑坡体的相关实时数据和图像，随时掌握监测体的运行情况。

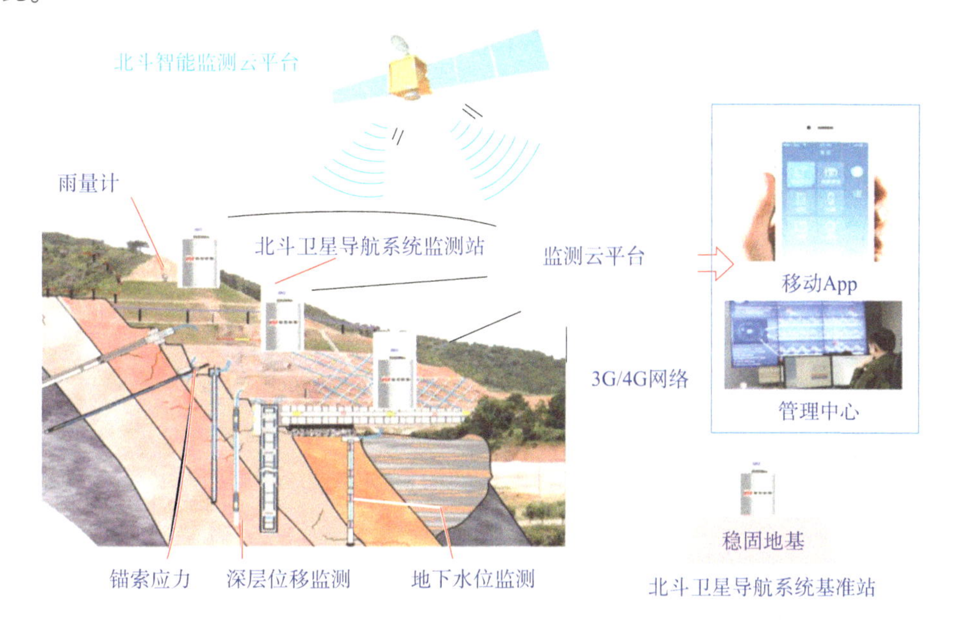

图 5-10　高边坡监测应用自动化监测技术

图 5-11　自动化监测设备现场保护装置

图 5-12　高边坡变形自动化监测系统

（1）全面“北斗化”的智能监测系统。

应用于云茂高速公路边坡监测的北斗卫星智能监测系统充分利用我国北斗卫星导航系统在本区域观测卫星多空间结构强等特点，大幅提高监测精度，同时还实现在无卫星定位系统（GNSS）信号下，利用我国北斗卫星导航系统为云茂高速公路高边坡提供持续高精度的变形监测。

（2）毫米级的形变监测精度。

本项目所采用的北斗卫星智能监测系统，根据云茂高速公路工程的实际应用需求进行优化更新，实现为云茂高速公路边坡监测提供水平 1～2mm、高程 3～4mm 的高精度形变监测服务。

(3)自动化多级危险预警。

系统内置自动化形变危险预警模块,设定了三级安全阈值,根据不同预警级别分别通过短信、邮件、电话等形式通知平台管理员、监测点管理员和业主,保证在形变发生第一时刻将信息传递至业主,进而避免人员和财产损失。

(4)全时段、自动化、高集成化地边坡监测应用方案。

针对边坡监测不易接电接网且危险性大的特点,北斗卫星智能监测系统将太阳能供电系统、4G 通信等模块进行集成,实现 24 小时不间断监测;基于智能云平台的实时解算及自动报警模块,真正实现自动化无人化的边坡监测。

(5)多途径的数据推送云平台。

针对云茂高速公路边坡监测需求,监测站(地灾点)责任人可通过计算机端、手机 App、微信小程序实时查看监测站的变形监测数据、水汽信息、灾害预警等信息,保障能将形变信息第一时间传递给客户;建立信息推送接口,将实时监测数据、水汽信息、灾害预警等信息提供给业主使用。

2)效益分析

该技术监测成本低,可实现数据自动采集、分析、处理和发布,解放了人工操作,节约了大量的人力物力,提高了云茂高速公路高边坡风险预警能力,避免更大自然灾害的发生。该技术可跨越项目建设期和运营期,可确保监测工作的连续性,并且监测点永久保留,实现全寿命成本最优。

5.3.3 隧道三维可视化施工监控技术

三维激光扫描技术是隧道施工的重要组成部分,是掌握围岩动态和验证支护结构合理性的重要技术手段,也是确定合理支护时间的重要依据。云茂高速公路全线桥隧道比较大,隧道地质条件复杂,隧道监控量测工作极为重要,在调研了三维激光扫描技术在隧道监测的优势后,全国首创全线应用三维激光全断面法隧道监控量测新技术,在隧道施工过程中对隧道的变形进行了全方位监测。

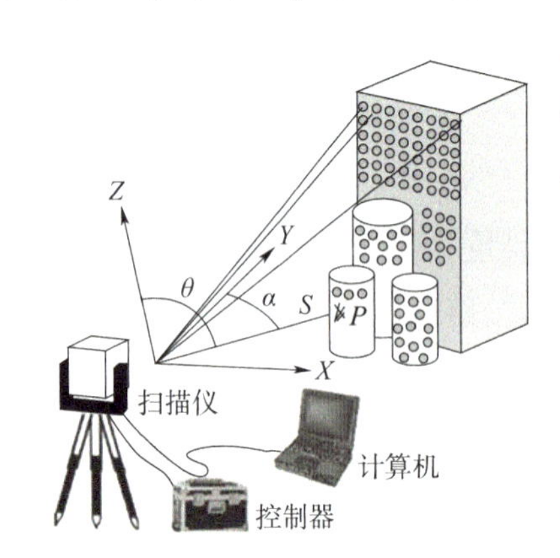

图 5-13　三维激光扫描系统组成及原理

1)三维激光扫描技术原理

三维激光扫描系统主要由扫描仪、控制器、计算机和电源供应系统组成,如图 5-13 所示。扫描仪包含了激光发射器、激光探测器及旋转系统,有的扫描仪还集成了电荷耦合器件(CCD)相机;控制器主要负责角度测量和距离测量;计算机用于数据的存储和计算。

测量时,首先由激光脉冲二极管发射出激光脉冲信号,在控制器的控制下,水平镜和垂直镜按照设定的步进量快速而有序地同步旋转,使激光依次扫过物体表面。经物体表面反射回来,由探测器接收反射回来的激光脉冲信号。控制模块通过某种模式测量出每个激光脉冲到物体表面的空间距离和每个脉冲的水平角和天顶距。通过计算机处理得到每个激光点的三维坐标和反射强度。因此,地面三维激光扫描系统能在短时间内获取测量物体表面的大量数据信息,经过软件处理实现实体建模输出。

地面三维激光扫描仪的应用范围非常广泛,如地籍测绘、地形测量、矿山测量、文物保护等,在隧道监控量测中的应用也有研究,三维激光扫描仪在隧道监控量测中的研究和应用也在快速发展。三维激光扫描仪在隧道中可以开展的应用有拱顶沉降、地面隆起、收敛分析、超欠挖分析、轴线偏差分析、二次衬砌质量检查等。

2)在隧道监控量测中的应用

该技术在南寨隧道 ZK39 +540、竹瓦岭隧道、夏黄山隧道等进行实测监控。

(1)通过南寨隧道 ZK39 +540 实测断面图与设计断面图(图 5-14)对比,发现隧道存在明显的偏压现象。

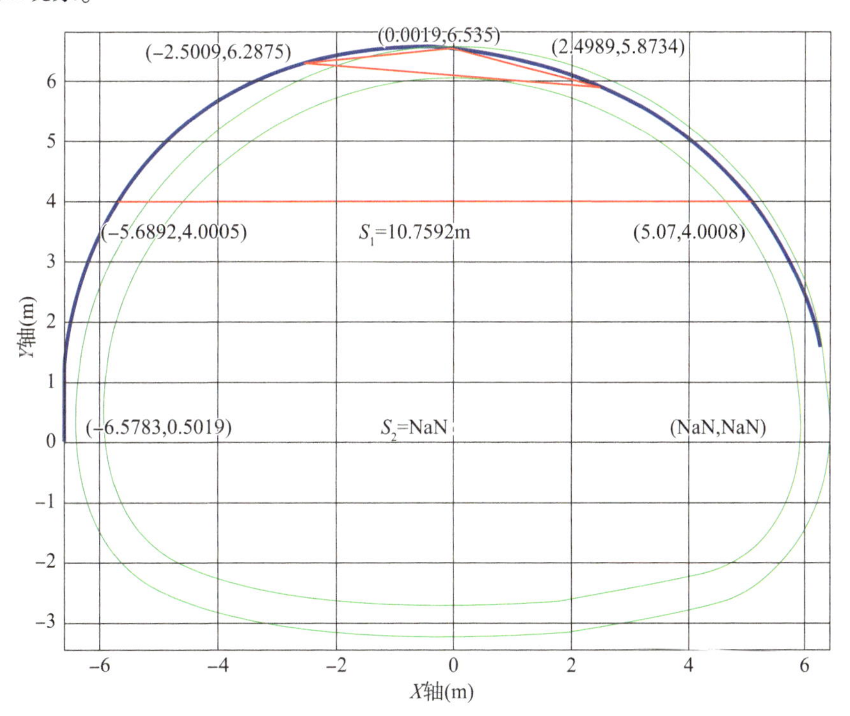

图 5-14　南寨隧道 ZK39 +540 实测断面图与设计断面图

注:1. 粗线为实际断面轮廓线,细线为设计断面轮廓线,坐标系为施工坐标系。
2. NaN 表示无数值。下同。

(2)竹瓦岭左洞进口为浅进段,地质条件极差为全风化花岗岩,围岩呈粉状,自稳能力极差,在施工过程中用三维激光全断面监测技术发现了中隔墙部位沉降过大(图5-15),引起局部的初期支护侵限。施工方根据监测数据调整施工工序,控制了隧道变形的发展。

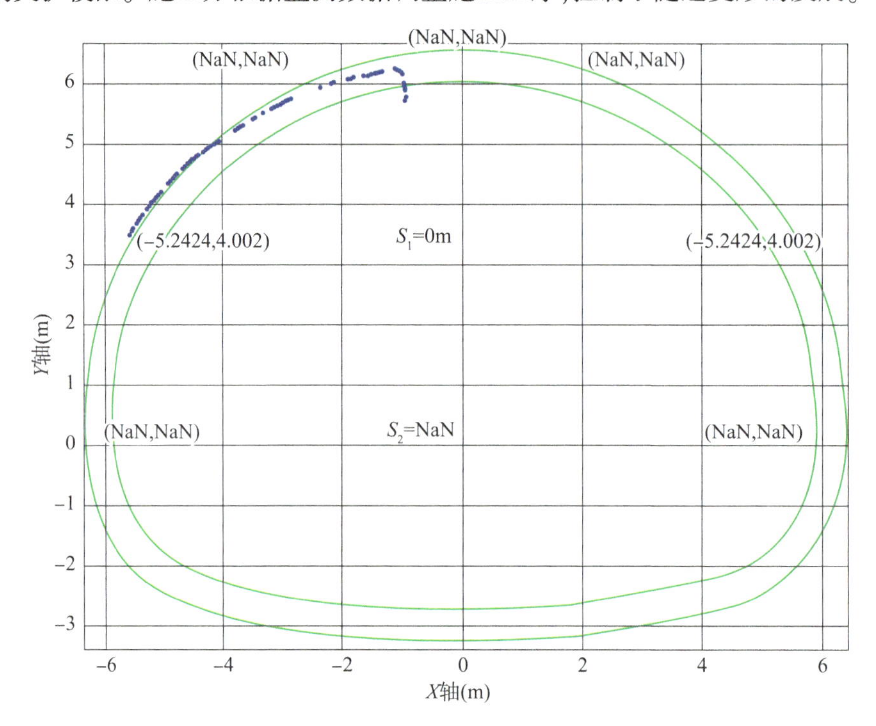

图5-15　竹瓦岭隧道左线进口ZK55+122断面轮廓图

注:粗线为实际侧壁导坑上导轮廓线,细线为设计断面轮廓线,坐标系为施工坐标系。

(3)用三维激光全断面法可以在二次衬砌施工前检测二次衬砌的厚度,可以有效避免因初期支护的净空不足造成二次衬砌厚度不能满足设计要求,在施工前就可以处理此类问题,提高二次衬砌的质量合格率,如图5-16、图5-17所示。

现场实测图如图5-18、图5-19所示。

3)效益分析

云茂高速公路全线隧道应用三维激光扫描技术,该技术实际应用监测数据准确,能及时发现隧道变形趋势,及时发现不稳定及危险情况,为后继的工法优化、设计参数变更、工序调整、施工质量控制、施工进度安排提供了数据支持,保证施工安全及施工质量。

5.3.4　雾区护栏LED低位节能照明系统

1)技术特色

与传统高杆、中杆和低杆照明灯具不同,公路护栏LED低位节能照明灯具以常规的钢护栏或水泥混凝土护栏为承载体，采用一体化结构设计，低位安装（图 5-20），不需要照明灯杆和支撑基础，缩短灯具与路面的照射距离，将有效光通量 100% 投射到路面上，减少光损失，提高光效利用率，降低工程建设成本。

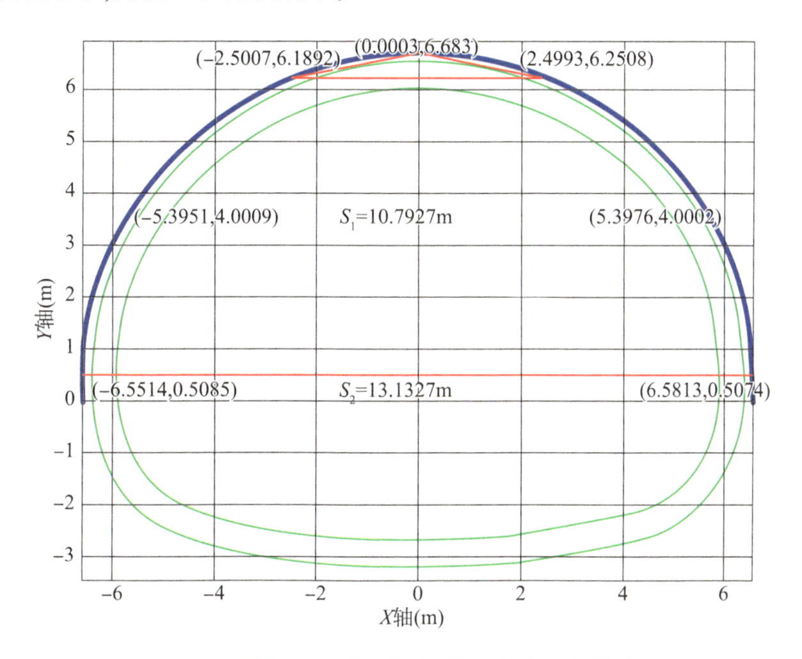

图 5-16　夏黄山隧道二次衬砌施工前断面轮廓检测

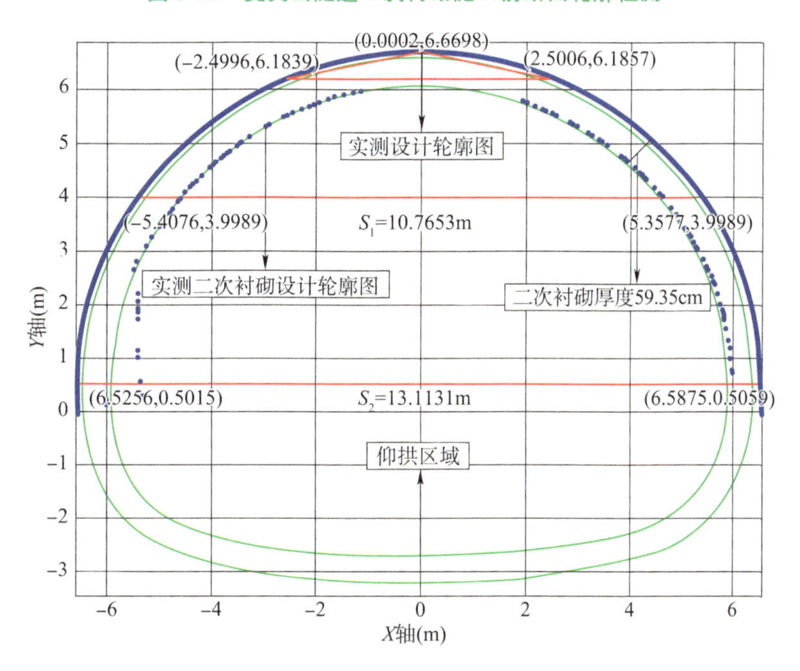

图 5-17　夏黄山隧道二次衬砌施工后断面轮廓检测，可测出二次衬砌任一点的厚度

图 5-18　夏黄山隧道实测图

图 5-19　南寨隧道实测图

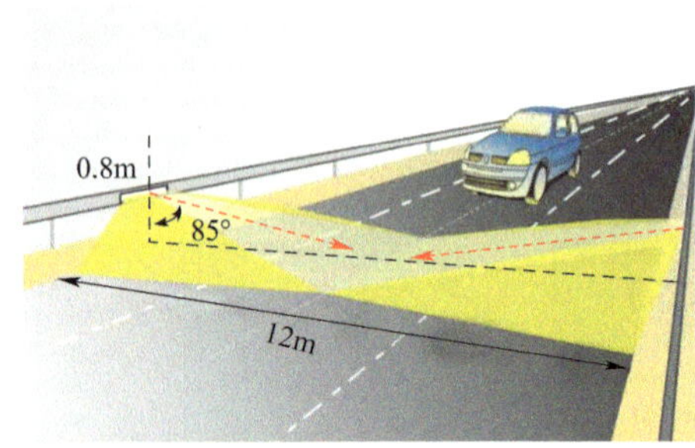

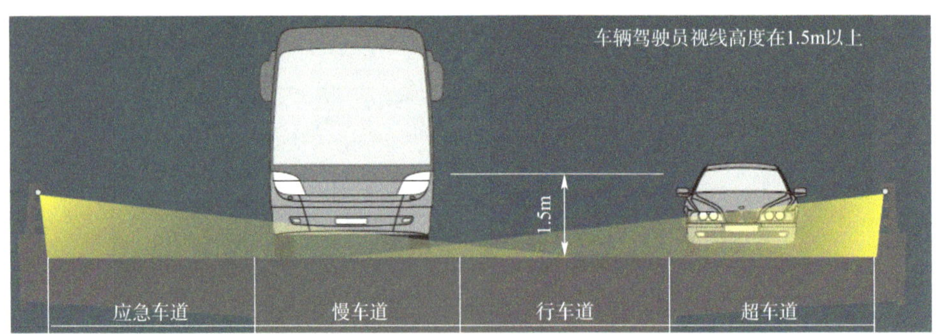

图 5-20　公路护栏 LED 低位节能照明灯具安装与效果示意图

2)解决的问题与实施效果

纵向顺光角度安装,横向安装角度往下聚光,降低上射光通量,解决护栏低位 LED 灯具对驾驶人员视高区域的眩光问题。通过纵向和横向配光设计(图 5-21),解决两车道及以上大断面路面横向亮度均匀性问题和纵向驾驶员眩光抑制问题。

低位照明避免光污染和高杆远距离的传输光损失,节能减排效果明显,无须照明灯杆和支撑基础,工厂预制现场可快速安装,避免土建施工,工程建设进度快,可降低工程建设成本,养护维修便捷,尤其是桥梁路段养护检测时可避免桥检车频繁伸缩避让灯杆的难题。与传统高杆大功率照明灯具相比,低位照明灯具单灯功率小,可采用光伏清洁能源供电。

公路护栏LED低位节能照明效果如图5-22所示。

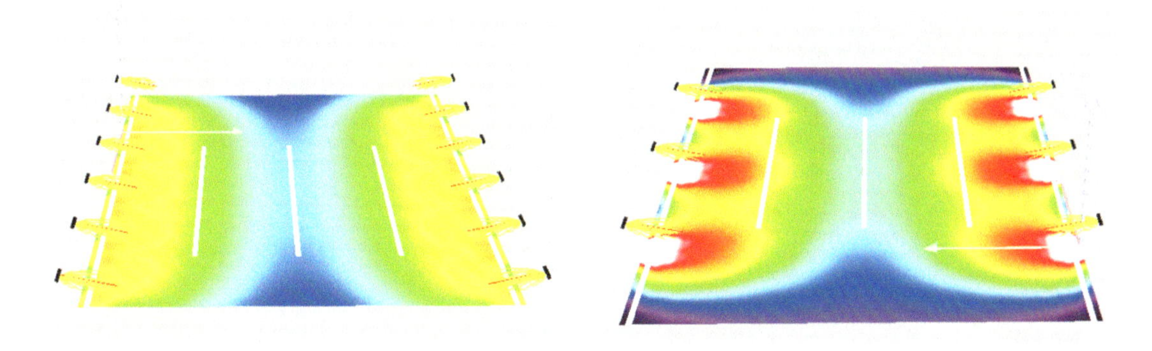

图5-21　照明灯具纵横向配光设计对比

图5-22　公路护栏LED低位节能照明效果图

“智”造赋能
创新智慧管理新模式

建筑工程项目管理是一个复杂的系统工程，需要全方位、全过程进行资源的有效配置、整合和管理，因此加强项目管理的前期策划有其必要性，项目管理策划涵盖了项目管理的方方面面，在一定程度上使项目实施各阶段管理和局部管理衔接紧密，系统资源分配合理，更好地保证了工程项目实施与进行；而良好的管理实施效果除了有效保证工程微观上的目标，如造价、质量、进度等目标的实现外，也促进了管理策划更加科学合理。其相互间作用所积累的管理实践形成项目管理经验。

6.1 管理创新

如何管好人、用好人是项目管理的重中之重。充分发挥业主在品质工程创建中的引领和主导作用，让业主单位的管理人员懂技术、善管理，是项目管理最基本的要求。项目管理要得法，一靠优化排列组合，用人之长，把人才放在合适的位置上，充分发挥各参建人员的聪明才智；二靠制度，奖优罚劣，激发全员创建品质工程的积极性。

6.1.1 业主代表管理制度

云茂高速公路主动创新管理模式，将以往归属于工程部的业主代表纳入安全质量（简称“安质”）管理部统一管理，以现场安质管理为核心职责，加强管理要求执行和现场反馈的力度。同时，编制了《业主代表管理手册》《业主代表考核办法》；每个总监办成立 1 个业主现场管理小组，以老带新，根据专业特点进行分工组合，做到师徒帮带，人尽其才。让业主代表自己，其理念是业主代表对外要代表业主单位行使管理职能，代表业主的态度；对业主内部，代表施工单位，对现场的熟悉程度要达到项目经理的水平。

6.1.2 设计代表驻场与考评制度

设计质量直接决定是工程项目的建设水平，云茂高速公路项目建立了勘察设计人员驻场设计制度和优质设计奖励办法，在广东省首次制定了《设计变更工作评比与奖惩办法》、四方会签表和服务函任务单制度，充分调动了设计人员的积极性，提高了设计变更服务质量和工作效率。图 6-1 所示为设计代表驻场办公。

6.1.3 优质优价与平安工地考核制度

为深入贯彻落实广东省交通运输厅《关于印发广东省高速公路工程优质优价和施工监

理优监优酬实施意见的通知》(粤交基〔2010〕1893号)的精神,云茂高速公司印发《云浮罗定至茂名信宜(粤桂界)高速公路"优质优价"和"优监优酬"实施办法》,全面推行"双标管理",落实工程施工"优质优价"、监理"优监优酬"制度,提高施工和监理质量管理水平。为此,建立内部优监优酬管理制度,对总监办、驻地监理组、监理人员实行年度和项目考核,重点考核工程质量管理行为、管理效果,结合招标文件规定的优监优酬奖励对相关人员进行奖优罚劣,提高全员质量监理积极性,从而保证监理工程质量。同时大力促进、推动和贯彻执行项目施工"优质优价"制度,提高全员质量意识和能动性,通过参建各方齐抓共管,保证项目工程质量。

图6-1　设计代表驻场办公

考核采用积分方法,主要针对以下两个方面的内容进行:

(1)管理制度方面是否落实执行,分工是否明确,内部团结情况;监理人员实际操作中是否能够胜任所担任的岗位的正常工作;是否按业主、总监的要求完成监理工作;有无违反纪律对工作造成影响及玩忽职守的情况;有无对上级规定、通知、指令不执行的情况;有无相互推诿、拖延或应办事不办的情况。

(2)监理业务方面包括质量、进度、投资、合同、管理。对于考核不合格的监理人员,总监办将视情况内部进行警告、通报、降职、扣罚奖金工资及劝退处理。云茂高速公路项目在"优质优价""平安工地"专项评比活动基础上,制定《云茂高速公路项目"品质工程"创建活动奖励评比实施细则》,利用安质处罚违约金对成绩优异的单位、班组和个人进行奖励。据统计,云茂高速公路项目评选出云茂工匠92人、微创新19项、品质班组23个、安全标杆29项,利用安质违约金奖励580万元。

6.1.4　淘汰落后工艺、设备、材料清单

为贯彻落实《中共中央　国务院关于开展质量提升行动的指导意见》《中华人民共和国安全生产法》《公路水运工程安全生产监督管理办法》的有关要求,依法淘汰严重危机工程

质量和施工安全的落后工艺、设备和材料，切实提高施工质量和安全管理保障水平，云茂高速公路项目共淘汰工程材料类 4 项、工艺工法类 16 项、施工设备类 20 项。具体淘汰工艺工法、施工设备、工程材料名称、可替代的工艺工法、施工设备、工程材料如表 6-1 所示。

云茂高速公路淘汰工艺工法、施工设备、工程材料汇总表　　表 6-1

序号	类型	淘汰工艺工法、施工设备、工程材料名称	可替代工艺工法、施工设备、工程材料
1	工程材料类	浆砌片石	混凝土预制或现浇
2		隧道喷射混凝土碱性速凝剂	无碱速凝剂
3		木胶合板模板	涵洞大块钢模与工字钢双向支撑的高刚度钢模板
4		井下照明白炽灯	井下照明采用安全 LED 灯
5	工艺工法类	手工电弧焊	二氧化碳保护焊
6		人工制作钢筋笼	采用滚焊机或绕筋机
7		桥面铺装分幅浇筑工艺	采用全幅三滚轴振动梁全幅浇筑施工工艺
8		直破法破桩头	环切法破桩头
9		挂篮及托架配重预压	有条件时可采用千斤顶配合型钢或者钢绞线进行反压(拉)
10		平行钢丝预应力 DM 型镦头锚施工工艺	预应力钢绞线低回缩锚具或者预应力钢绞线
11		立柱、桩基础钢筋焊接	钢筋机械连接(套筒)
12		隧道二次衬砌后注浆	二次衬砌带模注浆法，二次衬砌混凝土浇筑与注浆同步进行
13		隧道二次衬砌单窗浇筑	二次衬砌混凝土滑槽逐窗入模浇筑
14		隧道水沟电缆槽拼模分次施工成型	整体移动式水沟电缆槽模架
15		隧道初期支护混凝土干喷	初期支护采用湿喷工艺
16		隧道混凝土洒水养生	采用喷雾养护
17		拌和站砖砌料仓	波纹板料仓
18		砂浆人工拌和	机械拌和
19		小型构件预制人工成型、搬运	小型构件自动化生产系统
20		边坡预制块人工搬运	“爬山虎”传送机
21	施工设备	挂篮吊杆	挂篮前吊杆改用钢板吊带，钢吊带采用 Q345B 钢板加工，每道吊带设有定长段与调节段，通过连接板销接
22		表显预应力张拉设备	预应力智能张拉设备
23		外配重式过孔架桥机	自配重过孔式架桥机有条件时可采用千斤顶配合型钢或者钢绞线进行反压(拉)
24		门式起重机手动机械夹轨器	自动液压夹轨器(断电或停止行走可自动液压夹锁)

续上表

序号	类型	淘汰工艺工法、施工设备、工程材料名称	可替代工艺工法、施工设备、工程材料
25	施工设备	门式起重机拖卷式电缆	门式起重机滑触线
26		钢板氧割焊割	钢板等离子切割机
27		钢板机械钻	钢板机械冲孔机
28		18t压路机	20t以上压路机
29		跳夯机	液压强夯
30		碗扣式、门式钢管支架	用盘扣式或塔式支架代替碗扣支架进行现浇梁的支架搭设工作
31		钢管门式爬梯	定型爬梯
32		弯弧机	自动焊弯圆机，钢筋数码弯曲机
33		钢筋截断机	全自动钢筋锯切机
34		钢筋手工调直	钢筋调直机
35		手动直螺纹车丝机	气动直螺纹车丝机
36		隧道注浆小导管箭头人工切削	注浆小导管箭头加工机
37		隧道注浆小导管人工钻孔	数控小导管冲孔机
38		钢筋网片手工加工	钢筋网片自动加工机
39		传统混凝土拌和系统	混凝土拌和降温系统
40		手持砂轮机	固定的、封闭的砂轮机

6.1.5　拌和站及试验室信息双控系统

随着当下大数据、云智能的不断成熟与渗透，智慧工地信息化管理系统技术的应用对提高施工管理效率起着显著的作用，而拌和站管理就是工程管理工作不可忽视的一部分。

使用拌和站及试验室双控系统（图6-2）可实现施工信息共享，加强拌和站及试验室对混凝土配合比等生产信息的审核，以保证混凝土生产准备的准确性。采用拌和站及试验室双控系统，试验室可以及时反馈原材料检测情况，指导混凝土生产。拌和站可以根据出料情况掌握原材料库存量，提前做好原材料供应计划。

云茂高速公路各个工点施工员根据生产安排，提前一天提交混凝土需用计划（主要信息包括混凝土强度等级、数量、供应时间、现场联系人等信息）至工程部施工主管处，审批完成后，流程自动至试验室，试验室根据工程部施工计划、原材料质量指标等下发相应配合比至拌和站、施工员处，开始生产混凝土。

通过拌和站及试验室信息双控系统，可合理安排拌和任务，达到资源的合理配置和充分利用,实现生产效率的最大化;双控系统除了能有效减少人为管理决策的失误之外,在混凝土的生产方面,通过对拌和站的动态管理、配比管理、数据报表管理等建立相关数据库,再将之反馈给信息化管理平台,可不断提高混凝土企业的预防与决策水平,提高混凝土拌和站的生产质量。

图 6-2　双控系统操作界面

6.2 科技研发

加快新科技研发是企业技术创新的出发点和落脚点,是进一步强化企业技术创新,提高创新能力,加快新产品研发,推进产品由产业链低端向产业链高端提升,推动结构调整和转型升级的重要内容途径。

6.2.1　长大隧道软弱浅埋段高压旋喷桩法地表加固关键技术及效果评价研究

1)研究背景

我国是山岭众多且地貌极其复杂的国家,山地和丘陵的面积达到国土总面积的75%左右。在这种复杂地形地质条件下,逐渐增多的山区隧道受地质条件影响越来越明显。在隧道建设过程中不可避免地会出现穿越沟谷浅埋段的情况,由于隧道浅埋区段埋深浅,围岩的风化程度较大，岩体节理裂隙较发育，岩体完整程度差，在隧道开挖过程中对岩土体的扰动作用较大。另外，山岭地区围岩埋深变化较大，隧道在开挖施工过程中围岩的扰动将会引发应力二次分布。在埋深变化明显的隧道浅埋段极易造成山体滑坡、隧道坍塌、冒顶、涌突水等重大灾害，给隧道开挖建设带来较大困难。因此，在对隧道软弱浅埋段开挖之前往往需要采取加固措施，保障隧道开挖过程中的围岩稳定，减小涌水量。

2）研究内容

（1）新屋隧道软弱浅埋段高压旋喷桩地表加固技术可行性分析。

归纳总结国内外文献和相关技术资料，结合新屋隧道浅埋段的工程地质及水文条件，如隧道埋深、围岩条件、地下水及地表径流分布情况等情况，根据单管法和双管法的高压旋喷桩的加固机理和特点，分析高压旋喷桩用于新屋隧道软弱浅埋段地表加固的可行性，对新屋隧道浅埋段采用高压旋喷桩进行地表加固的适宜性作出评价。

（2）新屋隧道软弱浅埋段高压旋喷桩地表加固设计及试桩试验。

结合新屋隧道浅埋段场地条件，总结《建筑地基处理技术规范》（JGJ 79—2012）等相关国内外规范和指南中关于高压旋喷桩的设计计算要求，提出高压旋喷桩隧道浅埋段地表加固设计方法和设计原则。根据地表加固设计方法，进行新屋隧道浅埋段高压旋喷桩地表加固试验方案设计及试验区建设。试验区设立位置选在第二浅埋段左线富水段，按照试验方案对不同桩间距布置条件下高压旋喷桩隧道地表加固效果，以及不同加固深度高压旋喷桩成桩效果及缩径情况进行研究。

（3）新屋隧道软弱浅埋段高压旋喷桩地表加固参数优化及技术难题解决方案。

选取对高压旋喷桩成桩质量影响较大的喷浆压力、喷浆流量、喷浆管提升速度、旋转速度这四个关键参数，进行四因素、三水平的高压旋喷桩正交试验设计，根据新屋隧道浅埋段高压旋喷桩地表加固试验设计方案，确定加固土的强度及渗透特性。运用 Minitab 数据分析软件对试验数据进行正交分析，并与加固前的强度和渗透特性进行对比，对初步设计参数进行优化，最终确定高压旋喷桩技术工法关键参数合理的取值及配比。

查阅文献资料和工程案例，结合现场试桩试验，针对现场可能出现的冒浆量过大、不冒浆、桩体形状不规则，卡钻、桩体缩颈及顶部凹穴等技术难题，设计应对方案。在试验区进行高压旋喷桩试验过程中，对出现的技术难题及时提出改进方案。在新屋隧道浅埋段地表加固施工过程中，实时跟进，对出现的上述难题及时解决，验证应对方案的合理性，提出高压旋喷桩地表加固施工技术难题的解决方案。

（4）新屋隧道软弱浅埋段试验区高压旋喷桩地表加固效果评估。

针对目前工程中高压旋喷桩地表加固效果评价方法单一、缺乏系统性等问题，从加固后岩土体的强度和防渗两方面特性入手，强度测试采用原位声波测试和钻孔取芯单轴压缩试验，渗透性测试采用原位压水试验。根据上述两方面的评价指标及标准，评价新屋隧道软弱浅埋段试验区高压旋喷桩的地表加固效果。

6.2.2 基于三维激光扫描建模技术的桥梁高精度虚拟预拼技术

1）研究背景

随着我国钢铁工业技术的飞速发展以及钢产量的不断提高，钢结构在土木工程领域中的应用越来越广泛，大型、复杂的钢结构桥梁也逐渐增多。由于受到运输或吊装等条件的限制，钢结构桥梁一般只能分段、分体制作或安装，为了检测其制作的整体性和准确性、保证现场安装定位的顺利实施，在构件出厂前需要进行工厂内预拼。钢结构桥梁的构件形式比较复杂，且构件之间具有空间关联性，对构件之间接口的制作精度要求很高，有时仅靠控制单体构件精度无法满足现场安装要求，因此对于复杂的构件，通常要求在加工厂进行精确测量和预拼。传统采用全站仪、钢尺和检验模板等方式进行构件检测，再进行整体预拼，不仅所需场地面积大、预拼过程烦琐、测量时间长、检测费用高，而且检测精度低，更为重要的是随着钢结构的发展，出现了大型三维空间异形结构，传统的预拼方法已经无法满足钢结构发展的需求。

由于场地、吊装设备、时间周期等方面的限制，有时不具备整体预拼的条件，虚拟预拼技术应运而生。但已有的虚拟预拼技术仍采用常规的全站仪、卷尺等设备，几何点坐标采集难度非常大，一般仅采集数量很少的特征点坐标。如在上海中心大厦数字模拟预拼中，对于可以直接吊线的控制点，坐标可以通过一次吊线及高程测量获取，对于不能直接投影到地样的控制点需要在上一步的基础上结合相对尺寸才能得到坐标值，对于此类控制点，要采取至少两个可以直接投影的控制点结合对应的相对尺寸来获取坐标，以控制误差积累。

三维激光扫描直接将各种大型、复杂实体的三维数据完整地采集到计算机中，进而快速重构出目标的三维模型及点、线、面、体等各种几何数据，与全站仪等设备相比，具有采集速度快、精度高、面状测量、无须接触目标物体等优势。其将采集回来的数据进行后处理，利用高密度高质量的点云与设计模型，或者利用建立好的三维模型与设计模型进行对比检测，通过检测对比报告全面得到加工物件与设计模型间的误差，通过误差报告对加工的实体物件进行再次加工，然后再对二次加工的实体物件进行三维扫描，将扫描得到的点云数据或者建立的三维模型与设计模型再次进行检测对比，并在软件中进行虚拟装配，从而将其和钢结构的虚拟预拼技术相结合，具有显著的优势。

2）研究内容

（1）基于几何特征的点云拼接技术。基于法向量、曲率、条件约束等几何特征的点云拼接技术与钢板梁自身几何特性相结合，选择精度和可靠性较高的几何特征参与点云拼接；基于钢板梁的几何特征和公共靶标进行联合点云拼接，以进一步提高精度。

(2)利用拟合方法对钢板梁弦高进行三维激光扫描检测，讨论不同拟合方法(圆拟合、多项式拟合)的优缺点，分析钢板梁的弦高值的变化情况，分析弦高对最终成桥线形的影响以及钢板梁弦高加工和拼接精度对桥梁平曲线的影响，为施工、设计和运营提供支持和总结经验。

(3)试验不同次幂多项式拟合成桥后桥梁挠度三维激光扫描建模结果，研究钢板梁架设后在恒载作用下桥梁挠度值与设计预拱度和制造厂虚拟预拼建模后的挠度进行对比，分析影响挠度变化的因素，为后续设计提供参考数据。

(4)整理各项检测数据，提出基于三维激光扫描技术的钢结构桥梁检测方法，分析影响检测构件精度的主要因素。

(5)基于高精度的桥梁构件三维激光扫描建模结果，利用预拼软件在虚拟环境下进行整桥的拼接，检验桥梁构件加工、设计是否满足要求。

6.2.3 基于雷达技术的隧道全时自动化监控系统开发及应用

1)研究背景

综合近年隧道事故发生的原因分析得出：隧道施工安全预警体系不完备和施工过程监控反馈不及时是事故发生的重要原因。降低隧道施工监测误差、及时有效上报监测结果、实施隧道安全评估、建立隧道安全预警体系是避免事故发生的最有效的途径，因而开发一套基于隧道安全智能监测预警系统对隧道施工安全意义重大。

为随时监测隧道开挖和变形情况，云茂高速公路开发出隧道全时自动化监测预警系统，在国内首次将超宽带毫米波干涉雷达技术应用于隧道监测预警领域。该系统可24小时连续监测，数据真实可靠，监测精度达到亚毫米级，在隧道洞内能见度差、潮湿、多尘恶劣环境下能正常工作，且能对异常变形以声光形式报警，以便迅速组织人员安全撤离，避免发生人员伤亡事故。

2)研究内容

本课题将针对隧道形变监测的难题，开展基于超宽带毫米波干涉雷达传感器的隧道形变智能监测预警系统的研究，突破关键技术，开发出演示验证系统，为后续的产品开发奠定坚实的基础。

具体研究内容如下：

(1)隧道形变智能监测预警系统总体方案论证和设计。

隧道形变监测是一个工程难题，不仅需要在隧道内恶劣环境下实现高精度测量，而且还要求是三维测量。为了降低人力成本,系统能够实现自动化测量,所以对隧道形变智能监测预警系统的要求是非常高的,需要做好充分的总体方案论证和创新的系统方案设计,这是本项目的一个研究重点。

(2)高精度低成本超宽带毫米波干涉雷达技术。

干涉雷达是本系统的核心部件,传统干涉雷达的成本很高,一个很重要的原因是采用常规窄带雷达技术带宽只有200MHz左右,这样就导致系统方案太复杂;另一个重要原因是集成度太低,导致硬件结构太复杂。本项目将研究超宽带毫米波干涉雷达,以解决高精度和低成本的问题。

(3)分布式超宽带毫米波干涉雷达三维测量技术。

激光的优点是一维测距精度高,但是不能直接测角,为了获得三维坐标,还需要进行机械扫描,这就需要专业人士操作,如果进行自动扫描,则导致设备成本太高。单站雷达与激光类似,也只能实现一维的高精度测距,如果想实现三维测量,也需要进行扫描。为了避免扫描,本项目将研究分布式多站超宽带毫米波干涉雷达三维测量技术。

(4)分布式超宽带毫米波干涉雷达自主定位技术。

雷达的测量结果是相对于雷达本身的位置的,对于分布式多站测量雷达而言,是相对于各个站点的,这就需要各个站点雷达的位置关系。如果多个站点雷达的位置需要依赖其他手段进行测量,就达不到节省人力、简单易用的目的。所以,本项目需要研究分布式超宽带毫米波干涉雷达自主定位技术。

6.2.4 广东省公路工程“三级清单”模式下基于BIM技术的新型建设管理系统研究

1)研究背景

目前,高速公路大多数是以线状模式来分布的,因此,高速公路建设工程涉及进度、质量、投资、合同、人员、信息等诸多问题。繁杂的参与部门、人员分散、分段工作,造成了高速公路建设工程周期长、信息传递相对困难的客观现状,严重的易导致工程建设信息不完善、无法进行工程监管检查、实际建设工作效率低下等诸多问题。因此,如何提高高速公路项目工程建设管理水平、维护业主权益成为一项重要课题。

为此,广东省交通运输厅科技项目“广东省公路工程‘三级清单’模式下基于BIM技术的新型建设管理系统研究”(项目编号:2016-02-034),深度分析BIM技术特点和现代工程管理理念,提出公路工程信息模型分类及其编码标准与广东省“三级清单”模式的映射关系,依托云茂高速公路控制性隧道工程实际,在广东省公路工程“三级清单”模式下,构建起基于

BIM 技术的公路工程新型建设管理体系和平台,对推广 BIM 技术在我国交通运输行业更广泛、更深入的应用具有重要理论意义和工程实用价值。

2)研究内容

(1)以公路工程项目实体的单位、分部、分项工程为基础,建立 BIM 模型分解与编码规则,创新了 BIM 技术与项目管理的深度融合。依据交通建设工程特点,开展公路工程建设项目的 BIM 模型分解,以造价与质量两条主线,其分解应考虑其对应关系,满足管理需求。其工程实体结构分解按照专业工程分类,以 EBS[1] 为基础建立单位、分部、分项工程统一 BIM 信息编码,形成以 BIM 工程树及其编码体系为基础的基础数据库;为构建同一项目管理信息的 BIM 协同平台研究底层数据基础,以 BIM 模型分类及其编码标准为纽带,实现各业务数据的互联互通。获软件著作权 2 项,企业标准 3 部。

(2)以 BIM 模型为载体,以工程分解编码为基础,建立工程编码与广东省"三级清单"的映射关系,创新了交通项目建设多业务协同管理。针对公路工程项目管理的各个环节、每一个环节涉及的不同信息和管理内容,研究公路工程项目单位、分部、分项工程的划分标准和编码机制在广东省"三级清单"模式下的映射关系和实际应用原则,使其既能有效进行计量变更、造价分析,又能符合《公路工程质量检验评定标准》要求,满足广东省"三级清单"在 BIM 管理平台中应用。获软件著作权 3 项,企业标准 3 部,申报发明专利 1 项。

(3)以工序交验为基础,结合移动互联技术,创新 BIM 技术在交通建设项目现场管理的标准化、流程化的应用。以 BIM 工程编码为纽带,结合与"三级清单"的映射,以投资控制和质量控制两条管理主线来实现公路工程管理标准化的 BIM 应用,建立了公路工程建设管理体系与 BIM 协同管理系统与平台;以工序交验为基础,结合手机 App 等移动终端的实时、动态现场管理,无缝对接 BIM 管理协同平台,建立便捷的工作沟通渠道,做到任务明晰、责任到人,实现移动端与 BIM 模型的互联互通,为决策者提供实时资讯与数据。获软件著作权 4 项,申报发明专利 1 项。

6.2.5　公路混凝土用机制砂技术标准研究

6.2.5.1　研究背景

混凝土性能与其配合比密切相关,砂作为混凝土的主要原材料之一,包括天然砂和机制砂两大类。传统混凝土用细集料以天然砂为主,但由于以河砂为主的自然资源的限制及过量开采对自然环境的影响等,机制砂作为一种新的建设原材料得到广泛应用。但机制砂与

[1] EBS 是 Engineering Breakdown Structure 的英文首字母缩写,是指工程实体分解。

天然砂相比，在粒型、颗粒级配、石粉含量等方面存在着很大的区别，使得机制砂混凝土的配制及性能与天然砂相比存在一定的差异。目前，对提高机制砂混凝土工作性能的研究主要集中于改善机制砂的特性和优化配合比等方面，相关的研究主要集中于石粉含量、外加剂、水胶比等对机制砂混凝土性能的影响。

云茂高速公路是粤西山区和北部湾北部地区通往珠三角地区的一条重要经济干线，由于属于山区高速公路，该地区天然河砂资源匮乏、运距远、价格高，且质量参差不齐。为缓解云茂高速公路建设过程中天然砂资源紧张的供应关系，利用当地的隧道洞渣和岩石资源生产的机制砂，开展了一系列混凝土配合比设计研究工作，为机制砂混凝土在云茂高速公路应用提供理论支撑，并为机制砂混凝土配合比的设计提供技术指导。

6.2.5.2 研究内容

1)石粉含量对机制砂混凝土砂率选取的影响

(1)砂率与石粉含量的影响关系：机制砂最佳砂率的选取与机制砂中石粉含量有关，随着石粉含量的增加，砂率的选取应适当减小。当机制砂石粉含量为9.6%时，C30混凝土的最佳砂率为39%；当机制砂石粉含量为6.0%时，最佳砂率为43%。还可以发现，当机制砂混凝土的砂率超过最佳砂率后，混凝土拌合物容易变得黏稠，坍落度、扩展度开始下降，主要原因是砂率的提高增加了混凝土中含粉量，使用水量增加，混凝土塑性黏度增大，对拌合物的流动度产生了不利影响。

(2)砂率与强度之间的影响关系：随着砂率的提高，混凝土的强度出现了一定量增长，当砂率超过某一限值后开始出现不同程度的下降。主要原因为机制砂颗粒表面粗糙、多棱角、孔隙率大，与河砂相比配置的混凝土需要更多的砂浆包裹在集料表面，当砂率较低时，集料的总比表面积偏小，浆体水粉比过大，导致混凝土拌合物严重离析、泌水，混凝土硬化后内部存在较多的缺陷，因此混凝土的强度偏低。随着砂率的提高，混凝土中石粉含量增大，浆体总量增多，弥补了混凝土中浆体数量不够的缺陷，同时石粉颗粒的“微集料效应”和“填充效应”增加了混凝土界面过渡区的密实度，进而提高了混凝土的强度。当砂率超过某一限值后混凝土强度出现下降，一方面，虽然增加了拌合物浆体量，但是拌合物体系中的粉体含量过多，致使用水量增加，混凝土的工作性能出现下降；另一方面，混凝土体系中过多的浆体量，使得包裹集料的浆体层厚度增加，集料间的啮合作用降低，而且由于石粉的活性相对较低，过高的石粉含量减弱了集料间的黏结力，因此混凝土强度降低。

机制砂的石粉含量会影响混凝土浆体量、拌合物的黏滞性及抗压强度，因此用机制砂进行混凝土配合比设计时，最佳砂率的选取除了考虑机制砂细度模数、颗粒级配的影响外，还应充分考虑到石粉含量的影响。砂率的选取不能千篇一律地认为机制砂的砂率应该比河砂混凝土高出2%～4%，而应根据机制砂的细度模数、颗粒级配、石粉含量等特性，通过试验确定。在机制砂的生产过程中，应加强对机制砂石粉含量的控制，当石粉含量发生显著变化时，应及时对砂率进行调整。

2）单位用水量的选取分析

机制砂颗粒表面粗糙、多棱角，同时又含有一定量的石粉，配置的混凝土在强度方面要比天然河砂高，且往往要比设计强度高出许多，但在工作性能上要比天然河砂黏稠许多。因此，可以充分利用这部分富余的强度，适当提升混凝土的单位用水量，虽然强度会有所降低，但是可以使拌合物的黏稠度降低、流动度增加，大大改善混凝土的工作性能。由于机制砂混凝土的强度效果高于天然河砂混凝土，同等水灰比条件下强度明显富余充足，因此进行配合比设计时，在保持胶凝材料不变的情况下，用水量可以在河砂的基础上适当提高 7 ~ 15kg/m^3，其强度仍能满足设计要求，并能使混凝土拌合物达到良好的工作性能。

3）外加剂各组分对机制砂混凝土性能的影响

（1）聚羧酸减水剂单纯采取减水母液、保坍母液加缓凝剂的复配形式、拌制的机制砂混凝土和易性差，容易离析、泌水，流动性差，而且混凝土过重，难以满足施工要求。而且从笔者经验来看，单纯的减水母液加保坍母液复配的混凝土外加剂对水比较敏感，实际生产过程中经常出现泌水严重的情况，特别是当机制砂采用湿法生产工艺时，一方面由于湿法生产的机制砂粉料颗粒相对较少，混凝土更容易离析、泌水；另一方面，湿法生产的机制砂含水率波动比较大，混凝土离析、泌水的可能性更大。

（2）外加剂中复配引气剂，能够在混凝土中引入大量均匀分布的微气泡，增加浆体的数量，改善混凝土的包裹性能。同时这些气泡能够在混凝土中起到类似滚珠的作用，降低混凝土的摩擦阻力，改善混凝土的流动性能。但是，过量的含气量会降低混凝土的抗压强度值。因此，在复配引气剂时应充分考虑机制砂混凝土强度的富余值，可以通过“牺牲”部分强度富余值来换取混凝土和易性能的改善。

（3）机制砂混凝土具有黏度大、屈服应力高、可泵性能差的特点，为此市场上出现了许多混凝土降黏剂，用以改善机制砂混凝土的性能。从试验结果来看，降黏剂能够降低减水母液的用量，从而降低外加剂的固含量，同时能够有效降低拌合物的黏度，增加混凝土的流动性能，对混凝土 7d 及 28d 抗压强度均有一定的负面影响，28d 抗压强度值与基准混凝土相比下降了 6.7MPa，但能满足设计要求，因此在实际使用时其用量应通过试验确定。

（4）为改善机制砂混凝土容易离析、泌水的性能，研究了纤维素醚对 C50 机制砂混凝土性能的影响，现场情况表明，纤维素醚能够有效改善机制砂混凝土泌水的情况，但是会对混凝土的流动性造成一定的损失，因此在使用其作为增稠剂时，应适当提高减水母液的含量，以弥补纤维素醚的增稠效果对减水率的损失。在对强度影响方面，掺入适当的纤维素醚对机制砂混凝土的早期强度影响不大，但后期强度会有一定程度的降低，不过总体而言影响不大。

6.3 “四新”技术

针对施工过程中出现的问题和困难，广泛调研学习其他项目的先进经验，将行业内可靠、先进、适用的新技术、新材料、新设备、新工艺应用到云茂高速公路中，积极开展“微创新”活动。云茂高速公路已引入重要创新 18 项，推广应用“四新”技术 48 项，总结提炼“微创新”44 项。

除了将“四新”技术列入合同条款以外，云茂高速公路还通过品质工程创建、优质优价评比等途径推动技术革新。针对目前全国各地河砂短缺的现状，率先建立了高品质机制砂生产线，整条生产线密闭，粉尘污染小，生态环保。该生产线生产的规格碎石表面圆润，级配好，含污量符合规范要求，生产的机制砂品质高。

为提高隧道开挖爆破效率，在充分调研的基础上，云茂高速公路金林隧道在广东省内高速公路首次应用聚能水压光面爆破技术。聚能水压光面爆破效果远优于常规爆破，炮眼痕迹率高达 95% 以上，不仅有利于结构受力，还节省了喷射混凝土用量，能有效避免出现初期支护背后脱空等质量通病。此工艺可有效降低炸药用量，排烟通风时间减半，每延米隧道开挖可节约 178 元，同时能降低粉尘含量，改善作业环境，保护工人健康。

目前国内隧道施工主要采用干喷或潮喷工艺，回弹量大，混凝土强度离散性大、作业时粉尘大，有碱速凝剂会对工人健康造成影响。为此，云茂高速公路在合同中明确了全线隧道初期支护混凝土采用湿喷工艺和无碱速凝剂。金林隧道在国内首次采用高性能外加剂，通过优化配合比，提升黏聚性，回弹率由 30% ~50% 降低至 8% ~10%；同时混凝土强度高且均匀稳定、平整度好，降低了施工成本，每立方米可节约 150 元。

针对传统隧道二次衬砌混凝土不密实、“人字坡”、拱顶脱空、施工效率低、材料浪费等问题，云茂高速公路项目引进高速铁路中的二次衬砌混凝土滑槽逐窗入模浇筑工艺、二次衬砌拱顶带模注浆工艺，是国内高速公路首次全线推广使用。为随时监测隧道开挖和变形情况，由中交路桥建设有限公司负责施工的 TJ6 标段与湖南大学合作，共同开发出隧道全时自动化监测预警系统，在国内首次将超宽带毫米波干涉雷达技术应用于隧道监测预警领域，可进行 24 小时连续监测，数据真实可靠，监测精度达到亚毫米级，在隧道洞内能见度低、潮湿、多尘恶劣环境下能正常工作。洞内一旦发生形变异常情况，可及时以声光形式报警，利于迅速组织人员安全撤离，避免发生人员伤亡事故。

云茂高速公路认真贯彻质量管理“预防为主”的理念，在国内首次开展质量风险评估及相关研究，已编制并印发了云茂项目质量通病防治手册、三级风险清单和质量风险辨识管理办法。

云茂高速公路通过引进“四新”技术，提高机械化程度，减少劳动力投入；提升施工效率，减少人工成本；工程实体质量指标和外观质量明显提升；减少了返工，培养了施工班组，提高了施工水平。经测算，云茂高速公路在“四新”技术应用上增加投入约 3500 万元，创造价值约 8000 万元。在 2019 年广东省交通运输厅组织的在建项目安全质量综合检查中，云茂高速公路位列全省第二名。

6.3.1　无人机在智慧化管理中的应用

无人机具有监控范围大、机动灵活、视角灵活、受地形限制小的优点，目前已广泛应用于高速公路等大型土木工程建设领域。尤其在惠清高速公路、大潮高速公路、贵州三荔高速公路项目中，利用无人机进行数据采集，并对采集对象进行矢量化，给业主的工程管理工作带来了巨大的好处，实现了科学高效指导现场施工，提高了管理效率，节约了成本。

云茂高速公路各个标段建设之初皆配备了无人机，并已常态化使用，主要用于日常巡视及航拍视频，利用无人机对全线进度、重点挖方高边坡、高墩桥进行无人机数据服务试点，无人机的使用，让管理者快速、安全、直观了解现场工作状态，节约人力、物力。云茂高速公路具体监控内容见表 6-2 ~ 表 6-4。

全线进度　　表 6-2

序号	项目	内容
1	征拆进度	拆迁情况；影响路线长度
2	临建进度、临建选址	施工便道拉通与硬化情况
		拌和站、钢筋加工厂、预制梁场建设情况
3	路基	路基清表情况
		路基填挖高程
		路基宽度
4	桥梁	桥梁工作面及外露部位进度情况
5	涵洞	涵洞开工情况
6	现场设备	桩机、架桥机、浮式起重机、塔式起重机等设备数量

高边坡　　表 6-3

序号	项目	内容
1	工程进度	边坡开挖级数
		排水系统情况
		坡面防护情况

续上表

序号	项目	内容
2	工程质量	坡口线
		坡率
		坡高
		平台宽度
		截水沟、排水沟、边沟等(外露)断面尺寸
		与设计开挖线对比情况
3	工程安全隐患及病害	植被生长情况
		结构物是否有缺陷、损坏
		坡体是否有冲刷、裂缝等

高墩桥　　表 6-4

序号	项目	内容
1	工程进度	墩柱、底系梁、中系梁、盖梁、桥台等主体工程情况
		便道、栈桥、围堰等临建或施工平台情况
		桩机、架桥机、浮式起重机、塔式起重机等设备数量
2	工程质量	护筒中心位置
		立柱中心位置
		系梁顶面高程及轴线偏位
		墩柱顶面高程、轴线偏位、相邻间距
3	工程安全	施工便道安全防护
		栈桥安全防护
		围堰施工安全防护
		基坑安全防护
		高墩施工安全防护

6.3.2　雾炮机除尘养护

水幕除尘是利用水滴与含尘气体颗粒的惯性碰撞，或者利用水和粉尘的充分混合作用及其他作用，捕集颗粒或颗粒增大或留于固定容器内，达到水和粉尘分离效果。

水幕除尘器(雾炮机，图 6-3)可以有效地将直径为 0.1 ~ 20μm 的液态或固态粒子从气流中除去，同时，也能脱除部分气态污染物。它具有结构简单、占地面积小、操作及维修方便和净化效率高等优点，能够处理高温、高湿气流，将着火、爆炸的可能性降至最低。水幕除尘与其他湿式除尘方式相比,不需要动力水源和喷雾装置,节能效果明显,污水可集中回收处理,无二次污染。

图 6-3　雾炮机养护

6.3.3　装配式涵洞自动化喷淋养护台车

传统养护方式耗费人工、耗时长,结构物较多时不能及时有效进行养护,无法保证混凝土强度。云茂高速公路发明的装配式涵洞喷淋养护台车(图 6-4),采用喷淋养护系统,能有效控制养护时间及用水量,节省人力,采用循环水池将蓄水池内的水循环利用,节约资源,达到经济、实用、环保的效果。

图 6-4　喷淋台车养护

云茂大成
实现绿色可持续发展

习近平总书记提出要继续打好污染防治攻坚战，加强大气、水、土壤污染综合治理，持续改善城乡环境。要强化源头治理，推动资源高效利用，加大重点行业、重要领域绿色化改造力度，发展清洁生产，加快实现绿色低碳发展。要统筹山水林田湖草沙系统治理，实施好生态保护修复工程，加大生态系统保护力度，提升生态系统稳定性和可持续性[1]。

云茂高速公路坚持习近平生态文明思想，坚持可持续发展，形成了云茂高速公路特有的工程亮点和工程经验。

7.1 项目亮点

亮点一：广东省首次试点应用装配式涵洞，编制标准图集

通过设计阶段的多方调研，云茂高速公路在广东首次成功应用装配式涵洞，通过工厂化预制、现场“搭积木”式拼装，大大减少了野外施工时间，破解了恶劣天气影响施工进度的难题，提高了施工效率和实体质量，综合效益显著。通过TJ13标段（中铁四局集团有限公司）试点应用，全线共推广装配式涵洞25座（总涵长1159m），并成功总结出了一套装配式涵洞标准图集和预制、吊装、拼装施工标准化工艺，对工期、质量、安全、效益等进行了全面对比研究，形成了云茂经验。

亮点二：广东省首次试点应用钢板组合梁桥，编制标准图集

云茂高速公路TJ10标段高台大桥和J14标段老屋村大桥采用钢板组合梁结构，桥梁总长1088m，用钢5400余吨。为节约钢梁拼接临时征地面积，提高安装精度，为运营期桥梁结构性能演变分析提供溯源数据，首次在国内应用三维激光扫描建模技术对钢梁进行虚拟预拼装，指导钢梁加工安装。三维激光扫描具有高速度、高分辨率、高精度的特点。虚拟预拼能省去实体预拼需要的场地、吊装设备、胎架及人力等成本，节省工期15%以上，降低成本20%以上。钢板组合梁桥在云茂高速公路的成功应用，体现出钢板组合梁在施工、进度、质量、安全和环保等多方面的优势，为项目打造绿色公路提供了有力保障。

亮点三：“四新”技术集成发力支撑示范工程创建

云茂高速公路在施工招标阶段将要求采用的“四新”技术列入合同条款，在项目实施过程中，由于地质条件复杂、施工条件困难、工期紧等因素，在总结以往山区高速公路凸显的质量、安全通病的基础上，调研、引进了国内多条高速公路、铁路经验，研发了涵台背施工质量

---

[1] 出自《人民日报》（2021年03月06日01版）。

抽芯检测、隧道浅埋段软弱围岩高压旋喷桩加固技术等一系列技术成果，对项目建设各环节进行系统深入思考，同时针对施工中出现的新问题追根溯源，提出了有效的解决方案。在国内首次开发并试点应用基于分布式超宽带毫米波干涉雷达技术的隧道形变智能实时监测预警系统，全线隧道实施初期支护混凝土湿喷工艺和无碱速凝剂，推广应用高边坡 GNSS 自动化监测、北斗卫星导航系统、隧道聚能水压光面爆破、隧道二次衬砌施工成套工艺、三维激光扫描等技术。

亮点四：打造“一区一品一馆”特色服务区

云茂高速公路依托白石服务区筹建云茂高速公路建设技术展馆和信宜市三华李特色产业，打造“一区一品一馆”。拟建的高速公路建设技术博物馆主题定位为“高速公路是怎样建成的”。博物馆与科普基地共建，集“党建引领、工匠精神、科普教育、行业示范、交通强国”多功能为一体，通过收集、保留、展示和传播云茂高速公路建设过程中有代表性的技术和创新成果，弘扬公路人不畏艰难困苦、精益求精的工匠精神。目前处于方案设计阶段。

同时，云茂高速公路利用多功能储能式发光涂料、纳米硅负离子涂料、负氧离子健康漆、多功能储能式自放光灯、DFLED 照明灯具，系统进行智慧照明设计、环保亮化、改善建筑空气环境等技术创新，打造服务区绿色建筑，提高建筑环境的舒适性、节能性、安全性与耐久性使用。

亮点五：全要素、全方位安全管理制度创新

云茂高速公路创新安质管理模式，将以往归属于工程部的业主代表纳入安质管理部统一管理，以现场安质管理为核心职责，加强管理要求执行和现场反馈的力度。同时，编制了《业主代表管理手册》《业主代表考核办法》。业主代表职责和管理理念，对项目公司代表施工单位反映的问题，对施工单位代表业主行使管理职权，做到让业主单位自己的人充分了解现场。

建立全过程驻场设计制度，开展设计变更评比：云茂高速公路建立了勘察设计人员驻场设计制度和优质设计奖励办法。在施工期，在广东省首次制定了《设计变更工作评比与奖惩办法》、四方会签表和服务函任务单制度，充分调动设计人员积极性，提高了设计变更服务质量和工作效率。

推行安全质量同步工序验收措施，在管理上落实“安质同步”：项目全线推行高墩施工安全质量同步工序验收措施，有力贯彻了“一岗双责”制度，有效增强了项目部对施工现场危险性较大施工工序的安全管控力度，为施工作业人员的安全提供了可靠保证。

7.2 云茂经验

云茂高速公路在建设过程中，从设计阶段、到建设阶段，再到创新方面，积累了丰富的工程建设经验和具体实践。

7.2.1 设计阶段经验

为积极贯彻落实《交通运输部关于公路水运品质工程的指导意见》(交安监发〔2016〕216号)、《交通运输部办公厅关于开展品质工程示范创建工作的通知》(交办安监〔2016〕193号)、《关于实施绿色公路建设的意见》(交办公路〔2016〕93号)、《广东省推进绿色公路建设实施方案》(粤交基〔2017〕591号)等文件要求,根据项目特点和实际需要,在总结以往项目经验的基础上,通过优化设计、招标引进"四新"技术等手段,实现项目资源节约、生态环保、节能高效和品质提升。

为了打造云茂高速公路品质工程,严格按照"提升工程设计水平"和"提升工程绿色年水平"的要求,将相关设计理念与上述要求相结合,充分体现在设计工作中。

"提升工程设计水平"具体体现在以下三个方面:强化系统设计、注重统筹设计、倡导设计创作。

"提升工程绿色环保水平"具体体现在以下三个方面:注重生态环保、注重资源节约、注重节能减排。

1)充分发挥总体设计单位的作用

结合工程实际,尽量采用有利于标准化施工和组织管理的设计方案,推荐成熟有效的技术科研成果,提高标准化活动的深度和广度。

(1)编制指导大纲。

由总体设计单位牵头,编制了本项目"初步勘察设计指导大纲""定测、详勘指导大纲""施工图设计指导大纲",以协调统一技术标准和设计内容,统一设计原则及图表格式,提高设计质量。

(2)统一总体设计原则。

根据项目特点,总体单位提出本项目总体设计原则如下:

①贯彻"技术可行、实施可能、经济合理"的总体设计原则;

②坚持"全生命周期成本"和谋求取得最大的潜在综合社会效益的比选原则;

③加强总体设计,强调各专业间的协调性,设计衔接的合理性;

④贯彻高速公路地质选线和安全选线的理念;

⑤加强生态环境保护,贯彻"生态、环保、绿色通道"的理念;

⑥做好S1、S2、S3三个标段间的衔接、统一工作,为便于标准化管理,尽量统一桥梁、涵洞选型原则,尽量统一结构尺寸及施工方法,集中预制,统一装配,尽量统一路基填筑要求和

处治方法。

2)充分发挥设计单位高端技术人员集体优势,集合群体智慧,坚持项目路线方案和重要工程方案内审制度

项目内审原则上要求在项目初步设计的初测方案拟定阶段且地质钻探之前进行。评审重点放在路线方案(桥址和隧址方案)、立交方案(选址和选型方案)、特殊路基处治方案、特大型桥梁方案、特殊隧道方案的比选等。对于地形地质十分复杂的云茂高速公路,公司还在初步设计外部评审之前增加内审。内审会采用面对面的交流沟通方式,针对性强,问题也讨论充分,对下阶段工作的开展起到了很好的指导作用。

实行内审后效果十分显著,减少工作反复,提高了设计效率,设计方案做得更全面,设计成果更优更省。

3)增加测量投入,提供精细数字高程模型,提高设计效率和精度

山区高速公路地形起伏大,通视条件差,传统的中桩及横断面测量精度低。一旦平面线位发生调整就需要重新测量,严重影响设计效率。为此,公司开展了"精细数字高程模型在定测中的应用研究",形成了一整套的测量方法,并大规模应用于山区高速公路定测中,提高了测量精度,虽然加大了外业工作量,却为设计人员争取了更多的设计时间。在定测和施工图设计阶段,设计人员可以在精细数字高程模型上反复优化平纵横和总体设计,从而使各路线和工程方案做到最优,平面线位做到最精准。

4)加强勘察人员和设计人员的沟通协调,减少因地质原因而产生的设计深度不足或变更

通过勘察人员和设计人员的充分沟通,对工程和地质难点进行分析和讨论,共同商量对策,使勘察人员充分了解工程特点和难点,也使设计人员充分了解勘察的综合成果,特别是特殊地质、不良地质对工程的影响,尽力做到工程措施与地质相协调,提高了设计深度,减少了设计变更。

5)开展便道方案及其他临建设施专项设计

本项目施工图阶段,结合了现状地形地貌,对施工便道(桥)及其他临建设施开展专项设计。充分考虑一些高差较大、难以贯通的区域,进一步深化细化了临时工程设置,保证了临时工程的造价准确性,也在后续现场管理中提供了依据支撑,减少了不必要的工程变更。

6)较好执行驻地设计的要求

为了能让设计人员更好地感受现场地形,设计成果更符合现场施工条件,在初测、初步设计、定测阶段,除外业测量及勘察技术人员以外,设计人员切实做好驻场设计,详细摸查敏感点,为各路线方案提供更为准确的比选依据,与测量及地勘技术人员及时沟通,有疑问的可及时在现场点交流沟通解决。正如定测阶段,在独石大桥、华南口大桥路段,地质调绘人

员发现原有路线方案经过密集滑塌体存在安全隐患，及时反馈设计人员，地质勘察负责人及设计负责人在第一时间到在该路段范围进行现场实地再次踏勘、调查，重新拟定多方案比选，选定最优方案。

7.2.2 建设阶段经验

（1）设计是工程建设的灵魂，领导层应重视前期策划，坚持目标导向，从全生命周期成本考虑，优化设计方案，制定工作目标，明确特色定位。

（2）坚持问题导向，深入分析项目特点，针对安全管控难点、质量通病，调研引进行业相关的“四新”技术，采用先进的管理理念和行之有效的措施，全员参与，督促现场落实。

（3）参加行业交流，取长补短。

（4）重视科技创新和成果总结。加强施工过程管控，及时收集有关素材，组织各单位总结成果，形成可复制、可推广的成熟经验。

7.2.3 绿色公路创新方面

1）管理创新

（1）业主代表制度让业主掌握现场实际情况，适合中国国情，值得推广。

（2）设计人员全过程驻场是有必要的，而且有必要将奖惩制度列入合同。

2）“四新”技术

在国内首次开发并试点应用基于分布式超宽带毫米波干涉雷达技术的隧道形变智能实时监测预警系统，全线隧道实施初期支护混凝土湿喷工艺和无碱速凝剂，推广高边坡 GNSS 自动化监测、北斗卫星导航系统、隧道聚能水压光面爆破、隧道二次衬砌施工成套工艺、三维激光扫描等“四新”技术。

研发了涵台背施工质量抽芯检测、隧道浅埋段软弱围岩高压旋喷桩加固技术等一系列技术成果。

3）微创新

通过奖励微创新，解决现场实际困难，很有必要。

云茂高速公路制定了《云茂高速公路项目“品质工程”创建活动奖励评比实施细则》，利用安质处罚违约金对成绩优异的单位、班组和个人进行奖励，共评选出云茂工匠 148 人、微创新 44 项、品质班组 45 个、安全标杆 74 项；开展技能比武 12 项，评选出示范单位 15 个、先进个人 147 人。

4)科技创新

云茂高速公路开展科研和地方标准研究项目8项,入选交通运输部重点科技项目3项,已申报中国公路学会团体标准1项,参编技术指南或标准4项。依托云茂高速公路项目现场技术问题及科研课题成果,发表学术论文40余篇。云茂公司联合有关参建单位已获得专利授权20余件。依托建设经验和科研成果出版系列丛书8部。

"云茂大成"即事成、功成、技成。"事成"是指云茂公司圆满完成了省委省政府下达的工程建设目标和任务,向人民交出了满意的成绩单;"功成"是指云茂高速公路的建成通车,带动地方经济快速发展,助力乡村振兴;"技成"是指云茂人执着于"安全、品质、创新、科研、绿色"追求,打造品质工程,应用装配式涵洞、钢板组合梁,填补省内技术应用空白,为山区高速公路建设提供"云茂经验"。

"云茂大成"党建品牌充分发挥"聚能、拓新、担当、奉献"的企业精神,以"匠心筑梦,通达美好"为党建品牌使命,以"共志、共行、共成"为文化内核,以"打造粤西高速公路名片,成为出省通道运营企业典范"为愿景,努力实现党建与生产经营深度融合,持续不断细化服务举措及开展志愿服务活动,用心、用情、用爱为驾乘人员提供暖心服务。

云茂公司将继续深化"云茂大成"党建文化品牌内涵和亮点特色建设,提高"云茂大成"党建品牌社会影响力,不断提升人民群众的获得感、幸福感、安全感。

参考文献

[1] 交通运输环境保护标准化技术委员会.绿色交通设施评估技术要求　第1部分:绿色公路:JT/T 1199.1—2018[S].北京:人民交通出版社股份有限公司,2018.

[2] 交通运输环境保护标准化技术委员会.绿色交通设施评估技术要求　第2部分:绿色服务区:JT/T 1199.2—2018[S].北京:人民交通出版社股份有限公司,2018.

[3] 中国公路学会.中国绿色公路研究与展望[M].北京:人民交通出版社股份有限公司,2018.

[4] 交通运输部公路局,交通运输部规划研究院.绿色公路建设技术指南[M].北京:人民交通出版社股份有限公司,2019.

[5] 张劲泉,王昭春,易振国,等.绿色公路建设关键技术研究与实践[M].北京:人民交通出版社股份有限公司,2014.

[6] 秦晓春,沈毅,邵社刚,等.低碳理念下绿色公路建设关键技术与应用的探讨[J].公路交通科技(应用技术版),2010(10):316-318,330.

[7] 姚嘉林,简丽,厉明玉.新时期绿色公路的内涵特征与建设理念[J].交通世界,2018(17):3-6.

[8] 韩富庆,娄健,曾思清,等.基于绿色设计新理念的山区高速公路设计实践[J].公路交通科技,2020,37(S2):46-50.

[9] 韩富庆,娄健,万志勇,等.耐候钢钢板组合梁桥的设计与应用[J].公路,2021,66(9):197-202.

[10] 韩富庆,梁晓东,曾雄鹰,等.机制砂混凝土配合比设计与力学性能研究[J].湖南交通科技,2020,46(2):13-17,70.

[11] 娄健,蔡敏,曾思清,等.云茂高速绿色公路建设中的水资源保护技术探索[J].公路交通科技,2020,37(S2):42-45.

[12] 曾健雄,曾思清.云茂高速公路原生大树移植保护与路域景观提升[J].山东交通科技,2020(4):123-125.

[13] 马增琦,郭国和,禹丽峰.云茂高速公路装配式涵洞施工及成效[J].广东公路交通,2019,45(5):153-159.

[14] 娄健,郭国和,王军.高速公路装配式涵洞防水施工技术[J].广东公路交通,2019,45(5):148-152.

[15] 马增琦,丁楠,娄健,等.界面摩擦及地基刚度对箱形通道受力影响研究[J].中外公路,2021,41(1):43-47.

[16] 郭国和,韩富庆,马增琦,等.云茂高速公路预制装配式涵洞应用[J].公路,2020,65(10):73-77.

[17] 马增琦,郭国和,禹丽峰.云茂高速公路装配式涵洞施工及成效[J].广东公路交通,2019,45(5):153-159.

[18] 娄健,郭国和,王军.高速公路装配式涵洞防水施工技术[J].广东公路交通,2019,45(5):148-152.

[19] 娄健.GPR 逆时偏移在隧道衬砌检测中的应用[J].中国公路,2019(16):112-113.

[20] 马增琦,杨承昆,孙文晋,等.基于三维激光扫描的钢板组合梁结构检测方法[J].科技和产业,2021,21(9):315-320.

[21] 曾健雄,马增琦,吴勇生,等.三维激光扫描技术在隧道监控测量中的应用[J].公路交通科技,2020,37(S2):135-140,153.

[22] 韩富庆,郭国和,黄志涵,等.基于映射关系的桥梁工程 BIM 协同造价管理研究[J].公路,2020,65(5):231-235.

[23] 古建宏,刘巍然,陈琦辉,等.公路工程 BIM 编码与“三级清单”映射关系研究[J].公路,2019,64(4):250-255.

[24] 曾华辉,古建宏,刘代全,等.公路工程招投标阶段的清单计价调查研究[J].公路,2019,64(3):221-224.

[25] 曾华辉,古建宏,刘建华,等.基于信息化需求的公路工程量清单编制与应用研究[J].项目管理技术,2018,16(9):64-70.

[26] 刘建华,李文雷,罗根传,等.交通建设项目管理 BIM 模型分解与编码研究[J].项目管理技术,2018,16(2):56-63.

[27] 郭国和,曾思清.粤西山区高速公路“三改”问题与典型案例[J].中国公路,2020(15):89-93,95.

[28] 李永铎.公路建设与可持续发展[M].合肥:合肥工业大学出版社,2007.

[29] 郝培文,蒋小茜,石载.绿色公路理念及评价体系[J].筑路机械与施工机械化,2011,28(5):30-35,11.

[30] 聂建国,陶慕轩,吴丽丽,等.钢-混凝土组合结构桥梁研究新进展[J].土木工程学报,2012,45(6):110-122.

[31] 王贵山,张堂仁.基于安全耐久、环保节约、设计标准化的公路项目总体设计[J].公路交通科技(应用技术版),2019,15(6):323-326.

[32] 冯忠居,贾绍明,黄成造,等.广东省高速公路设计标准化成果的维护与升级研究[J].公路交通科技(应用技术版),2018,14(7):291-294.

[33] 张哲.绿色公路设计理念在城市道路设计中的应用[J].安徽建筑,2020,27(9):

183-184.
[34] 樊友庆,王吉庆,张琦. 赣南山区公路建设节能环保技术体系构建初探[J]. 公路,2017,62(2):160-163.
[35] 皇甫玮喆,陈中岳. 公路交通水污染控制与防治[J]. 资源节约与环保,2015(5):76-76.
[36] 马聪,冯阳,任泓冰. 中国高速公路服务区污水处理探讨[J]. 云南地理环境研究,2018,30(1):56-60.
[37] 陈武. 饮用水源保护区高速公路路面径流污水处理系统设计[J]. 公路,2019(7):300-304.
[38] 兰洲. 论山区隧道洞口景观设计[J]. 公路交通技术,2011(6):146-149.
[39] 李健华,曾邵武. 浅谈汕湛高速公路环保选线[J]. 公路,2017,62(7):77-79.
[40] 孙燕梅. 基于地域文化下城市隧道洞口景观设计研究——以兰州九安隧道为例[D]. 兰州:兰州交通大学,2018.
[41] 马德兴,祝遵凌. 生态节约型公路边沟的应用研究与建议[J]. 中外公路,2011,31(1):38-41.
[42] 陈文耀,李文伟. 湿喷混凝土速凝剂选择及配合比设计方法探讨[J]. 水利水电技术,2006,37(12):33-36.
[43] 庞立果,傅光奇,路为,等. 绿色环保喷射混凝土工艺设备及其应用[J]. 交通节能与环保,2017(6):63-66.
[44] 严家发,张国民. 净味环保沥青混合料配合比设计及性能验证[J]. 广东公路交通,2018,44(1):1-6,10.
[45] 陈书平,吴大鸿. 隧道洞渣加工机制砂在高速公路建设中的应用[J]. 公路,2017,4(62):254-257.
[46] 孟秀元,冒卫星,刘立湘. 多功能储能式发光涂料在云岭 1 号隧道中的应用探讨[J]. 科技创新与应用,2020,326(34):165-166.
[47] 程胜伟,段继东,马科研,等. 基于北斗智慧云监测平台的高边坡变形控制研究[J]. 施工技术,2019,48(S1):149-151.
[48] 何小钰,闫昕,郭毅霖,等. 基于北斗卫星的公路边坡实时监测系统设计与实现[J]. 公路交通科技(应用技术版),2013(6):59-61.